A CAPACIDADE PROCESSUAL DA PESSOA COM DEFICIÊNCIA INTELECTUAL

Coleção
Eduardo Espínola

Gabriela Expósito

A CAPACIDADE PROCESSUAL DA PESSOA COM DEFICIÊNCIA INTELECTUAL

2019

www.editorajuspodivm.com.br

www.editorajuspodivm.com.br

Rua Território Rio Branco, 87 - Pituba - Salvador/BA. CEP: 41830-530
Tel: (71) 3045.9051
• Contato: https://www.editorajuspodivm.com.br/sac

Copyright: Edições *Jus*PODIVM

Conselho Editorial: Eduardo Viana Portela Neves, Dirley da Cunha Jr., Leonardo de Medeiros Garcia, Fredie Didier Jr., José Henrique Mouta, José Marcelo Vigliar, Marcos Ehrhardt Júnior, Nestor Távora, Robério Nunes Filho, Roberval Rocha Ferreira Filho, Rodolfo Pamplona Filho, Rodrigo Reis Mazzei e Rogério Sanches Cunha.

Capa: Ana Caquetti

A96   A capacidade processual da pessoa com deficiência intelectual / Gabriela Expósito – Salvador: Editora JusPodivm, 2019.
      208 p. (Eduardo Espínola / Coordenação Fredie Didier Jr.)

     Bibliografia.
     ISBN 978-85-442-2650-6.

     1. Direitos Fundamentais. 2. Direitos primordiais. I. Rosa, Conrado Paulino da. II. Título.

CDD 341.27

Todos os direitos desta edição reservados à Edições *Jus*PODIVM.

É terminantemente proibida a reprodução total ou parcial desta obra, por qualquer meio ou processo, sem a expressa autorização do autor e da Edições *Jus*PODIVM. A violação dos direitos autorais caracteriza crime descrito na legislação em vigor, sem prejuízo das sanções civis cabíveis.

AGRADECIMENTOS

Meu mais profundo e sincero agradecimento a Bernardo por todos os debates e revisões, pelo acolhimento e pelo incentivo tão importante nessa jornada.

Agradeço também aos meus pais, Emanuel e Sandra, às minhas irmãs e a todos os meus familiares por estarem sempre ao meu lado.

Agradeço à minha orientadora, Paula Sarno Braga, por todas as revisões, indicações e palavras motivadoras e de acalento.

Agradeço ao meu eterno professor Fredie Didier Jr. que, acima de tudo, me ensina o valor da generosidade.

Por fim, agradeço a todos os outros amigos e colegas que me apoiaram, especialmente Bárbara Guimarães, por toda colaboração na área de psicologia.

APRESENTAÇÃO

A presente obra tem como objetivo investigar se a pessoa com deficiência intelectual possui capacidade processual plena para demandar em juízo depois da entrada em vigor da Lei Brasileira de Inclusão da Pessoa com Deficiência (Estatuto da Pessoa com Deficiência, Lei nº 13.146/2015), que alterou substancialmente o regime das capacidades no âmbito civil.

As hipóteses investigadas são: a) a plena capacidade processual da pessoa com deficiência sem prévia instauração de medida de apoio, tais como tomada de decisão apoiada ou curatela de apoio; b) capacidade limitada para ações que tenham por objeto questões de natureza patrimonial e negocial, respeitando-se o estabelecido na sentença de instauração da curatela de apoio; c) ilimitada capacidade processual para as pessoas com deficiência submetidas à tomada de decisão apoiada, tendo em vista o caráter negocial da medida; d) incapacidade processual das pessoas com deficiência que sejam ébrias habituais, viciadas em tóxicos, pródigas e que não possam manifestar vontade.

Inicialmente, no intuito de desenvolver a investigação dessas hipóteses, são fixadas premissas relativas aos conceitos de transtorno mental, doença mental, deficiência mental e intelectual, vulnerabilidade, bem como a amplitude da autonomia privada e o rol dos direitos de personalidade. Em sequência, avança-se para a discussão dos conceitos de personalidade jurídica, das capacidades civis (jurídica e de fato) e das capacidades processuais (de ser parte, postulatória e processual). Em seguida, passa-se ao estudo da capacidade civil das pessoas com deficiência na legislação civil anterior ao Código Civil de 1916 até o Projeto Lei nº 757/2015, incluindo-se a análise dos institutos protetivos disponíveis às pessoas com deficiência incapazes e capazes.

Por fim, o último capítulo foi destinado à delimitação da capacidade processual desse grupo para demandar em juízo, bem como ao estabelecimento de requisitos para decretação de invalidade dos atos processuais praticados pelas pessoas com deficiências.

LISTA DE ABREVIATURAS E SIGLAS

AAIDD – *American Association on Intellectual and Developmental Disabilities*
AAMR – *American Association on Mental Retardation*
AGU – Advocacia Geral da União
ART./ARTS. – Artigo(s)
CC – Código Civil
CE – Ceará
CF – Constituição Federal
ICD (CID) – *Classification of Mental and Behavioral Disorders: Clinical Descriptions and Diagnostic Guidelines*
CIF – Classificação Internacional de Funcionalidade, Incapacidade e Saúde
CIOMS – Conselho de Organizações Internacionais de Ciências Médicas
CONPEDI – Conselho Nacional de Pesquisa e Pós-graduação em Direito
CPC – Código de Processo Civil
CPP – Código de Processo Penal
DF – Distrito Federal
DSM – *Diagnostic and Statistic Manual Disorders*
EAOAB – Estatuto da Advocacia e a Ordem dos Advogados do Brasil
EPD – Estatuto da Pessoa com Deficiência
FBASD – Federação Brasileira das Associações de Síndrome de Down
LBI – Lei Brasileira de Inclusão
LINDB – Lei de Introdução às Normas do Direito Brasileiro
MG – Minas Gerais

MP – Ministério Público
OAB – Ordem dos Advogados do Brasil
OMS – Organização Mundial de Saúde
ONU – Organização das Nações Unidas
PGFN – Procuradoria Geral da Fazenda Nacional
PL – Projeto de Lei
PROCON – Programa de Proteção e Defesa do Consumidor
REDP – Revista Eletrônica de Direito Processual
RJ – Rio de Janeiro
RO – Rondônia
SP – São Paulo
STJ – Superior Tribuna de Justiça
TJ – Tribunal de Justiça
TDA – Tomada de Decisão Apoiada
UERJ – Universidade Estadual do Rio de Janeiro
UNESCO – Organização das Nações Unidas para a Educação, a Ciência e a Cultura
USP – Universidade de São Paulo

SUMÁRIO

1
INTRODUÇÃO 15

2
CONCEITOS INTERDISCIPLINARES DO REGIME PROTETIVO DA PESSOA COM DEFICIÊNCIA 19

2.1. A expressão *transtorno mental* como substitutivo para a expressão *doença mental* 19

2.2. A utilização da terminologia *deficiência intelectual* em detrimento de *deficiência mental* 22

2.3. Noções acerca da vulnerabilidade 30

2.4. A autonomia privada abrange a autodeterminação existencial e identitária 34

2.5. Direitos da personalidade: inexistência de um rol taxativo 39

2.6. Conclusões parciais 42

3
AS CAPACIDADES NO QUADRO DA AUTONOMIA PRIVADA (MATERIAL E PROCESSUAL) 45

3.1. Introdução 45

3.2. A capacidade jurídica como situação jurídica simples 46

3.3. Personalidade jurídica como um *plus* em relação à capacidade jurídica 47

3.4. Capacidade de fato 52

3.5. Capacidade de ser parte 59

3.6. Capacidade postulatória 61
3.7. Capacidade de estar em juízo 63
3.8. Sistematização dos conceitos apresentados 66

4
A CAPACIDADE CIVIL DAS PESSOAS COM DEFICIÊNCIA 69
4.1. A incapacidade das pessoas com deficiência 69
    4.1.1. Função e fontes das incapacidades 69
    4.1.2. A evolução legislativa das incapacidades no Brasil em relação às pessoas com deficiências 72
        4.1.2.1. A legislação antes do Código Civil de 1916 72
        4.1.2.2. O Código Civil de 1916 74
        4.1.2.3. Código Civil de 2002 78
    4.1.3. A prodigalidade 82
    4.1.4. Os ébrios habituais e os viciados em tóxicos: uma breve crítica à manutenção no rol de relativamente incapazes 86
4.2. O Estatuto da Pessoa com Deficiência (Lei 13.146, de 6 de julho de 2015) e a capacidade das pessoas com deficiência 89
    4.2.1. Antecedentes do Estatuto: as diretrizes normativas internacionais e as finalidades da nova disciplina legal 89
    4.2.2. A nova redação dos artigos 3º e 4º do Código Civil 92
    4.2.3. A proteção da pessoa com deficiência após o EPD: os institutos protetivos e as críticas ao novo regime 99
        4.2.3.1. Os institutos protetivos 99
            4.2.3.1.1. Duplo regime curatelar 99
            4.2.3.1.2. Tomada de Decisão Apoiada 115
            4.2.3.1.3. Outras formas de proteção 124
        4.2.3.2. Críticas ao novo sistema 126
        4.2.3.3. Comentários ao PL nº 757/2015 no que concerne ao regime de incapacidades 128
        4.2.3.4. Observações complementares sobre a plena capacidade no âmbito dos direitos de personalidade 136

5
A CAPACIDADE PROCESSUAL DAS PESSOAS COM DEFICIÊNCIAS PARA DEMANDAR EM JUÍZO 143

5.1. Introdução: o quadro da abordagem da doutrina brasileira sobre a capacidade processual da pessoa com deficiência 143

5.2. A plena capacidade processual da pessoa com deficiência sem instauração da tomada de decisão apoiada ou da curatela de apoio. 151

5.3. A capacidade processual da pessoa com deficiência capaz curatelada 155

5.4. A capacidade processual da pessoa com deficiência capaz sob o regime da tomada de decisão apoiada 161

5.5. A capacidade processual da pessoa com deficiência incapaz por impossibilidade de expressão de vontade 163

5.6. A capacidade processual da pessoa com deficiência incapaz por prodigalidade ou por ser ébria habitual ou viciada em tóxico 166

5.7. A capacidade processual da pessoa com deficiência e a Lei 9.099/95 168

5.8. A validade dos atos processuais praticados por pessoa com deficiência 170

5.9. Propostas legislativas para alteração do Código de Processo Civil...... 176

CONCLUSÕES 187

REFERÊNCIAS BIBLIOGRÁFICAS 189

1
INTRODUÇÃO

A pessoa com deficiência intelectual possui plena capacidade processual para demandar em juízo depois da entrada em vigor da Lei Brasileira de Inclusão da Pessoa com Deficiência (Estatuto da Pessoa com Deficiência, Lei 13.146/2015), que alterou substancialmente o regime das capacidades no âmbito civil? Eis o problema de pesquisa deste trabalho.

Esta obra não pretende abarcar a capacidade processual das pessoas com qualquer deficiência, mas apenas aquelas deficiências que decorrem de impedimentos mentais ou intelectuais, denominadas pelo Estatuto da Pessoa com Deficiência de pessoas com deficiência mental ou intelectual. Trata-se de um objeto com menor amplitude do que o abrangido pelo Estatuto, visto que essa Lei dispõe, entre outras coisas, sobre o acesso à justiça das pessoas com deficiências, inclusive físicas e sensoriais, instituindo, para tanto, o direito a recursos de tecnologia assistiva, conforme dispõe o seu art. 80[1].

Apesar da delimitação imposta, a importância deste trabalho é facilmente perceptível se se considerar que, segundo dados da Organização Mundial de Saúde (OMS), de 20% a 25% da população mundial apresenta algum tipo de transtorno mental ou comportamental.[2-3] Além disso, é importante frisar que, apesar da

---

1. Estatuto da Pessoa com Deficiência: Art. 80. "Devem ser oferecidos todos os recursos de tecnologia assistiva disponíveis para que a pessoa com deficiência tenha garantido o acesso à justiça, sempre que figure em um dos polos da ação ou atue como testemunha, partícipe da lide posta em juízo, advogado, defensor público, magistrado ou membro do Ministério Público".
2. Dados disponíveis no *The World Health Report*, 2001. Disponível em <http://www.who.int/whr/2001/en/whr01_en.pdf>. Acesso em 31 de agosto de 2018.
3. V. MENEZES, Joyceanne Bezerra de. A capacidade dos incapazes: o diálogo entre a Convenção da ONU sobre os direitos das pessoas com deficiência e o Código Civil Brasileiro. *In* RUZYK, Carlos Eduardo Pianovski e outros (org.). *Direito Civil Constitucional*. Florianópolis: Conceito, 2014, pag. 52.

existência de diversas leis[4] que visam promover a inclusão e respeito às pessoas com deficiência, somente com a Lei nº 13.146/2015 retirou-se do sistema jurídico a correspondência imediata entre deficiência e incapacidade. Contudo, ao que parece, as alterações promovidas pelo Estatuto da Pessoa com Deficiência no Código de Processo Civil (Lei nº 13.105/2015) não são claramente compatíveis com as alterações promovidas no Código Civil. Isto porque o Estatuto promoveu uma mudança substancial no regime das capacidades das pessoas com deficiência, e, com isso, no Código Civil, sem alterar todos os dispositivos do CPC que garantem o exercício processual dos direitos das pessoas com deficiência, especificamente a capacidade no âmbito processual. Ou seja, aparentemente, há um descompasso entre as legislações.

Dito isso, pode-se seguir para a apresentação da sequência do raciocínio desenvolvido para construir a proposta de solução para o problema central da pesquisa.

Inicialmente, pretendeu-se fixar premissas conceituais necessárias à compreensão analítica e pragmática do regime; sem elas não seria possível alcançar uma boa compreensão das propostas colocadas nesta obra. As premissas podem ser resumidas em cinco pontos: análise da substituição da expressão doença mental por transtorno mental[5], a substituição da terminologia deficiência mental por deficiência intelectual, item que aborda o conceito de deficiência, inclusive o adotado pelo Estatuto[6], estudo do conceito de vulnerabilidade[7], abrangência

---

4. Entre as leis brasileiras que versam sobre pessoas com deficiência encontram-se: Lei nº 7.713/1988, que regulamenta a isenção de imposto de renda sobre os proventos de aposentadoria ou reforma percebidos por pessoas com transtornos mentais; Lei nº 7.853/1989, que dispõe sobre apoio às pessoas com deficiência, integração social, institui tutela jurisdicional de interesses coletivos, disciplina atuação do Ministério Público e define crimes; Lei nº 8.213/1991, que trata da habilitação e reabilitação profissional e social da pessoa com deficiência; Lei nº 8.742/1993, regulamentadora do benefício assistencial social de prestação continuada; Lei nº 8.899/1994, concessiva de passe livre no sistema de transporte coletivo interestadual às pessoas com deficiência; Lei nº 9.394/1996, que define diretrizes para a educação especial; Lei nº 10.216/2001, que dispõe sobre a proteção e os direitos das pessoas com transtornos mentais e Lei nº 10.708/2003, instituidora do auxílio-reabilitação psicossocial para pessoas com transtornos mentais egressos de internações. Oferece comentários sobre esse complexo regime jurídico Cintia Menezes Brunetta (O direito das pessoas portadoras de transtornos mentais. *In* PIOVESAN, Flávia. GARCIA, Maria. [orgs.]. *Edição Especial Revista dos Tribunais: direitos humanos*, São Paulo, vol. IV, 2011, p. 945).
5. Observar-se-á que o abandono da expressão doença mental traduz uma evolução no tratamento das pessoas com deficiência, já que se deixa o discurso médico ultrapassado e, em seu lugar, busca-se a implementação de uma visão inclusiva e humanista.
6. A finalidade é fixar os destinatários do Estatuto da Pessoa com Deficiência.

da autonomia privada[8] e a inexistência de rol taxativo no âmbito dos direitos de personalidade que vincula a não taxatividade dos direitos enumerados no §1º do art. 85 do Estatuto[9].

Em seguida, serão trabalhados conceitos igualmente necessários para se chegar ao ponto central proposto: capacidade jurídica, personalidade jurídica, capacidade de fato, capacidade de ser parte, capacidade processual e capacidade postulatória.

Com isso posto, avança-se ao estudo da capacidade civil das pessoas com deficiência, apresentando-se a evolução legislativa de tratamento desse grupo na legislação anterior ao Código Civil de 1916, no próprio Código Civil de 1916, no Código de 2002, no Código Civil 2002 após a entrada em vigor do Estatuto da Pessoa com Deficiência e no Projeto de Lei nº 757/2015. Nesse momento, serão apresentados institutos protetivos que servem às pessoas com deficiência, sejam elas incapazes ou capazes, entre eles a curatela interditiva, a curatela de apoio e a tomada de decisão apoiada.

Com a fixação da capacidade civil das pessoas com deficiência, pode-se partir para análise da capacidade processual das pessoas com deficiência decorrente de impedimentos mentais ou intelectuais para demandar em juízo, sendo tal estudo dividido nos seguintes itens: a plena capacidade processual da pessoa com deficiência sem instauração da tomada de decisão apoiada ou da curatela de apoio; a capacidade processual da pessoa com deficiência capaz curatelada; a capacidade processual da pessoa com deficiência capaz sob o regime da tomada de decisão apoiada; a capacidade processual da pessoa com deficiência incapaz por impossibilidade de expressão de vontade; a capacidade processual da pessoa com deficiência incapaz por prodigalidade ou por ser ébria habitual ou viciada em tóxico e a capacidade processual da pessoa com deficiência no âmbito dos Juizados Especiais. Finalmente, no último item da obra, serão apresentadas propostas de alterações legislativas no Código de Processo Civil, utilizando como parâmetro, muitas vezes, o PL nº 757/2015.

---

7. O estudo da vulnerabilidade é importante para caracterizar o grupo de pessoas com deficiência como grupo de vulneráveis, que implicará na correta interpretação de certas normas para beneficiá-los.

8. O objetivo desse ponto é estabelecer que a autonomia privada não abrange apenas a autodeterminação negocial, mas igualmente a existencial e a identitária.

9. "Art. 85. A curatela afetará tão somente os atos relacionados aos direitos de natureza patrimonial e negocial." "§1º A definição da curatela não alcança o direito ao próprio corpo, à sexualidade, ao matrimônio, à privacidade, à educação, à saúde, ao trabalho e ao voto".

2

CONCEITOS INTERDISCIPLINARES DO REGIME PROTETIVO DA PESSOA COM DEFICIÊNCIA

Esta obra, conforme já apresentado na introdução, propõe estudar a capacidade processual das pessoas com deficiência (consideradas assim em decorrência de impedimentos mentais ou intelectuais). Porém, antes de avançar sobre o problema central, faz-se necessário fixar alguns conceitos que, embora eventualmente manejados pelo legislador no regime protetivo da pessoa com deficiência, moldam-se a partir de iniciativas científicas pertencentes a outras áreas do conhecimento.

2.1. A EXPRESSÃO *TRANSTORNO MENTAL* COMO SUBSTITUTIVO PARA A EXPRESSÃO *DOENÇA MENTAL*

A loucura passou a ter *status* de doença mental apenas no século XIX, período em que foi iniciada a sua retirada do discurso religioso.[1-2] Os loucos, que durante a Antiguidade e a Idade Média

---

1. SPADINI, Luciene Simões. MELLO E SOUZA, Maria Conceição Bernardo de. A doença mental sob o olhar de pacientes e familiares. *Revista da Escola de Enfermagem da USP*. São Paulo, vol. 40, ano 1, março 2006. Disponível em <http://www.scielo.br/scielo>. Acesso em 11 de dezembro de 2017. Também no mesmo sentido, VECHI, Luís Gustavo. Iatrogenia e exclusão social: a loucura como objeto do discurso científico no Brasil. *Estudos de psicologia*. Natal, vol. 9, nº 3, set./dez. 2004. Disponível em <http://www.scielo.br>. Acesso 11 de dezembro de 2017.
2. Em linhas gerais, até a Idade Média, o modelo dominante atribuía razões místico-religiosas à loucura. No século XVII, houve o declínio do poder da teologia para surgimento dos dogmas da razão. No Renascimento, os loucos passam a ser encarados como perigosos e improdutivos, sendo tratados como criminosos. No século XVIII, surge o fenômeno da institucionalização da loucura. Com isso, ela passa a ser vista como um problema moral e uma ameaça social. No final deste mesmo século, emerge uma teoria moral sobre a loucura, mas essa teoria, paulatinamente, cede lugar para a visão médica da loucura, que predominou durante o século XIX. (VIETTA, Edna Paciência. KODATO,

sofreram perseguições, passaram a ser vistos como doentes mentais apenas com a evolução da psiquiatria e a inclusão da loucura como objeto do discurso científico.[3]

O século XX é marcado pela busca na psiquiatria das explicações nas desordens do comportamento, da afetividade e também das causas físicas para as doenças mentais. Isso acarretou a "transferência de conceitos e métodos considerados úteis no tratamento das doenças físicas para o campo dos distúrbios emocionais e comportamentais".[4] Verificou-se a relação das doenças mentais com fatores ambientais e sociais, sendo insuficientes os tratamentos voltados às razões biológicas, surgindo, assim, a psiquiatria social, que descreve as estruturas sociais como geradores de doenças.[5] Observou-se, então, que a doença mental transpassa a existência de um problema biopsíquico para os impactos na vida do indivíduo.[6]

Com esse breve histórico, pode-se resumir o estudo da evolução do tratamento dado às pessoas com deficiência em quatro etapas: na primeira, a fase da intolerância, elas eram repudiados, consideradas impuras; na segunda fase, da invisibilidade, as pessoas com deficiência e seus direitos foram ignorados; a terceira fase, denominada

---

Sérgio. FURLAN, Reinaldo. Reflexões sobre a transição paradigmática em saúde mental. *Revista latino-americana Enfermagem*. Março 2001. Disponível em <http://www.eerp.usp.br>. Acesso em 11 de dezembro de 2010; CANDIDO, Maria Rosilene. OLIVEIRA, Edina Araújo Rodrigues. MONTEIRO, Claudete Ferreira de Souza. COSTA. José Ronildo da. BENÍCIO, Geórgia Salanne Rodrigues. COSTA, Flora Lia Leal da. Conceitos e preconceitos sobre transtornos mentais: um debate necessário. *SMAD, Revista Eletrônica Saúde Mental Álcool Drogas*. Ribeirão Preto, vol. 8, nº 3, dez. 2012. Disponível em <http://pepsic.bvsalud.org>. Acesso em 11 de dezembro de /2017; MIRANDA-SÁ Jr., Luiz Salvador de. Breve histórico da psiquiatria no Brasil: do período colonial à atualidade. *Revista de psiquiatria*, no. 158, 2007. Disponível em <http://www.scielo.br>. Acesso em 11 de dezembro de 2017; MENEZES, Joyceanne Bezerra de. A capacidade dos incapazes: o diálogo entre a Convenção da ONU sobre os direitos das pessoas com deficiência e o Código Civil Brasileiro. *In* RUZYK, Carlos Eduardo Pianovski e outros (org.). *Direito civil Constitucional*. Florianópolis: Conceito, 2014, pag. 52; LIMA, Taisa Maria Macena de. VIEIRA, Marcelo de Mello. SILVA, Beatriz de Almeida Borges e. Reflexões sobre as pessoas com deficiência e sobre os impactos da Lei nº 13.146/2015 no Estudo dos planos do negócio jurídico. *Revista Brasileira de Direito Civil*. Belo Horizonte, vol. 14, nº 4, pp. 17-39, out./dez. 2017; BRUNETTA, Cintia Menezes. O direito das pessoas portadoras de transtornos mentais. *In* PIOVESAN, Flávia. GARCIA, Maria. (orgs.) *Edição Especial Revista dos Tribunais: direitos humanos*, São Paulo, vol. IV, 2011, p. 945).

3. VECHI, Luís Gustavo. Iatrogenia e exclusão social: a loucura como objeto do discurso científico no Brasil. *Estudos de psicologia*. Natal, vol. 9, nº 3, set./dez. 2004. Disponível em <http://www.scielo.br>. Acesso em 11 de dezembro de 2017.
4. VIETTA, Edna Paciência. KODATO, Sérgio. FURLAN, Reinaldo. Reflexões sobre a transição paradigmática em saúde mental. Op. cit.
5. Id., Ibid.
6. REQUIÃO. Maurício. *Estatuto da Pessoa com Deficiência, Incapacidade e Interdição*. Salvador: Juspodivm, 2016, p. 150-151.

assistencialista, a deficiência é vista como uma doença; por fim, a última e atual fase, a humanista, que tem base nos direitos humanos e visa promover a relação da pessoa com deficiência com o meio que ela convive.[7]

Os documentos clínicos internacionais que versam sobre as doenças mentais evitam a utilização deste termo (doença mental) por ele fazer referência a um discurso médico[8] já ultrapassado. Assim, tanto o ICD (CID) (*Classification of Mental and Behavioural Disorders: Clinical Descriptions and Diagnostic Guidelines*),[9] quanto o DSM (*Diagnostic and Statistic Manual Disorders*)[10] optaram pela terminologia transtorno mental.[11]

Essas fontes indicam que transtorno mental é o termo utilizado para fazer referência à existência de um conjunto de sintomas que afasta o sujeito do padrão psíquico considerado pela medicina como normal,[12] sendo um substitutivo da expressão doença mental.

Segundo o DSM, "os transtornos mentais são definidos em relação a normas e valores culturais, sociais e familiares", com isso "os limites entre normalidade e patologia variam em diferentes culturas com relação a tipos específicos de comportamentos".[13]

---

7. Ivana Assis Cruz dos. O Estatuto da Pessoa com Deficiência e as Alterações no Código Civil de 2002. *Revista Síntese direito previdenciário*. São Paulo, nº 78, ano XVI, pp. 27-36, maio/jun. 2017, p. 27-28; PIOVESAN, Flávia. Convenção da ONU sobre os direitos das pessoas com deficiência: inovações, alcance e impacto. *In* FERRAZ, Carolina Valença e outros (coords.). *Manual dos direitos da pessoa com deficiência*. São Paulo: Saraiva, 2012, p. 42 (e-book).
8. Segundo Joyceanne Menezes, pelo modelo médico a deficiência psíquica e intelectual é considerada uma patologia essencialmente física que acarreta na "incapacitação e exclusão definitiva do sujeito". MENEZES, Joyceanne Bezerra de. A capacidade dos incapazes: o diálogo entre a Convenção da ONU sobre os direitos das pessoas com deficiência e o Código Civil Brasileiro. *In* RUZYK, Carlos Eduardo Pianovski e outros (org.). *Direito civil Constitucional*. Florianópolis: Conceito, 2014, pag. 53.
9. O CID tem como objetivo classificar doenças e outros problemas de saúde registrados. A última edição CID ou ICD-10 é de 1994. Contudo, em junho de 2018, a OMS lançou o CID 11.
10. O DSM "é uma classificação categórica que divide os transtornos mentais em tipos, baseados em grupos de critérios com características definidas" Disponível em <https://www.psiquiatriageral.com.br/dsm4/dsm_iv.htm>. Acesso em 11 de dezembro de 2017.
11. FREEMAN, Melvyn. PATHARE, Soumitra. (Principais redatores). *Livro de recursos da OMS sobre saúde mental, direitos humanos e legislação*. OMS, 2005. Disponível em <http://www.who.int>. Acesso em 11 de dezembro de 2017.
12. O DSM-5, na sua introdução, explica que "Cada definição individual de transtorno que compõe os conjuntos operacionalizados de critérios diagnósticos forma a base dos propósitos clínicos e de pesquisa do DSM-5". *Manual diagnóstico e estatístico de transtornos mentais DSM-5*. *American Psychiatric Association*. Disponível em <https://www.psychiatry.org/psychiatrists>. Acesso em 11 de dezembro de 2017.
13. *Manual diagnóstico e estatístico de transtornos mentais DSM-5*. *American Psychiatric Association*. Disponível em <https://www.psychiatry.org/psychiatrists>. Acesso em 11 de dezembro de 2017.

No Estatuto da Pessoa com Deficiência, o legislador não se preocupa em diferenciar transtorno e doença mental, já que a conceituação do que é ou não transtorno mental não cabe ao Direito, apesar de ele constituir fonte de determinação de situações de incapacidade.[14]

A terminologia *transtorno mental* é a utilizada no Brasil na Lei nº 10.216/2001.[15] A referida Lei dispõe sobre a proteção e os direitos das pessoas portadoras de transtornos mentais e redireciona o modelo assistencial de saúde mental. As garantias previstas devem ser observadas atentamente quer nas hipóteses em que o transtorno mental cause a impossibilidade de expressão de vontade, que, como se verá adiante, é hipótese de incapacidade relativa, quer nas hipóteses em que o transtorno não seja incapacitante de nenhuma maneira, quer nas hipóteses que, apesar do transtorno não impedir expressão de vontade, seja salutar algum auxílio para prática de determinados atos.

2.2. A UTILIZAÇÃO DA TERMINOLOGIA *DEFICIÊNCIA INTELECTUAL* EM DETRIMENTO DE *DEFICIÊNCIA MENTAL*

Além dos conceitos de doença e transtorno mental, faz-se necessário esclarecer o que se entende por deficiência mental e deficiência intelectual.

Ao tratar do tema, Diego Carvalho Machado aponta a existência de distinção substancial entre deficiência intelectual e deficiência mental. Afirma o autor que a deficiência intelectual incluiria "pessoas que possuem dificuldades na sua funcionalidade intelectual, considerado o ambiente sociocultural em que inserido, como, por exemplo, as pessoas com síndrome de Down".[16] Por sua vez, a deficiência mental diria "respeito às pessoas que são diagnosticadas com e/ou vivenciam problemas de saúde mental, tais como transtorno bipolar, autismo e esquizofrenia".[17]

---

14. REQUIÃO. Maurício. *Estatuto da Pessoa com Deficiência, Incapacidade e Interdição*. Salvador: Juspodivm, 2016, pp. 150-151.
15. O art. 1º da Lei já menciona que "Os direitos e a proteção das pessoas acometidas de transtorno mental, de que trata esta Lei, são assegurados sem qualquer forma de discriminação quanto à raça, cor, sexo, orientação sexual, religião, opção política, nacionalidade, idade, família, recursos econômicos e ao grau de gravidade ou tempo de evolução de seu transtorno, ou qualquer outra".
16. MACHADO, Diego Carvalho. Capacidade de agir e direitos da personalidade no ordenamento jurídico brasileiro: o caso do direito à privacidade. *Revista Brasileira de Direito Civil*. Belo Horizonte, vol. 8, nº 2, pp. 47-80, abr./jun. 2016, p. 55 (nota 21).
17. Id., Ibid.

Porém, não parece ser esta a forma que os manuais classificatórios de transtornos mentais optam por classificar. O já citado DSM-5, ao tratar da deficiência intelectual, define que este termo equivale ao diagnóstico da CID-11 de transtornos de desenvolvimento intelectual.[18] Segundo este documento, "(...) uma Lei Federal dos Estados Unidos (*Public Law 111-256, Rosa's Law*) substitui o termo retardo mental por deficiência mental e periódicos de pesquisa usam deficiência intelectual".[19] Ou seja, deficiência intelectual seria a nova terminologia utilizada para deficiência mental, antes denominada de retardo mental,[20] sendo, pois, um tipo de transtorno.

De acordo com o manual classificatório DSM, entre os denominados transtornos do neurodesenvolvimento[21] estão as deficiências intelectuais ou o transtorno do desenvolvimento intelectual[22] que se caracterizam

> por déficits em capacidades mentais genéricas, como raciocínio, solução de problemas, planejamento, pensamento abstrato, juízo, aprendizagem acadêmica e aprendizagem pela experiência. Os déficits resultam em prejuízos no funcionamento adaptativo, de modo que o indivíduo não consegue atingir padrões de indepen-

---

18. O CID-10 não trazia esse transtorno. Nele havia referência apenas aos transtornos mentais e comportamentais (código das doenças: F00 até o F99) que envolveriam: transtornos mentais orgânicos, inclusive os sintomáticos; transtornos mentais e comportamentais devidos ao uso de substância psicoativa; esquizofrenia; transtornos esquizotípicos e transtornos delirantes; transtornos do humor [afetivos]; transtornos neuróticos; transtornos relacionados com o estresse e transtornos somatoformes; síndromes comportamentais associadas a disfunções fisiológicas e a fatores físicos; distorções da personalidade e do comportamento adulto; retardo mental; transtornos do desenvolvimento psicológico; transtornos do comportamento e transtornos emocionais que aparecem habitualmente durante a infância ou a adolescência e transtorno mental não especificado.
19. Manual diagnóstico e estatístico de transtornos mentais DSM-5. *American Psychiatric Association*. Disponível em <https://www.psychiatry.org/psychiatrists>. Acesso em 11 de dezembro de 2017.
20. Nesse sentido, Liliane Garcez e Luiz Henrique de Paula Conceição, ao abordarem as pessoas com deficiência, explicam que as deficiências são divididas em quatro grupos: deficiência física, auditiva, visual e a deficiência intelectual/mental. Observa-se, então, que os autores não diferenciam deficiência intelectual e deficiência mental. (GARCEZ, Liliane e CONCEIÇÃO, Luiz Henrique de Paula. Pessoas com deficiência. *In* VALESA, Salete (org.). *Coleção Caravana de Educação em Direitos Humanos*. Disponível em <http://flacso.org.br>. Acesso em 20 de julho de 2018). Importante mencionar que a Caravana surgiu pelo compromisso da Presidência da República, pela Secretaria de Direitos Humanos, em disponibilizar informações para o exercício consciente da cidadania. Para isso foi criada uma Coleção que possui textos sobre diversos temas, entre eles um breve manual sobre as pessoas com deficiência. Disponível em <http://flacso.org.br>. Acesso em 20 de julho de 2018.
21. Além das deficiências intelectuais, pelo DSM-5, o atraso global do desenvolvimento e o transtorno do desenvolvimento (deficiência intelectual) não especificado são integrantes dos transtornos do neurodesenvolvimento.
22. Código de referência do transtorno pelo DSM-5: F70 Leve, F71 (Moderada), F72 (Grave), F73 (Profunda).

dência pessoal e responsabilidade social em um ou mais aspectos da vida diária, incluindo comunicação, participação social, funcionamento acadêmico ou profissional e independência pessoal em casa ou na comunidade.[23]

Os critérios para a caracterização da deficiência intelectual, então, seriam: surgimento de déficits em funções intelectuais, déficits em funções adaptativas e que os déficits apareçam durante o período de desenvolvimento.[24]

Deve-se deixar claro que aquele que tem esse tipo de transtorno (deficiência intelectual) não tem alterada a sua percepção de si mesmo.[25] Caso haja alteração dessa percepção poder-se-á, então, configurar outro tipo de transtorno mental.[26]

Vale ressaltar que é prevista na psiquiatria a associação entre transtornos. Por exemplo, o transtorno do espectro autista pode, em alguns graus, estar associado à deficiência intelectual, ou seja, o autista pode apresentar déficits intelectuais e déficits em funções adaptativas. Segundo o DSM-5:

> No diagnóstico do transtorno do espectro autista, as características clínicas individuais são registradas por meio do uso de especificadores (com ou sem comprometimento intelectual concomitante; com ou sem comprometimento da linguagem concomitante; associado a alguma condição médica ou genética conhecida ou a fator ambiental), bem como especificadores que descrevem os sintomas autistas (idade da primeira preocupação; com ou sem perda de habilidades estabelecidas; gravidade).[27]

Além do DSM e do CID existem outros sistemas de classificação da deficiência intelectual. A *American Association on Intellectual and*

---

23. Manual diagnóstico e estatístico de transtornos mentais DSM-5. Op. cit.
24. Id., Ibid.
25. SASSAKI, Romeu Kazumi. Deficiência mental ou intelectual? Doença ou transtorno mental? *Reação - Revista Nacional de Reabilitação*. São Paulo, nº 43, ano IX, p. 09-10, 2005. Também disponível em <www.planetaeducacao.com.br>. Acesso em 26 de dezembro de 2017.
26. O autor no texto utiliza o termo doença mental, porém, como já exposto neste trabalho, a terminologia transtorno mental passou a ser mais adotada. (GOMES, Marcelo. "O que é deficiência mental e o que se pode fazer?". *Folheto da Apae-SP*, s/d. Disponível em <www.apaesp.org.br>. Acesso em 18 de dezembro de 2017).
27. Manual diagnóstico e estatístico de transtornos mentais DSM-5. *American Psychiatric Association*. Disponível em <https://www.psychiatry.org/psychiatrists>.

Developmental Disabilities (AAIDD), antiga *American Association on Mental Retardation* (AAMR), é um deles. Pela AAIDD, os critérios para a definição envolvem a análise do funcionamento intelectual, do comportamento adaptativo e a idade de início das manifestações ou sinais indicativos de atraso no desenvolvimento, que se convencionou nos 18 anos de idade.[28]

Por fim, também inserida nas classificações internacionais, tem-se a CIF (Classificação Internacional de Funcionalidade, Incapacidade e Saúde) que foi adotada pela OMS "para descrever, avaliar e medir a saúde e a incapacidade quer ao nível individual quer ao nível da população".[29] Nela utiliza-se a terminologia deficiência mental para qualquer "variação importante no desenvolvimento intelectual"[30]. Importante mencionar que a CIF reúne o modelo social e o modelo médico de deficiência.[31] Desse modo, para classificar as funcionalidades e incapacidades reúne fatores ambientais e fatores pessoais, sendo os primeiros entendidos como fatores externos aos indivíduos que envolvem o ambiente físico, social e atitudinal que as pessoas vivem e conduzem suas vidas, os últimos "são o histórico particular da vida e do estilo de vida de um indivíduo e englobam as características do indivíduo que não são parte de uma condição de saúde ou de um estado de saúde".[32]

O direito brasileiro, de certa forma em consonância aos sistemas classificatórios apresentados, conceituou deficiência no artigo 4º do Decreto 3.298/1999,[33] que regulamenta a Lei nº 7.853/1989 que dispõe

---

28. CARVALHO, Erenice Natália Soares de. MACIEL, Diva Maria Moraes de Albuquerque. *Nova concepção de deficiência mental segundo a American Association on Mental Retardation – AAMR: sistema 2002*. Disponível em <http://pepsic.bvsalud.org/scielo>. Acesso em 18 de dezembro de 2017.
29. Informações fornecidas pelo Instituto Nacional para a Reabilitação. Disponível em <http://www.inr.pt>. Acesso em 20 de julho de 2018.
30. Classificação Internacional de Funcionalidade, Incapacidade e Saúde, pag. 211. Disponível em <http://www.inr.pt>. Acesso em 20 de julho de 2018.
31. Classificação Internacional de Funcionalidade, Incapacidade e Saúde, pag. 21-22. Disponível em <http://www.inr.pt>. Acesso em 20 de julho de 2018.
32. Id., Ibid., p. 19.
33. Art. 4º É considerada pessoa portadora de deficiência a que se enquadra nas seguintes categorias: I - deficiência física - alteração completa ou parcial de um ou mais segmentos do corpo humano, acarretando o comprometimento da função física, apresentando-se sob a forma de paraplegia, paraparesia, monoplegia, monoparesia, tetraplegia, tetraparesia, triplegia, triparesia, hemiplegia, hemiparesia, ostomia, amputação ou ausência de membro, paralisia cerebral, nanismo, membros com deformidade congênita ou adquirida, exceto as deformidades estéticas e as que não produzam dificuldades para o desempenho de funções; II - deficiência auditiva - perda bilateral, parcial ou total, de quarenta e um decibéis (dB) ou mais, aferida por audiograma nas freqüências de 500HZ, 1.000HZ, 2.000Hz e 3.000Hz; III - deficiência visual - cegueira, na qual a acuidade visual é igual ou menor que

sobre o apoio às pessoas portadoras de deficiência, sua integração social, sobre a Coordenadoria Nacional para Integração da Pessoa Portadora de Deficiência – Corde. Para esse decreto, a deficiência mental (que atualmente deveria ser denominada deficiência intelectual) é:

> funcionamento intelectual significativamente inferior à média, com manifestação antes dos dezoito anos e limitações associadas a duas ou mais áreas de habilidades adaptativas, tais como: a) comunicação; b) cuidado pessoal; c) habilidades sociais; d) utilização dos recursos da comunidade; e) saúde e segurança; f) habilidades acadêmicas; g) lazer; e h) trabalho; V -deficiência múltipla – associação de duas ou mais deficiências.

Pode-se também citar o decreto 5.296 de 2004,[34-35] que em seu art. 5º apresentava as pessoas com deficiência ou mobilidade reduzida. Especificamente sobre a deficiência mental, enuncia o decreto:

> d) deficiência mental: funcionamento intelectual significativamente inferior à média, com manifestação antes dos dezoito anos e limitações associadas a duas ou mais áreas de habilidades adaptativas, tais como: 1. comunicação; 2. cuidado pessoal; 3. habilidades sociais; 4. utilização dos recursos da comunidade; 5. saúde e segurança; 6. habilidades acadêmicas; 7. lazer; e 8. trabalho;

Apesar das definições trazidas pelos decretos, os critérios estabelecidos não foram repetidos no Estatuto da Pessoa com Deficiência (Lei nº 13.146/2015). A lei, na verdade, sequer apresentou um conceito específico

---

0,05 no melhor olho, com a melhor correção óptica; a baixa visão, que significa acuidade visual entre 0,3 e 0,05 no melhor olho, com a melhor correção óptica; os casos nos quais a somatória da medida do campo visual em ambos os olhos for igual ou menor que 60o; ou a ocorrência simultânea de quaisquer das condições anteriores; IV - deficiência mental – funcionamento intelectual significativamente inferior à média, com manifestação antes dos dezoito anos e limitações associadas a duas ou mais áreas de habilidades adaptativas, tais como: a) comunicação; b) cuidado pessoal; c) habilidades sociais; d) utilização dos recursos da comunidade; e) saúde e segurança; f) habilidades acadêmicas; g) lazer; e h) trabalho; V - deficiência múltipla – associação de duas ou mais deficiências.

34. O Decreto tem por objetivo regulamentar a Lei nº 10.048/2000 que dá prioridade de atendimento às pessoas que especifica em lei. Trata-se de lei que estabelece normas gerais e critérios básicos para a promoção da acessibilidade das pessoas portadoras de deficiência ou com mobilidade reduzida.

35. Luiz Alberto David Araújo defende que, com a Convenção em vigor, o decreto regulamentar fora revogado, tendo em vista que a Convenção entra no ordenamento jurídico brasileiro com *status* de Emenda Constitucional, hierarquicamente superior ao Decreto (ARAUJO, Luiz Alberto David. Terminologia, atitude e aplicabilidade da Convenção sobre o direito das pessoas com deficiência. *In* George Salomão Leite; Ingo Wolfgang Sarlet. (Org.). *Jurisdição constitucional, democracia e direitos fundamentais.* 2ª série. pp. 407-416. Salvador: Juspodivm, 2012, p. 411).

de deficiência intelectual, mas o seu conceito de deficiência envolve a deficiência intelectual. Esse conceito de deficiência, posto no EPD, tem base no conceito inclusivo[36] da Convenção Internacional dos Direitos da Pessoa com Deficiência,[37-38] que, em seu preâmbulo e art. 1º estabelece:

> A deficiência é um conceito em evolução e que a deficiência resulta da interação entre pessoas com deficiência e as barreiras devidas às atitudes e ao ambiente que impedem a plena e efetiva participação dessas pessoas na sociedade em igualdade de oportunidades com as demais pessoas.
>
> Pessoas com deficiência são aquelas que têm impedimentos de longo prazo de natureza física, mental, intelectual ou sensorial, os quais, em interação com diversas barreiras, podem obstruir sua participação plena e efetiva na sociedade em igualdades de condições com as demais pessoas.

Com essa premissa, estabelece o Estatuto da Pessoa com Deficiência, em seu artigo 2º:

> Considera-se pessoa com deficiência aquela que tem impedimento de longo prazo de natureza física, mental, intelectual ou sensorial, o qual, em interação com uma ou mais barreiras, pode obstruir sua participação plena e efetiva na sociedade em igualdade de condições com as demais pessoas.[39]

---

36. VALLE, Jaime. A proteção internacional universal dos direitos das pessoas com deficiência. *Revista O Direito*. Coimbra, ano 148. pp. 585-602, 2016, p. 591.
37. VIEGAS, Cláudia Mara de Almeida Rabelo. As alterações da teoria das incapacidades, à luz do Estatuto da Pessoa com Deficiência. *Revista Síntese direito previdenciário*. São Paulo, nº 78, ano XVI, pp. 9-16, maio/jun. 2017, p. 9.
38. Anterior à Convenção, a Declaração dos Direitos das Pessoas Deficientes, aprovada pela Assembleia Geral da Organização das Nações Unidas em 09 de dezembro de 1975 aduzia que: "O termo "pessoas deficientes" refere-se a qualquer pessoa incapaz de assegurar por si mesma, total ou parcialmente, as necessidades de uma vida individual ou social normal, em decorrência de uma deficiência, congênita ou não, em suas capacidades físicas ou mentais." (Disponível em <http://portal.mec.gov.br>. Acesso em 12 de julho de 2018). E, ainda, a Convenção Interamericana para a eliminação de todas as formas de discriminação contra as pessoas portadoras de deficiência, em 2001, conceituou a deficiência como "uma restrição física, mental ou sensorial, de natureza permanente ou transitória, que limita a capacidade de exercer uma ou mais atividades essenciais da vida diária, causada ou agravada pelo ambiente econômico e social". Tratando sobre o conceito de deficiência na Declaração e na Convenção Interamericana: BERLINI, Luciana; AMARAL, Paloma Francielly do. Os impactos do Estatuto da Pessoa com Deficiência no direito protetivo pátrio e sua antinomia com o novo código de processo civil. *Revista da Escola Superior da Magistratura do Estado do Ceará*. Fortaleza, vol. 15, nº 2. 2017. Disponível em <http://revistathemis.tjce.jus.br>. Acesso em 12 de julho de 2018.
39. Ana Fernanda Neves, ao tratar sobre o direito das pessoas com deficiência no direito da União Europeia, afirma que não há, nesse sistema, uma definição normativa comum de deficiência, o que pode

No âmbito das faculdades mentais e intelectuais, o texto escolhido pelo legislador, ao mencionar tanto deficiência intelectual, quanto deficiência mental, traduz esse viés inclusivo e protecionista. Segundo a lei, merecem proteção, além das pessoas com deficiência intelectual (ou seja, aquelas com transtorno de desenvolvimento intelectual), todas as pessoas com outros transtornos mentais e, também, os que apresentem impedimentos de longo prazo, mesmo que não classificados pela psiquiatria, desde que tais impedimentos possam obstruir a participação plena e efetiva na sociedade.

A Lei, então, apresenta grande amplitude, não se limita a proteger as pessoas com um tipo de transtorno específico, mas tem a preocupação de só considerar, para os termos da lei, como pessoa com deficiência aquela que não possa participar da sociedade em condições iguais às demais pessoas.

É necessário ainda mencionar que, no Brasil, a deficiência (por impedimentos mentais ou intelectuais) tanto no EPD, quanto na recepção da Convenção sobre os Direitos das Pessoas com Deficiência,[40-41] percussora daquele, deixou de ser enquadrada na perspectiva médica.[42]

---

vir a prejudicar a proteção dessas pessoas. Porém, ainda segundo a autora, o Tribunal de Justiça da União Europeia delimitou a noção de deficiência, para efeitos laborais, no acórdão Chacón Navas, afirmando que seria "limitação que resulta, designadamente, de incapacidades físicas, mentais ou psíquicas e que dificultam a [sua] participação na vida profissional (...) durante um longo período". (NEVES, Ana Fernanda. *Os direitos das pessoas com deficiência no direito da União Europeia*. Disponível em <www.icjp.pt>. Acesso em 13 de julho de 2018). No direito português, entretanto, a lei nº 38/2004, que define as bases gerais do regime jurídico da prevenção, habilitação, reabilitação e participação da pessoa com deficiência, apresenta conceito semelhante ao direito brasileiro: "Considera-se pessoa com deficiência aquela que, por motivo de perda ou anomalia, congênita ou adquirida, de funções ou de estruturas do corpo, incluindo as funções psicológicas, apresente dificuldades específicas susceptíveis de, em conjugação com os factores do meio, lhe limitar ou dificultar a actividade e a participação em condições de igualdade com as demais pessoas." Disponível em <https://dre.pt>. Acesso em 13 de julho de 2018. Sobre o conceito de pessoa com deficiência no direito português ver: PINHEIRO, Jorge Duarte. *As pessoas com deficiência como sujeitos de direitos e deveres. Incapacidades e suprimento – A visão do jurista*. Separata da Revista O Direito. Coimbra, ano 142, no III, 2010, p. 466.

40. DINIZ, Debora; BARBOSA, Lívia; SANTOS, Wederson Rufino dos. Deficiência, direitos humanos e justiça. *SUR – Revista Internacional de Direitos Humanos*. São Paulo, vol. 6. nº 11, pp. 65-77, dez./2009. Disponível em <http://repositorio.unb.br/>. Acesso em 19 de outubro de 2017. E ainda: BARBOSA, Amanda Souza; LAGO JUNIOR, Antônio. Primeiras análises sobre o sistema de (in)capacidades, interdição e curatela pós estatuto da pessoa com deficiência e Código de Processo Civil. *Revista de Direito Civil Contemporâneo*. São Paulo, vol. 8, pp. 91-114, 2016, p. 92.

41. Far-se-á referência mais aprofundada sobre a Convenção no próximo capítulo ao tratar das bases para o surgimento do Estatuto da Pessoa com Deficiência.

42. ARAUJO, Luiz Alberto David. Terminologia, atitude e aplicabilidade da Convenção sobre o Direito das Pessoas com Deficiência. *In* George Salomão Leite; Ingo Wolfgang Sarlet. (Org.) *Jurisdição constitucional, democracia e direitos fundamentais*. 2ª série. pp. 407-416. Salvador: Juspodivm, 2012, p. 411; ARAUJO, Luiz Alberto David. COSTA FILHO, Waldir Macieira da. O Estatuto da Pessoa com Deficiência

Ela (a deficiência) é resultado, não apenas das condições intelectuais ou mentais do sujeito, mas "também do fracasso social de se criar um ambiente inclusivo para a pessoa vulnerável".[43] Percebe-se, então, que se seguiu, no país, a tendência do modelo social da deficiência,[44] ou seja, como parte da área de desenvolvimento social e dos direitos humanos,[45] corrente que se alinha bem melhor com o princípio da dignidade da pessoa humana.

– EPCD (Lei 13.146, de 06.07.2015): Algumas novidades. *Revista dos Tribunais*. São Paulo, vol. 962, pp. 65-80, dez./2015. Disponível em <www.mppa.mp.br>. Acesso em 31 de maio de 2018; MARTINS, Lilia Pinto. *A Convenção sobre os Direitos das Pessoas com Deficiência Comentada*. RESENDE, Ana Paula Crosara de. VITAL, Flávia Maria de Paiva. Organizadoras. Disponível em <www.governoeletronico.gov.br>. Acesso em 19 de outubro de 2017; BASILE, Felipe. Capacidade Civil e o Estatuto da Pessoa com deficiência. In *Boletim do Legislativo nº 40*. Disponível em www12.senado.leg.br. Acesso 21 de maio de 2018. Tratando especificamente do modelo social da convenção: RIBEIRO, Geraldo Rocha. Notas sobre as incapacidades jurídicas previstas no Código Civil à luz do art. 12º da Convenção das Nações Unidas sobre os direitos das pessoas com deficiência. In *Coleção Formação contínua. Direitos das Pessoas com deficiência do Centro de Estudos Judiciários*. Disponível em <http://www.cej.mj.pt>. Acesso em 02 de agosto de 2018.

43. MACHADO, Diego Carvalho. Capacidade de agir e direitos da personalidade no ordenamento jurídico brasileiro: o caso do direito à privacidade. *Revista Brasileira de Direito Civil*. Belo Horizonte, vol. 8, nº 2, pp. 47-80, abr./jun. 2016, p. 59-60. Nesse mesmo sentido, Joyceanne Menezes afirma que no modelo social a deficiência envolve um conjunto de fatores físicos, psicológicos, sociais e ambientais (A capacidade dos incapazes: o diálogo entre a Convenção da ONU sobre os direitos das pessoas com deficiência e o Código Civil Brasileiro. In RUZYK, Carlos Eduardo Pianovski e outros [org.]. *Direito Civil Constitucional*. Florianópolis: Conceito, 2014, pag. 53). E, ainda, BARBOZA, Heloisa Helena. A importância do CPC para o novo regime de capacidade civil. *Revista da Escola da Magistratura do Estado do Rio de Janeiro*. Rio de Janeiro, vol. 20, nº 1, pp. 209 - 223, jan./abr. 2018, p. 213.

44. O sociólogo Paul Hunt, precursor do modelo social de deficiência, além de travar debates sobre as limitações sociais sofridas por pessoas com deficiência, participou da articulação política que ensejou a criação da UPIAS – *The Union of the Physically Impaired Against Segregation* – entidade responsável pela instituição da concepção social de deficiência, que reelaborou o conceito de deficiência. Segundo *fundamental principles* da UPIAS: *impairment as lacking part of or all of a limb, or having a defective limb, organ or mechanism of the body; and disability as the disadvantage or restriction of activity caused by a contemporary social organisation which takes no or little account of people who have physical impairments and thus excludes them from participation in the mainstream of social activities*. Ou, segundo tradução de Tiago Henrique França, lesão seria a falta completa ou parcial de um membro ou ter um membro, órgão ou uma função do corpo com defeito, já deficiência a desvantagem ou restrição de atividade causada pela organização social contemporânea que não (ou pouco) leva em consideração as pessoas que possuem uma lesão, e assim as exclui da participação das atividades sociais (FRANÇA, Tiago Henrique. Modelo Social de Deficiência: uma ferramenta sociológica para a emancipação social, *Revista Lutas Sociais*. São Paulo, vol. 17, ano 31, jul./dez. 2013. Disponível em <revistas.pucsp.br>. Acesso em 26 de outubro de 2017). No mesmo sentido, D'ALBUQUERQUE, Teila Rocha Lins. *O Estatuto da Pessoa com Deficiência e as novas perspectivas em torno da mudança da capacidade civil*. 117f. Dissertação de Mestrado. Universidade Federal da Bahia. Salvador, 2017, p. 27. Disponível em <www.repositorio.ufba.br>. Acesso em 26 de outubro de 2017. Ver ainda, UPIAS, *Fundamental Principles of Disability*. Disponível em <http://www.disability.co.uk>. Acesso em 02 de novembro de 2018.

45. Sobre a gênese do modelo social da deficiência ver: DINIZ, Debora; BARBOSA, Lívia; SANTOS, Wederson Rufino dos. Deficiência, direitos humanos e justiça. *SUR – Revista Internacional de Direitos Humanos*. São Paulo, vol. 6, nº 11, pp. 65-77, dez./2009. Disponível em <http://repositorio.unb.br>. Acesso em 19 de outubro de 2017.

2.3. NOÇÕES ACERCA DA VULNERABILIDADE

Antes de avançar para o estudo das pessoas com deficiência e da redução da autonomia, também é necessário mencionar alguns aspectos relativos à vulnerabilidade, já que é possível a caracterização da vulnerabilidade a partir da identificação de condições especiais no exercício da autonomia.[46-47]

A vulnerabilidade comporta dois sentidos diversos: tem-se um conceito mais restrito, em que a vulnerabilidade é tida como característica, com uma função adjetivante e um conceito amplo, com função nominal que "remete à concepção antropológica como fundamento da ética".[48]

A noção de vulnerabilidade, no sentido adjetivante, é utilizada em diversos documentos internacionais, entre eles no relatório[49-50] Belmont (*Belmont Report: ethical principles and guidelines for the protection of human subjects of research*), desenvolvido pela *National Commission for the Protection of Human Subjects of Biomedical and Behavioral Research*). O relatório propõe o respeito às pessoas vulneráveis com base em alguns princípios: o respeito pelas pessoas, exigindo-se o reconhecimento da autonomia dos indivíduos em geral e a proteção dos que possuem autonomia diminuída; a necessidade do consentimento informado, ou seja, a obrigatoriedade de informação, compressão e voluntariedade; a beneficência que é a exigência de não fazer o mal, maximizar os possíveis benefícios

---

46. GUIMARÃES, Maria Carolina S. NOVAES, Sylvia Caiuby. Autonomia reduzida e Vulnerabilidade: Liberdade de Decisão, Diferença e Desigualdade. *Revista de Bioética*. Vol. 7, nº 1. Disponível em <http://revistabioetica.cfm.org.br>. Acesso em 23 de outubro de 2017.
47. A resolução nº 196/96, do Conselho Nacional de Saúde, define a vulnerabilidade na seção II.15 como "estado de pessoas ou grupos que, por quaisquer razões ou motivos, tenham a sua capacidade de autodeterminação reduzida, sobretudo no que se refere ao consentimento livre e esclarecido em sua vulnerabilidade." Sobre o tema, v. GUIMARÃES, Maria Carolina S. NOVAES, Sylvia Caiuby. Autonomia reduzida e Vulnerabilidade: Liberdade de Decisão, Diferença e Desigualdade. Op. cit. A resolução está disponível em <http://bvsms.saude.gov.br/>. Acesso em 23 de outubro de 2017.
48. ALMEIDA, Leonor Duarte de. Suscetibilidade: novo sentido para a vulnerabilidade. *Revista Bioética*. Vol. 18, nº 3, 2010. Disponível em <http://revistabioetica.cfm.org.br>. Acesso em 02 de agosto de 2018.
49. Id., Ibid.
50. Além do relatório *Belmont*, pode-se citar diversos outros documentos internacionais que utilizam esse conceito de vulnerabilidade, tais como *International Ethical Guidelines for Biomedical Research Involving Human Subjects*, do Conselho Internacional da Organização de Ciências Médicas e Organização Mundial da Saúde (Cioms/OMS), a *Universal Declaration on the Human Genome and Human Rights*, da Unesco, em 1997, ou a Declaração de Helsinque. (ALMEIDA, Leonor Duarte de. Suscetibilidade: novo sentido para a vulnerabilidade. Op. cit.).

e minimizar os prejuízos; e a justiça, caracterizada pela equidade na distribuição.[51-52]

A proteção através do consentimento informado é regra de ação do princípio da autonomia. Defendeu-se, então, pelo Relatório *Belmont*, a autonomia dos vulneráveis, ou seja, a sua capacidade de se autogerir e também um viés positivo da autonomia, no sentido de ser possível exigir o estabelecimento de condições para o seu exercício.[53]

No campo de estudos desenvolvidos pela Bioética, existem três sentidos para vulnerabilidade: a vulnerabilidade como condição humana universal, vulnerabilidade como característica particular de pessoas e grupos e, por fim, como princípio ético internacional. Em linhas gerais, a primeira acepção alude à noção de que a vulnerabilidade é inerente ao ser vivo, de modo que caracteriza todo ser humano como vulnerável. Na vulnerabilidade como característica particular de pessoas e grupos há a qualificação de um grupo como vulnerável e, em decorrência disso, a imposição de proteção. Por fim, a vulnerabilidade como princípio ético internacional visa promover o respeito à dignidade da pessoa humana em circunstâncias em que o consentimento se manifeste insuficiente, esse último sentido foi alcançado na Declaração Universal sobre Bioética e Direitos Humanos.[54]

O Conselho de Organizações Internacionais de Ciências Médicas (Cioms),[55] tratando a vulnerabilidade como caracterís-

---

51. NEVES, Maria do Céu Patrão. Sentidos da vulnerabilidade: característica, condição, princípio. *Revista Brasileira de Bioética*. Vol. 2, 2006. Disponível em <https://bioetica.catedraunesco.unb.br>. Acesso em 26 de outubro de 2017.
52. Segundo Leonor Almeida, inspirada nas conclusões do relatório *Belmont*, a obra de Beauchamp e Childress, denominada *Principles of biomedical ethics*, introduziu uma nova corrente, sobre o tema, denominada "Principialismo", que contém quatro princípios: autonomia, beneficência, não maleficência e justiça. (ALMEIDA, Leonor Duarte de. Suscetibilidade: novo sentido para a vulnerabilidade. Op. cit.)
53. NEVES, Maria do Céu Patrão. Sentidos da vulnerabilidade: característica, condição, princípio. Op. cit.. E, ainda, D'ALBUQUERQUE, Teila Rocha Lins. *O Estatuto da Pessoa com Deficiência e as novas perspectivas em torno da mudança da capacidade civil*. 117f. Dissertação de Mestrado. Universidade Federal da Bahia. Salvador, 2017. Disponível em <www.repositorio.ufba.br>. Acesso em 26 de outubro de 2017.
54. NEVES, Maria do Céu Patrão. Sentidos da vulnerabilidade: característica, condição, princípio. Op. cit.; FELÍCIO, Jônia Lacerda. PESSINI, Leo. *Bioética da proteção: vulnerabilidade e autonomia dos pacientes com transtornos mentais*. Disponível em <http://revistabioetica.cfm.org.br>. Acesso em 03 de novembro de 2017. Ver ainda, sobre os diferentes conceitos de vulnerabilidade: BARBOZA, Heloisa Helena. Proteção dos vulneráveis na Constituição de 1988: Uma questão de igualdade. In NEVES, Thiago Ferreira Cardoso (coord.). *Direito & Justiça social: por uma sociedade mais justa, livre e solidária: estudos em homenagem ao Professor Sylvio Capanema de Souza*. São Paulo: Atlas, 2013, p. 103-117.
55. O CIOMS é uma organização não governamental e sem fins lucrativos, criada, em 1949, pela OMS (Organização Mundial de Saúde) e pela UNESCO (Organização das Nações Unidas para a Educação,

tica particular de pessoas e grupos,[56] em sua diretriz 14 define indivíduo vulnerável como aquele com capacidade ou liberdade diminuída para consentir ou abster-se de consentir, e, na diretriz 15, inclui nesse rol as crianças e as pessoas que, em decorrência de transtornos mentais ou de comportamento, sejam incapazes de dar o consentimento informado.[57]

É importante observar que a vulnerabilidade não decorre necessariamente da redução de autonomia, mas o inverso é verdadeiro: a pessoa que tem sua autonomia diminuída é vulnerável.[58] Nesse sentido, Maurício Requião afirma que "Acredita-se que a falta ou diminuição de autonomia é fator de extrema relevância para a caracterização do sujeito enquanto vulnerado".[59] Ainda para o autor, para o direito, a vulnerabilidade não tem relação apenas com os aspectos de ordem biológica (ou à saúde). O que importa ao legislador é a vulnerabilidade por fatores econômicos e sociais.[60]

Maria Carolina Guimarães e Sylvia Caiuby Novaes defendem que a autonomia (e sua eventual redução) seria individual; a vulnerabilidade, por sua vez, seria "decorrência de uma relação histórica entre segmentos sociais diferenciados, em que a diferença entre eles

---

a Ciência e a Cultura). A organização tem por missão promover a saúde pública por meio de orientações sobre pesquisa em saúde, incluindo ética, desenvolvimento de produtos médicos e segurança. Informação disponível em <https://cioms.ch/>. Acesso em 23 de julho de 2018.

56. Nilson Tadeu R. C. Silva faz uma distinção interessante entre grupo de vulneráveis e as minorias. Segundo o autor, os grupos de vulneráveis são assim considerados por apresentarem uma fragilidade na proteção de seus direitos, sofrendo constantes violações à dignidade e, além disso, pelo elemento denominado por ele de "não dominância", sendo, pois, um conceito mais abrangente do que as minorias. Essas, por sua vez, são grupos (des)qualificados juridicamente pelo baixo reconhecimento efetivo de direitos, sendo que essa desqualificação é resultado da incapacidade de articulação para a luta dos direitos do grupo. Ele explica que as mulheres, crianças e idosos são vulneráveis, porém não são minorias. Além disso, o autor aponta que dentre os integrantes de um grupo de vulneráveis pode haver discriminação e exclusão, no caso das pessoas com deficiência isso acontece, para o autor, com as pessoas com deficiência intelectual ou mental. (SILVA, Nilson Tadeu R. C. O direito e a saúde mental: aspectos históricos da tutela no Brasil e em Portugal. *Revista da Faculdade de direito da Universidade de Lisboa*. Lisboa, nos 1 e 2, pp. 215-241, 2014, p. 221).
57. FELÍCIO, Jônia Lacerda. PESSINI, Leo. *Bioética da proteção: vulnerabilidade e autonomia dos pacientes com transtornos mentais*. Disponível em <http://revistabioetica.cfm.org.br>. Acesso em 03 de novembro de 2017.
58. Leonor Almeida, sobre o tema, afirma que vulnerabilidade e redução da autonomia podem ou não estar associados, "pois a perda de autonomia pode ser reversível e indivíduos vulneráveis poderão ser autônomos". (ALMEIDA, Leonor Duarte de. Suscetibilidade: novo sentido para a vulnerabilidade. *Revista Bioética*. Vol. 18, nº 3, 2010. Disponível em <http://revistabioetica.cfm.org.br>. Acesso em 02 de agosto de 2018).
59. REQUIÃO. Maurício. *Estatuto da Pessoa com Deficiência, Incapacidade e Interdição*. Salvador: Juspodivm, 2016, p. 121.
60. Id., Ibid., p. 120.

se transforma em desigualdade".⁶¹⁻⁶² A redução de autonomia seria, então, passageira, já a eliminação da vulnerabilidade requereria a superação das "consequências das privações sofridas por uma pessoa ou grupo nos âmbitos social, político, educacional ou econômico".⁶³

Cláudia Lima Marques e Bruno Miragem, por sua vez, apontam que a vulnerabilidade é mais "um estado da pessoa, um estado inerente de risco"⁶⁴. Ela pode ser uma situação permanente ou provisória, individual ou coletiva. Os autores afirmam ainda que a "vulnerabilidade não é, pois, o fundamento das regras de proteção do sujeito mais fraco, é apenas a explicação destas regras ou da atuação do legislador".⁶⁵

No âmbito jurídico, a vulnerabilidade e as tentativas de redução são tratadas coletivamente, no sentido de que o legislador procura garantir a proteção do grupo. Especificamente no direito brasileiro é possível identificar grupos de pessoas que são consideradas presumidamente vulneráveis, como é o caso das crianças e dos adolescentes e dos idosos; outras são expressamente consideradas vulneráveis, como os consumidores.⁶⁶ Todos esses grupos receberam especial proteção legislativa, com os respectivos Estatutos da Criança e do Adolescente, Estatuto do Idoso e Código de Defesa do Consumidor.⁶⁷

O Estatuto da Pessoa com Deficiência entra no sistema jurídico brasileiro nesse mesmo contexto de proteção aos vulneráveis, que no

---

61. GUIMARÃES, Maria Carolina S. NOVAES, Sylvia Caiuby. Autonomia reduzida e Vulnerabilidade: Liberdade de Decisão, Diferença e Desigualdade. *Revista de Bioética*. Vol. 7, nº 1. Disponível em <http://revistabioetica.cfm.org.br>. Acesso em 23 de outubro de 2017.
62. Sobre vulnerabilidade ver também: ANJOS. Márcio Fabri dos. A vulnerabilidade como parceira da autonomia. *Revista Brasileira de Bioética*. Vol. 2, nº 2. 2006. Disponível em <https://bioetica.catedraunesco.unb.br>. Acesso em 23 de outubro de 2017.
63. GUIMARÃES, Maria Carolina S. NOVAES, Sylvia Caiuby. Autonomia reduzida e Vulnerabilidade: Liberdade de Decisão, Diferença e Desigualdade. Op. cit.
64. MARQUES, Cláudia Lima. MIRAGEM, Bruno. *O novo direito privado e a proteção dos vulneráveis*. São Paulo: Editora Revista dos tribunais, 2012, p. 117.
65. Id., Ibid., p. 117.
66. No campo jurídico, a referência à vulnerabilidade passou a ser comum depois do surgimento do Código de Defesa do Consumidor, que tem como princípio o reconhecimento da vulnerabilidade do consumidor. Para aprofundamento sobre o debate da diferença entre vulnerabilidade e hipossuficiência, v. BARBOZA, Heloisa Helena. Proteção dos vulneráveis na Constituição de 1988: Uma questão de igualdade. *In* NEVES, Thiago Ferreira Cardoso (coord.). *Direito & Justiça social: por uma sociedade mais justa, livre e solidária: estudos em homenagem ao Professor Sylvio Capanema de Souza*. São Paulo: Atlas, 2013, p. 103-117.
67. BARBOZA, Heloisa Helena. Proteção dos vulneráveis na Constituição de 1988: Uma questão de igualdade. Op. cit., pp. 103-117. Ainda sobre a proteção dos vulneráveis ver: MARQUES, Cláudia Lima. MIRAGEM, Bruno. *O novo direito privado e a proteção dos vulneráveis*. Op. cit.

caso do EPD, identificam-se com todas as pessoas com deficiência. A vulnerabilidade desse grupo de pessoas, especialmente das pessoas com deficiências mentais e intelectuais, é múltipla, conforme ensina Maurício Requião:

> É vulnerado, do ponto de vista da saúde, por conta do próprio transtorno mental; pela perspectiva social, por conta do estigma carregado por sua condição; e, até há pouco tempo, sob o enfoque da lei, por ser colocado como um cidadão de segunda classe, submetida sua vontade à de terceiros.[68]

Com isso, pode-se afirmar que existe no direito brasileiro um microssistema de proteção aos vulneráveis que inclui, além das leis já citadas, entre elas o EPD, todas as formas de proteção espalhadas em outros atos normativos.

2.4. A AUTONOMIA PRIVADA ABRANGE A AUTODETERMINAÇÃO EXISTENCIAL E IDENTITÁRIA

Um estudo profundo sobre as origens da autonomia privada e de suas acepções clássicas até a acepção adotada neste trabalho não seria possível de modo incidental, já que a concepção teórica da autonomia privada advém do individualismo[69], corrente que "reúne e consolida tendências anteriores já verificadas no direito romano[70], no direito canônico[71], no contrato social[72] e no

---

68. REQUIÃO. Maurício. *Estatuto da Pessoa com Deficiência, Incapacidade e Interdição*. Salvador: Juspodivm, 2016, p. 124.
69. Entende-se por individualismo a doutrina que impõe uma supervalorização da pessoa humana relativamente à sociedade. O individualismo se opõe, politicamente, à intervenção estatal. Economicamente confunde-se com o liberalismo econômico. AMARAL, Francisco. A autonomia privada como princípio fundamental da ordem jurídica: perspectivas estrutural e funcional. *Revista de Informação Legislativa*. Vol. 26, nº 102, pp. 207-230, abr./jun. 1989, p. 212. Disponível em: <http://www2.senado.leg.br/bdsf/item/id/181930>. Acesso em 28 de dezembro de 2017.
70. No Direito Romano a primeira forma de expressão do *ius civile* é a *lex privata*. Ela (a *lex privata*) "era a forma de expressão do direito privado", sendo anterior a *lex publica* quando aprovada pelo povo. Id., Ibid., p. 213.
71. Também se pode vincular o individualismo ao cristianismo, tendo em vista que o "cristianismo coloca o homem no centro das reflexões de ordem religiosa, filosófica e social, e dogmatiza, no direito canônico, a declaração de vontade como fonte de obrigações jurídicas". Id., Ibid., p. 213.
72. A teoria de Jean-Jacques Rousseau também é apontada por Francisco Amaral como relevante para a teoria da autonomia da vontade. Nas palavras dele "A convenção, o acordo, é a base de toda autoridade entre os homens, sendo que a própria autoridade pública extrai seu poder de uma convenção". Id., Ibid., p. 220.

liberalismo econômico[73], e que se manifesta, historicamente, no jusnaturalismo[74]"[75].

Em linhas gerais, importa saber que o "fundamento básico da autonomia privada é a liberdade como poder jurídico, e sua função se deduz das condições econômicas e sociais em que se firmou como poder jurídico".[76] Assim, mais importante do que a análise da doutrina individualista é o processo econômico que deu base para a liberdade individual ser reconhecida como fonte normativa.[77]

Sobre esse processo econômico é interessante o que ensina Francisco Amaral. O autor aponta que o dogma da vontade nasce também do direito de propriedade.[78] Explica que na Idade média a principal fonte de riqueza era a terra e a propriedade era o principal direito, contudo com a evolução dos bens de produção, em virtude do surgimento do comércio e da indústria, passou-se para um sistema jurídico que garantia a livre circulação dos bens. Nas palavras do autor há a "jurisdicização das relações de troca"[79]. Afirma, ainda, que a "generalização das trocas configura uma nova força, um novo poder, que se destaca do direito de propriedade, e que é, precisamente, o poder da vontade que se realiza na liberdade de troca e na liberdade de atuação de mercado"[80].

Com isso, percebe-se que autonomia privada tem como fundamento prático a propriedade privada[81], sendo natural a relação clássica estabelecida por juristas, a seguir apresentados, entre autonomia privada e o poder de disposição diretamente vinculado ao direito de propriedade.

Luigi Ferri, Ana Prata, Menezes Cordeiro e o próprio Francisco Amaral, ao estudarem a autonomia privada, apresentam noções que a vinculam aos negócios jurídicos patrimoniais.

---

73. No campo econômico, o liberalismo fornece, segundo Francisco Amaral, "argumentos decisivos da autonomia da vontade". Nas palavras do autor: "O instrumento é o contrato que deve ser preservado como produto da liberdade integral de suas partes". Id., Ibid., p. 220.
74. É com o Direito Natural que as liberdades naturais (entre elas a liberdade contratual) substituem a origem divina do direito. Id., Ibid., p. 219.
75. Id., Ibid., p. 221.
76. Id., Ibid., p. 221.
77. Id., Ibid., p. 221.
78. Id., Ibid., p. 221.
79. Id., Ibid., p. 221.
80. Id., Ibid., p. 221.
81. Id., Ibid., p. 221.

Luigi Ferri defendeu que se se admite que o negócio seja uma fonte normativa, a autonomia privada é o poder atribuído pela lei aos particulares para criar direitos, ou seja, estabelecer normas jurídicas.[82] O autor defende que autonomia e poder de disposição seriam sinônimos.[83]

Francisco Amaral insere autonomia privada no campo das relações jurídicas patrimoniais. Segundo o autor, o instrumento da autonomia privada é o negócio jurídico "fonte por excelência das obrigações, incluindo os contratos, as declarações unilaterais de vontade e, no campo das sucessões, o testamento (...)".[84]

Ana Prata afirma que o sentido mais estrito de autonomia privada é a de liberdade negocial e, nesse contexto, afirma que "autonomia privada não designa toda a liberdade jurídica privada, mas apenas um aspecto desta última: a liberdade negocial".[85]

Para Menezes Cordeiro, o domínio de excelência da autonomia privada é no âmbito dos direitos das obrigações. Afirma o autor que ela pode ser apresentada como "liberdade ou autonomia contratual ou como liberdade ou autonomia negocial, quando tenha em vista a celebração de contratos ou de negócios".[86]

Porém, se no período histórico em que o Estado Liberal esteve em operatividade

> o núcleo da proteção outorgada à autonomia privada centrava-se na proteção do patrimônio individual e nos direitos que lhe são

---

82. Nas palavras do autor: "*Admitiendo el principio de que el negocio es fuente normativa, de que tiene un contenido de normas jurídicas, se da un paso decisivo hacia la solución del problema de la autonomia privada*. Ésta se convierte en el poder, atribuído por la ley a los particulares, de crear derechos, es decir, de estabelecer normas jurídicas". (FERRI, Luigi. *La autonomia privada*. Tradução e notas de direito espanhol Luiz Sancho Mendizábal. Granada: Editora Comares. 2001, p. 42). Em sentido semelhante, Emílio Betti afirma que a autonomia privada pode ser reconhecida como: fonte de normas jurídicas, "destinadas a fazer parte integrante da própria ordem jurídica, que a reconhece precisamente, como fonte de direito subordinada e dependente" e também a autonomia pode ser reconhecida como "pressuposto e causa geradora de relações jurídicas já disciplinadas, em abstracto e em geral, pelas normas dessa ordem jurídica". (BETTI, Emílio. *Teoria Geral do Negócio Jurídico*. Trad. Fernando Miranda. Coimbra: Coimbra Editora, 1969, t. I, pp. 97-98).
83. FERRI, Luigi. *La autonomia privada*. Op. cit., p. 252-253.
84. AMARAL, Francisco. A autonomia privada como princípio fundamental da ordem jurídica: perspectivas estrutural e funcional. Op. cit. É possível ainda encontrar este entendimento do autor em AMARAL, Francisco. *Projeto do Código Civil. Autonomia privada*. Disponível em <http://www.jf.jus.br>. Acesso em 05 de janeiro de 2018, texto em que afirma "Creio poder afirmar que a esfera de atuação do princípio da autonomia privada é, basicamente, o direito patrimonial".
85. PRATA. Ana. *A tutela constitucional da autonomia privada*. Lisboa: Almedina, 1982, p. 13.
86. MENEZES CORDEIRO, António. *Tratado de direito civil português*. Parte geral. 2ª ed. Coimbra: Almedina, 2000, t. I, p. 219.

correlatos, no Estado contemporâneo o foco deve se estender para a esfera das decisões existenciais, de caráter afetivo, sexual, religioso, artístico etc.[87]

Com isso, a noção de autonomia privada sofreu modificação envolvendo não apenas atos de natureza negocial. Assim, apesar do maior campo de exercício da autonomia privada ser o direito das obrigações, não há uma exclusividade.[88]

Essa posição é defendida por Roxana Borges. Segundo a autora, "o negócio jurídico é categoria mais ampla que o contrato, e envolve manifestação da autonomia privada, seja ela de cunho patrimonial ou não", o que implica concluir que para a autora a autonomia privada abrange a autodeterminação existencial e identitária.[89]

Nesse mesmo sentido entende Pedro Pais de Vasconcelos. Para o autor, o direito de personalidade,[90] juntamente com o negócio jurídico, constituem as principais manifestações da autonomia privada.[91]

Maurício Requião, ao abordar o tema, distingue duas categorias: autonomia privada e autonomia existencial. Esta última seria a liberdade do sujeito de gerir sua vida e sua personalidade.[92] Defende ainda que, apesar da distinção autonomia privada/autonomia existencial, é possível conceber grupos de bens que estão inseridos nos dois conceitos, caso de celebração de negócio jurídico envolvendo direitos da personalidade.[93]

Independentemente da posição adotada acerca do objeto da autonomia privada é importante ressaltar o caráter relativo do seu exercício.[94] Ela deve ser conciliada não só com o direito de outras

---

87. SARMENTO. Daniel. *Direitos fundamentais e relações privadas*. Rio de Janeiro: Lumen Juris, 2004, p. 192.
88. BORGES, Roxana Cardoso Brasileiro. *Direitos de personalidade e autonomia privada*. 2ª ed. São Paulo: Saraiva, 2009, p. 50. Nesse mesmo sentido, CANTALI. Fernanda Borghetti. *Direitos da personalidade. Disponibilidade relativa, autonomia privada e dignidade humana*. Porto Alegre: Livraria do Advogado, 2009, p. 202.
89. BORGES, Roxana Cardoso Brasileiro. *Direitos de personalidade e autonomia privada*. Op. cit., p. 50.
90. Objeto de estudo do próximo item deste trabalho.
91. PAIS DE VASCONCELOS, Pedro. *Direito de personalidade*. Coimbra: Almedina, 2017, p. 153.
92. REQUIÃO. Maurício. Autonomia e suas limitações. *Revista de direito privado*. São Paulo, vol. 60, ano 15, pp. 85-89, out./dez., 2014, p. 88-89. REQUIÃO. Maurício. *Estatuto da Pessoa com Deficiência, Incapacidade e Interdição*. Salvador: Juspodivm, 2016, p. 26.
93. REQUIÃO. Maurício. Autonomia e suas limitações. *Revista de direito privado*, op. cit., p. 89.
94. REQUIÃO. Maurício. Autonomia e suas limitações. *Revista de direito privado*. op. cit., p. 90. REQUIÃO. Maurício. *Estatuto da Pessoa com Deficiência, Incapacidade e Interdição*. op. cit., p. 34.

pessoas, mas também com outros valores do Estado Democrático de Direito.[95]

Os fundamentos que limitam o exercício da autonomia podem ser divididos em três grupos: limitações objetivas, subjetivas e relacionais.[96] De modo sintético, a limitação objetiva diz respeito ao impedimento de prática de certos atos independentemente de condições pessoais dos sujeitos,[97] caso do art. 426 do Código Civil[98] que impede contrato cujo objeto seja herança de pessoa viva. As limitações relacionais visam à proteção de terceiros que poderiam sofrer com os efeitos dos atos praticados,[99] hipótese do art. 1.647 do Código Civil[100] que impõe a autorização do cônjuge para prática de determinados atos. As limitações subjetivas decorrem do sujeito que pratica o ato, fundando-se, então, na proteção dele.[101] As limitações subjetivas subdividem-se em genéricas ou pontuais.[102] Genéricas são as que envolvem um amplo rol de atos,[103] hipótese de determinação da incapacidade dos arts. 3º e 4º do CC,[104] em que há limitação para prática de atos da vida civil. Já as pontuais são limitações que restringem a prática de um ou de um pequeno número de atos,[105] como o art. 1.641, II, CC[106] ao limitar a escolha do regime patrimonial do casamento do maior de 70 anos.

---

95. Sobre limites da autonomia privada: BRAGA, Paula Sarno. *Aplicação do devido processo legal nas relações privadas*. Salvador: Juspodivm, 2008, p. 109.
96. REQUIÃO. Maurício. Autonomia e suas limitações. *Revista de direito privado*. op. cit., pp. 91-95. REQUIÃO. Maurício. *Estatuto da Pessoa com Deficiência, Incapacidade e Interdição*. op. cit., p. 44-49.
97. REQUIÃO. Maurício. Autonomia e suas limitações. *Revista de direito privado*. op. cit., pp. 91-95. REQUIÃO. Maurício. *Estatuto da Pessoa com Deficiência, Incapacidade e Interdição*. op. cit., pp. 44-49.
98. Art. 426. Não pode ser objeto de contrato a herança de pessoa viva.
99. REQUIÃO. Maurício. Autonomia e suas limitações. *Revista de direito privado*. op. cit., pp. 91-95. REQUIÃO. Maurício. *Estatuto da Pessoa com Deficiência, Incapacidade e Interdição*. op. cit., pp. 44-49.
100. Art. 1.647. Ressalvado o disposto no art. 1.648, nenhum dos cônjuges pode, sem autorização do outro, exceto no regime da separação absoluta: I - alienar ou gravar de ônus real os bens imóveis; II - pleitear, como autor ou réu, acerca desses bens ou direitos; III - prestar fiança ou aval; IV - fazer doação, não sendo remuneratória, de bens comuns, ou dos que possam integrar futura meação.
101. REQUIÃO. Maurício. Autonomia e suas limitações. *Revista de direito privado*. op. cit., pp. 91-95. REQUIÃO. Maurício. *Estatuto da Pessoa com Deficiência, Incapacidade e Interdição*. op. cit., pp. 44-49.
102. REQUIÃO. Maurício. Autonomia e suas limitações. *Revista de direito privado*. São Paulo, Vol. 60, ano 15, pp. 85-97, out./dez. 2014, pp. 91-95. REQUIÃO. Maurício. *Estatuto da Pessoa com Deficiência, Incapacidade e Interdição*. Salvador: Juspodivm, 2016, pp. 44-49
103. REQUIÃO. Maurício. Autonomia e suas limitações. *Revista de direito privado*. op. cit., pp. 91-95. REQUIÃO. Maurício. *Estatuto da Pessoa com Deficiência, Incapacidade e Interdição*. op. cit., pp. 44-49.
104. Art. 3º São absolutamente incapazes de exercer pessoalmente os atos da vida civil os menores de 16 (dezesseis) anos. Art. 4º São incapazes, relativamente a certos atos ou à maneira de os exercer: (...).
105. REQUIÃO. Maurício. Autonomia e suas limitações *Revista de direito privado*. op. cit., pp. 91-95. REQUIÃO. Maurício. *Estatuto da Pessoa com Deficiência, Incapacidade e Interdição*. op. cit., pp. 44-49
106. Art. 1.641. É obrigatório o regime da separação de bens no casamento: II – da pessoa maior de 70 (setenta) anos;

Há, então, em nosso sistema jurídico, normas gerais que asseguram o exercício da autonomia privada, mas também meta-normas que limitam esse exercício.[107] As normas que limitam a liberdade negocial das pessoas com deficiência são espécies dessas meta-normas. Pode-se perceber, no que se refere às normas relativas ao exercício (e sua limitação) da autonomia privada pelas pessoas com deficiência, uma notável proteção às questões existenciais.

Neste trabalho adota-se a acepção mais ampla da autonomia privada, ou seja, autonomia privada como possibilidade de se autogerir não só patrimonialmente, mas principalmente autorregular direitos de personalidade. Não se utilizará a subdivisão autonomia privada/autonomia existencial, de modo que a expressão autonomia privada englobará autonomia existencial.

2.5. DIREITOS DA PERSONALIDADE: INEXISTÊNCIA DE UM ROL TAXATIVO

O Estatuto da Pessoa com Deficiência, como se verá mais profundamente no decorrer do trabalho, inovou ao considerar plenamente capaz a pessoa com deficiência para o exercício de determinados direitos. Em geral, ressalvou-se apenas, pela lei citada, o pleno exercício de direitos patrimoniais para aquelas pessoas curateladas nesse espectro.

O EPD não apresenta, contudo, um rol exaustivo dos direitos exercitáveis plenamente. Apenas enumera alguns dos direitos, tais como direito à adoção, direitos matrimoniais, direitos relativos à reprodução etc.[108] sendo todos eles espécies do gênero direito de personalidade.

No Código Civil Brasileiro, alguns direitos relativos à personalidade foram positivados, entre os artigos 11 a 21. Ganharam disciplina nesse rol os direitos ao próprio corpo, à honra, à imagem, à privacidade e ao nome. Nota-se, contudo, que tal regulamentação, assim como qualquer outra que versa sobre o tema, foi insatisfatória,[109] visto que é

---

107. Defende-se aqui que as meta-normas são textos que estabelecem normas relativas a outras normas já existentes.
108. REQUIÃO. Maurício. *Estatuto da Pessoa com Deficiência, Incapacidade e Interdição*. Salvador: Juspodivm, 2016, p. 163.
109. MACHADO, Diego Carvalho. Capacidade de agir e direitos da personalidade no ordenamento jurídico brasileiro: o caso do direito à privacidade. *Revista Brasileira de Direito Civil*. Belo Horizonte, vol. 8, n° 2, pp. 47-80, abr./jun. 2016, p. 64. Ainda sobre a codificação dos direitos de personalidade ver: BODIN DE MORAES, Maria Celina. Ampliando os direitos da personalidade. *In*: BODIN DE MORAES, Maria Celina (coord.). *Na medida da pessoa humana: estudos de direito civil-constitucional*. Rio de Janeiro: Renovar,

evidente a impossibilidade de uma legislação abarcar todo o conjunto dos direitos de personalidade.

José Joaquim Gomes Canotilho apresenta gama ampla sobre quais seriam os direitos de personalidade. Segundo o autor, eles abarcariam direitos de estado (como o direito de cidadania), os direitos sobre a própria pessoa (como direito à vida, à privacidade), direitos distintivos de personalidade (direito à identidade pessoal) e muitos direitos de liberdade.[110]

Roxana Borges, além de apresentar uma revisão bibliográfica sobre o tema, enumera e aprofunda alguns dos direitos da personalidade, como o direito à imagem, direito à privacidade, direito ao próprio corpo, direito à doação de órgãos, direito ao embelezamento, à mudança de sexo à integridade física, envolvendo, neste último, direito à autolesão, direito ao nome e direito à morte digna.[111-112] Porém, não enumera os direitos com intenção de limitá-los ou sequer defende o caráter exaustivo do rol.

Pedro Pais de Vasconcelos,[113] ao trabalhar o tema, apresenta duas vertentes dos direitos da personalidade: o direito objetivo de personalidade e o direito subjetivo de personalidade. Os direitos que englobam o direito objetivo são alheios à autonomia privada, e, assim, são indisponíveis. Essa indisponibilidade abarca não só os titulares, mas também o legislador. Um exemplo desse gênero é o direito internacional sobre os direitos humanos. Já o direito subjetivo de personalidade está relacionado ao direito subjetivo que cada indivíduo tem de defender sua própria dignidade como pessoa, este direito está relacionado com a autonomia privada, tendo em vista a possibilidade de disposição/autorregulação.[114]

2010 e TEPEDINO, Gustavo. O Novo Código Civil: duro golpe na recente experiência constitucional brasileira. In Temas de direito civil. Rio de Janeiro: Renovar, 2006, t. II, pp. 357-361.

110. CANOTILHO, J.J. Gomes. Direito Constitucional e Teoria da Constituição. 7ª ed. Coimbra: Almedina, 1941, p. 369.
111. BORGES, Roxana Cardoso Brasileiro. Direitos de personalidade e autonomia privada. 2ª ed. São Paulo: Saraiva, 2009, pp. 156-242.
112. No direito mexicano, Gargollo (e outros) aponta para existência de diversas classificações dos direitos de personalidade, sendo, porém, geralmente incluídos os seguintes direitos: *"a la vida, a la integridad corporal, a la disposición del cuerpo, a la dignidad, a la imagen, al secreto y al respeto"*. (GARGOLLO, Javier Arce e outros. Disposiciones y estipulaciones para la propia incapacidad. Revista de Derecho Notarial Mexicano. México, nº 111, 1998, disponível em <www.juridicas.unam.mx>. Acesso em 18 de julho de 2018).
113. PAIS DE VASCONCELOS, Pedro. Direito de personalidade. Coimbra: Almedina, 2017, pp. 47-54.
114. PAIS DE VASCONCELOS, Pedro. Direito de personalidade. Coimbra: Almedina, 2017, pp. 47-54.

O direito subjetivo contém o que se opta denominar aqui de direitos especiais de personalidade,[115] sendo eles os elencados pelo legislador no Estatuto da Pessoa com Deficiência.

É possível defender a existência de um direito geral de personalidade[116] que permite a tutela de bens da personalidade não tipificados. Preenchem-se, também, com ele, as lacunas na tutela da personalidade e se evita a ausência de proteção às lesões na personalidade.[117] Esse direito geral, por alguns autores, é concebido como uma cláusula geral protetiva e promocional da pessoa humana, garantidora da liberdade de desenvolvimento da personalidade.[118]

A cláusula geral protetiva (ou o direito geral de personalidade) integra o direito subjetivo, razão pela qual Pedro Pais de Vasconcelos a referencia denominando de direito subjetivo geral de personalidade, em contraposição aos direitos subjetivos especiais de personalidade.[119]

Interessante mencionar que a noção de cláusula geral protetiva foi influenciada pelas ideias de Pietro Perlingieri, que, em sua obra, defendia que a proteção jurídica da personalidade é unitária, mas se manifesta em situações jurídicas subjetivas variadas. Nas palavras do autor: "*Sotto quest'aspetto si deve dire che la tutela giuridica della personalità è unitaria pur manifestandosi in situazioni giuridiche soggettive estremamente diverse e varie che rispondono ad atteggiamenti ed interessi specifici*".[120-121]

A ideia passou a ser defendida pela doutrina nacional, a ponto de, na IV Jornada de Direito Civil realizada pelo Centro de Estudos Judiciários do Conselho de Justiça Federal, ter sido aprovado o enunciado nº 274 sobre o tema:

---

115. Pedro Pais de Vasconcelos entende que não são direitos subjetivos autônomos, mas sim poderes que integram. (Id,. Ibid., p. 67).
116. O direito geral de personalidade apesar de não estar expressamente consagrado no ordenamento jurídico brasileiro é reconhecível e aplicável em decorrência do reconhecimento e defesa da dignidade da pessoa humana. (CANTALI. Fernanda Borghetti. *Direitos da personalidade. Disponibilidade relativa, autonomia privada e dignidade humana*. Porto Alegre: Livraria do Advogado, 2009, p. 220).
117. PAIS DE VASCONCELOS, Pedro. *Direito de personalidade*. Op. cit., p. 62.
118. CANTALI. Fernanda Borghetti. *Direitos da personalidade. Disponibilidade relativa, autonomia privada e dignidade humana*. Op. cit., p. 218.
119. PAIS DE VASCONCELOS, Pedro. *Direito de personalidade*. Op. cit., p. 61.
120. PERLINGIERI, Pietro. *La personalità umana nell'ordinamento giuridico*. Nápoles: ESI, 1972, p. 184.
121. Em nossas palavras, o autor aponta que a proteção jurídica da personalidade é unitária, mesmo se manifestando em situações jurídicas subjetivas diferentes e variadas que respondem a atitudes e interesses específicos.

Os direitos da personalidade, regulados de maneira não-exaustiva pelo Código Civil, são expressões da cláusula geral de tutela da pessoa humana, contida no art. 1º, III, da Constituição (princípio da dignidade da pessoa humana). Em caso de colisão entre eles, como nenhum pode sobrelevar os demais, deve-se aplicar a técnica da ponderação.[122]

Percebe-se que qualquer fracionamento do direito de personalidade em espécies, então, seria ineficaz, já que elas são ilimitadas[123] e as que não integram a divisão são abarcadas pelo direito geral.

É necessário perceber ainda que o direito da personalidade, como direito subjetivo, tem como finalidade a defesa da dignidade da pessoa humana de cada indivíduo, e, por isso, possui inúmeros direitos ou poderes em sua estrutura.[124] "Estes poderes são aqueles que forem necessários, ou mesmo apenas convenientes, ou simplesmente úteis, para que o fim do direito de personalidade seja realizado com êxito".[125]

Então, pode-se dizer que as espécies que formam o direito subjetivo de personalidade assim serão consideradas se forem essenciais, convenientes ou úteis à pessoa humana, com objetivo de proteger sua dignidade.[126]

Desse modo, ao fazer referência aos direitos de personalidade ou direitos existenciais no curso da obra estar-se-á a versar sobre os direitos acima elencados, ou seja, direitos essenciais à pessoa humana, que não possuem cunho patrimonial e que não podem ser enumerados exaustivamente.

2.6. CONCLUSÕES PARCIAIS

Diante do que até aqui foi delineado, pode-se fixar que: a) a terminologia doença mental, ao menos para diversos documentos

---

122. MACHADO, Diego Carvalho. Capacidade de agir e direitos da personalidade no ordenamento jurídico brasileiro: o caso do direito à privacidade. *Revista Brasileira de Direito Civil*. Belo Horizonte, vol. 8, nº 2, pp. 47-80, abr./jun. 2016, p. 65.
123. SZANIAWSKI. Elimar. *Direitos de personalidade e sua tutela*. 2ª ed. São Paulo: Revista dos Tribunais. 2005, p. 240-243.
124. PAIS DE VASCONCELOS, Pedro. *Direito de personalidade*. Coimbra: Almedina, 2017, p. 67.
125. Id., Ibid., p. 67.
126. Roxana Borges em sua obra faz referência apenas à essencialidade, mas neste trabalho adota-se a visão de Pedro Pais de Vasconcelos de que a conveniência e a utilidade também podem ser critérios de caracterização de determinado direito como direito de personalidade (BORGES, Roxana Cardoso Brasileiro. *Direitos de personalidade e autonomia privada*. 2ª ed. São Paulo: Saraiva, 2009, p. 14).

clínicos internacionais, como DSM-5, por fazer referência a um discurso médico ultrapassado, foi substituída pela expressão transtorno mental, sendo esse o termo já escolhido pelo legislador na Lei nº 10.216/2001; b) acerca dos conceitos de deficiências mental ou intelectual, percebeu-se que os manuais classificatórios consideram-na substitutiva daquela. Contudo, diversas leis fazem menção à deficiência mental, como a Lei nº 7.853/1989, o Decreto nº 5.296/2004 e o Estatuto da Pessoa com Deficiência. O EPD, aliás, apresenta um conceito bastante inclusivo de deficiência, considerando pessoa com deficiência todas as pessoas com transtornos mentais e aquelas que apresentam impedimentos de longo prazo, mesmo que não classificados pela psiquiatria, desde que tais impedimentos possam obstruir a participação plena e efetiva na sociedade. Nesta obra, utilizar-se-á a forma escolhida pelo legislador no Estatuto, pessoas com deficiências mentais ou intelectuais para englobar pessoas com deficiência com ou sem transtorno mental descrito nos manuais classificatórios, mas que tenham impedimentos de natureza mental ou intelectual que obstruam a participação na sociedade; c) sobre a vulnerabilidade, pode-se concluir que, no âmbito jurídico, as tentativas para reduzir a vulnerabilidade são tratadas coletivamente, cabendo ao legislador instituir normas que protejam os grupos de vulneráveis, focando sempre nos fatores econômicos e sociais que implicam na redução da autonomia que, por sua vez, caracteriza a vulnerabilidade. O Estatuto da Pessoa com Deficiência é, sem dúvidas, um exemplo de instrumento para reduzir a vulnerabilidade das pessoas com deficiência; d) por fim, acerca da autonomia privada foi essencial perceber que se trata de um conceito que não se limita aos negócios jurídicos, mas engloba a autodeterminação identitária e existencial. Ou seja, sem sombra de dúvidas, a autonomia privada envolve os direitos de personalidade, direitos esses que não são passíveis de delimitação exaustiva nem pelo legislador, nem pela doutrina.

3

AS CAPACIDADES NO QUADRO DA AUTONOMIA PRIVADA (MATERIAL E PROCESSUAL)

3.1. INTRODUÇÃO

Existem capacidades em correspondência aos diversos tipos de direitos subjetivos. Tem-se, por exemplo, capacidades em direito privado, como a capacidade civil absoluta e relativa e a capacidade de herdar; no âmbito de direito público, a imputabilidade penal; tem-se, ainda, já no âmbito do direito processual, a capacidade de ser parte, a capacidade postulatória, a capacidade de estar em juízo etc.[1]

Elaborar uma lista de todas as capacidades existentes e aprofundar o estudo de cada uma delas seria inviável e desnecessário para os fins desta obra. Por essa razão serão estudadas apenas as capacidades de direito processual (capacidade de estar em juízo, capacidade de ser parte e capacidade postulatória) e as que, na seara cível, facilitarão o estudo daquelas (personalidade, capacidade jurídica e capacidade de fato).

---

1. Sobre as capacidades, v. MELLO, Marcos Bernardes. *Teoria do fato jurídico: plano da eficácia*. 1ª parte. 10ª ed. São Paulo: Saraiva, 2015, p. 114; GOUVEIA FILHO, Roberto Campos. *A capacidade postulatória como uma situação jurídica processual simples: Ensaio em defesa de uma teoria das capacidades em direito*. Dissertação de Mestrado. Universidade Católica de Pernambuco, Recife, 2008. p. 55. Disponível em <http://bdtd.ibict.br>. Acesso em 20 de julho de 2018.

3.2. A CAPACIDADE JURÍDICA COMO SITUAÇÃO JURÍDICA SIMPLES

Começar o estudo das capacidades com a capacidade jurídica[2] é essencial, tendo em vista que todas as demais capacidades são dela decorrentes.[3] Pode-se dizer, então, que a capacidade jurídica é pressuposto para a existência das capacidades específicas.[4]

Essa capacidade pode ser definida como uma aptidão genérica, atribuída pelo ordenamento às pessoas[5] e a certos entes (p. ex., grupos de pessoas, universalidades patrimoniais) que os qualificam como sujeitos de direito[6], de maneira a viabilizar que titularizem direitos e deveres.[7] Trata-se de uma qualidade (não qualificação) jurídica,[8] de uma situação jurídica simples.[9]

---

2. Pode-se usar com o mesmo significado a expressão capacidade de direito, como faz Pontes de Miranda, (*Tratado de direito privado*. Rio de Janeiro: Borsoi, 1954, t. I, p. 157) e Marcos Bernardes de Mello (*Teoria do fato jurídico: plano da eficácia*. Op. cit., p.118.). Outros autores utilizam a expressão capacidade de gozo: RIBEIRO, Geraldo Rocha. *A protecção do incapaz adulto no direito português*. Coimbra: Coimbra Editora, 2010, pp. 62-63; VALLADÃO, Haroldo. Da personalidade e capacidade no direito internacional privado. *Revista dos Tribunais*, São Paulo, n. 592, 1985, p. 9; MONTEIRO, Washington de Barros. *Curso de direito civil. Parte geral*. 37ª ed. São Paulo: Saraiva, 2000, p. 61; GOMES, Orlando. *Introdução ao direito civil*. 19ª ed. Revista, Atualizada e Aumentada por Edvaldo Brito e Reginalda Paranhos Brito. Rio de Janeiro: Forense/ GEN, 2009, p. 118; SILVA, Caio Mário da. *Instituições de direito civil*. 26ª ed. Rio de Janeiro: Forense/ GEN, 2003, vol. 1, p. 223. DINIZ. Maria Helena. *Curso de direito civil brasileiro*. 29ª ed. São Paulo: Saraiva, 2012, p. 167.
3. GOUVEIA FILHO, Roberto Campos. *A capacidade postulatória como uma situação jurídica processual simples: Ensaio em defesa de uma teoria das capacidades em direito*. Op. cit., p. 49.
4. MELLO, Marcos Bernardes. *Teoria do fato jurídico: plano da eficácia*. Op. cit., p. 110.
5. Para Pontes de Miranda são capazes de direito os homens e as pessoas jurídicas, "que são pessoas cujo suporte fático não é o homem em sua individualidade." (PONTES DE MIRANDA, Francisco Cavalcanti. *Tratado de direito privado*. Op. cit., p. 159).
6. Para Carnelutti, os sujeitos de direito são as pessoas que podem ser sujeitos de relações jurídicas. (CARNELUTTI, Francesco. *Teoria Geral do Direito*. Coimbra: Coimbra Editora, 1942, p. 213). Pontes de Miranda, ao tratar do tema, afirma ser o sujeito de direito um ente que atua ativamente na relação jurídica fundamental ou nas relações jurídicas decorrentes desta. Mas não se pode confundir o figurar na relação, com o exercício em si do direito, da pretensão, da ação ou da exceção (PONTES DE MIRANDA, Francisco Cavalcanti. Op. cit., p. 159). Em sentido similar, Maria Helena Diniz afirma que o "Sujeito de direito é aquele que é sujeito de um dever jurídico, de uma pretensão ou titularidade jurídica (...)" (DINIZ. Maria Helena. *Curso de direito civil brasileiro*. 29ª ed. São Paulo: Saraiva, 2012, p. 129). Para Miguel Reale os sujeitos de direito são as pessoas destinatárias das regras jurídicas, que podem ser uma pessoa natural ou jurídica (REALE, Miguel. *Lições preliminares de direito*. 27ª ed. São Paulo: Saraiva, 2004, p. 227).
7. Para Pietro Rescigno "*La capacità giuridica, o soggettività di diritto, è l'attitudine ala titolarità di poteri e doveri giuridici.*" (*Capacità giuridica*. In Digesto delle discipline privatistiche. Torino: UTET, 1988, t. II, p. 209).
8. Marcos Bernardes de Mello faz a distinção entre qualidade e qualificação. Nas palavras do autor: "A distinção entre qualidade e qualificação no plano jurídico consiste em que aquela se caracteriza por ser uma situação atribuída a alguém, protegida por direito subjetivo, portanto, uma posição no mundo jurídico, enquanto esta se constitui em estado relativo à pessoa (...)". Segundo o autor, o ser pessoa, ser sujeito de direito, o ter capacidade jurídica são qualidades, já que se relacionam aos

A situação jurídica[10] simples ou unissubjetiva é aquela consequência jurídica que só atinge a esfera jurídica[11] de um sujeito de direito.[12] O sujeito de direito, na verdade, é o elemento subjetivo dos fatos jurídicos e das situações jurídicas e como já se viu "O simples fato de ser sujeito de direito (...), já é, por si, uma qualidade jurídica".[13]

3.3. PERSONALIDADE JURÍDICA COMO UM *PLUS* EM RELAÇÃO À CAPACIDADE JURÍDICA

A personalidade de direito (qualidade de ser pessoa) decorre de norma expressa do ordenamento jurídico. No direito brasileiro ela é disciplinada no art. 1º do Código Civil: "Toda pessoa é capaz de direitos e deveres na ordem civil".[14-15]

---

direitos à personalidade, à capacidade de direito, à capacidade de ser parte etc. Já ser solteiro ou ser casado são qualificações. Nessas, embora não haja um direito subjetivo inato, o atendimento à eficácia é garantido por um direito subjetivo (MELLO, Marcos Bernardes. *Teoria do fato jurídico: plano da eficácia*. 1ª parte. 10. ed. São Paulo: Saraiva, 2015, p. 108, nota 155 e p. 113). No mesmo sentido: GOUVEIA FILHO, Roberto Campos. Op. cit., p. 49.

9. GOUVEIA FILHO, Roberto Campos. *Op. Cit.*, p. 49.
10. Para Roberto Campos Gouveia Filho "situação jurídica é toda eficácia de um fato jurídico." (Op. cit., p. 42). O mesmo autor, seguindo Marcos Bernardes de Mello, atribui a Léon Duguit o pioneirismo da utilização da expressão "situação jurídica". Segundo ele, para o autor francês, situação jurídica seria substitutiva de relação jurídica e de direito subjetivo (GOUVEIA FILHO, Roberto Campos. Op. cit., p. 39). Segundo Barbosa Moreira, o conceito de situação jurídica "foi introduzido na ciência processual em fins do século XIX, na Alemanha, pela mão de Kohler, que usava a expressão para designar um conjunto de elementos de relação jurídica presente ou futura, ou, em outras palavras, de fatores que atuam sobre seu curso e assim influenciam mais ou menos os direitos dela oriundos." (BARBOSA MOREIRA, José Carlos. A nova definição de sentença (Lei nº 11.232). *Revista Dialética de Direito Processual, São Paulo, nº 39*, pp. 78-85, 2006). Sobre o tema, Aroldo Plínio Gonçalves faz referência à construção doutrinária elaborada por Julien Bonnecase e Paul Roubier, que demonstrou que as situações jurídicas não nascem automaticamente da lei, recusando a separação elaborada por Bonnecase entre situações jurídicas concretas e abstratas (GONÇALVES, Aroldo Plínio. *Técnica Processual e Teoria do Processo*. 1ª ed. Rio de Janeiro: Aide Editora, 1992, pp. 85-89). É relevante destacar ainda os estudos de Emílio Betti que, em linhas gerais, insere as situações jurídicas como efeitos das normas jurídicas (BETTI, Emílio. *Teoria Geral do Negócio Jurídico*. Trad. Fernando Miranda. Coimbra: Coimbra Editora, 1969, t. I, pp. 17-18. Ainda, CARNELUTTI, Francesco. *Teoria Geral do Direito*. Coimbra: Coimbra Editora, 1942, pp. 211 e ss).
11. "Esfera jurídica é o conjunto de situações jurídicas de um sujeito de direito, formado não só pelas coisas (bens corpóreos, onde está o direito real de domínio), mas também pelos bens imateriais (incorpóreos), os direitos de crédito (promessas de prestação) e, finalmente, as qualidades, qualificações e os direitos sem estimação econômica" (GOUVEIA FILHO, Roberto Campos. Op. cit., p. 38.
12. MELLO, Marcos Bernardes. *Teoria do fato jurídico: plano da eficácia*. Op. cit., pp. 108-109.
13. GOUVEIA FILHO, Roberto Campos. Op. cit., p. 49.
14. Na legislação comparada é possível vislumbrar disposição semelhante no Código Suíço (Arts. 11 e 12); Código Português (Arts. 1º e 7º); Austríaco (Art. 18); Uruguaio (Art. 21); Argentino (Art. 51) e Chileno (Art. 55).
15. O Art. 2º do CC define o lapso inicial para aquisição da personalidade: "A personalidade civil da pessoa começa do nascimento com vida; mas a lei põe a salvo, desde a concepção, os direitos do nascituro".

Trata-se da aptidão genérica para ser pessoa e, assim, poder titularizar direitos, pretensões, ações e exceções.[16] Porém, existem entes que não possuem personalidade jurídica e que, apesar disso, podem ser sujeitos de direito, ou seja, possuem capacidade jurídica.[17]

Assume-se aqui como premissa a posição defendida por Roberto Campos Gouveia Filho e por Marcos Bernardes de Mello.[18] Para esses autores, para ser sujeito de direito, o essencial é possuir capacidade jurídica, ao passo que para ser pessoa, fala-se em personalidade. Conforme pondera Roberto Campos Gouveia Filho,

> Para ser sujeito de direito, é necessário ter capacidade jurídica; ao passo que, para ser pessoa é necessário ter personalidade jurídica. A capacidade engloba, de fato, a personalidade. Pode-se ter capacidade sem ter-se personalidade, entretanto a recíproca é impossível. Personalidade de direito é, portanto, um *plus* em relação à capacidade jurídica.[19]

Há, porém, vasta doutrina que aborda a relação entre personalidade e capacidade jurídica.[20]

Haroldo Valladão equipara personalidade e capacidade de direito[21]. Segundo ele, trata-se de "conceito básico de ordem jurídica moderna que a estende a todos os homens, consagrada na legislação civil".[22]

---

16. PONTES DE MIRANDA, Francisco Cavalcanti. *Tratado de direito privado.* Op. cit., p. 155; DINIZ. Maria Helena. *Curso de direito civil brasileiro.* 29ª ed. São Paulo: Saraiva, 2012, p. 130; GOUVEIA FILHO, Roberto Campos. Op. cit., p. 50; AMARAL, Francisco. *Direito Civil. Introdução.* 8ª ed. Rio de Janeiro: Renovar, 2014, p. 270; GAGLIANO, Pablo Stolze. PAMPLONA FILHO, Rodolfo. *Novo curso de direito civil.* Parte Geral. 14ª ed. E-book. São Paulo: Saraiva, 2012, vol. 1, p. 43.
17. GOUVEIA FILHO, Roberto Campos. Op. cit., p. 50.
18. Marcos Bernardes afirma que "(...) ser pessoa, embora tenha como conteúdo a possibilidade de ser sujeito de direito, tem a finalidade mais ampla de permitir sua inserção em polo ativo ou passivo de relações jurídicas; quem não tem qualidade de pessoa somente pode integrar relações jurídicas, como sujeito, nos casos expressamente previstos por normas jurídicas". MELLO, Marcos Bernardes. *Teoria do fato jurídico: plano da eficácia.* Op. cit., p. 110.
19. GOUVEIA FILHO, Roberto Campos. Op. cit., p. 53.
20. É necessário ressaltar que a diferença entre personalidade e capacidade jurídica não se mostra útil na realidade brasileira. Isto porque não há, no Brasil, uma desvinculação entre a personalidade e a capacidade jurídica. Contudo, são conceitos substancialmente distintos e que possuem pretensões universais, de modo que se pode vislumbrar, em outra realidade, em outra ordem jurídica, entes que possuem personalidade, sem, todavia, possuírem capacidade jurídica.
21. O autor é orientado pela doutrina alemã, que não faz a distinção entre capacidade de direito e personalidade, pois o conceito de *Rechtsfähigkeit* (cuja tradução seria, precisamente, "capacidade jurídica) abrange as duas figuras (ASCENSÃO, José de Oliveira. *Direito Civil: Teoria Geral. Introdução. As pessoas. Os bens.* 3ª ed. São Paulo: Saraiva, 2010, vol. 1, p. 117).
22. VALLADÃO, Haroldo. Da personalidade e capacidade no direito internacional privado. *Revista dos Tribunais.* São Paulo, nº 592, 1985, p. 9.

Por sua vez, Hermes Lima sustenta que "capacidade de direito ou personalidade civil são a mesma coisa: trata-se de um atributo da pessoa, da aptidão reconhecida ao sujeito de direito pela lei de adquirir direitos subjetivos e contrair obrigações deveres".[23] Machado Neto, apesar de diferenciar a personalidade da capacidade de fato, afirmando que esta é a medida daquela, também equipara personalidade e capacidade de direito.[24] Orlando Gomes, a seu turno, pondera que "A capacidade de direito confunde-se, hoje, com a personalidade, porque toda pessoa é capaz de ter direitos",[25] noção reproduzida por Cristiano Chaves de Farias e Nelson Rosenvald[26].

Clóvis Bevilaqua sustenta que "personalidade é a aptidão, reconhecida pela ordem jurídica a alguém, para exercer direitos e contrair obrigações",[27] mas que tal aptidão não é exclusiva das pessoas humanas. Para ele, a capacidade de direito "é a extensão dada aos poderes de ação, contidos na personalidade".[28] Em linha semelhante, Pablo Stolze Gagliano e Rodolfo Pamplona Filho afirmam que com a aquisição da personalidade, passa-se a adquirir a capacidade jurídica, conceituando personalidade como "atributo necessário para ser sujeito de direito".[29] E, ainda, Carvalho Santos que define personalidade como idoneidade para ser sujeito de direito subjetivo.[30]

Oliveira Ascensão refuta a tese da equiparação entre personalidade jurídica e capacidade de direito. Explica o autor que a confusão

---

23. LIMA, Hermes. *Introdução à ciência do direito*. 31ª ed. Rio de Janeiro: Freitas Bastos, 1996, p. 198.
24. Nas palavras do autor: "Não há confundir personalidade e capacidade, pois a incapacidade, mesmo absoluta, não anula a personalidade. (...) Todavia, a antiga distinção entre capacidade de fato e de direito pode levar a alguma confusão, pois a capacidade de direito confunde-se, em verdade, com a personalidade." (MACHADO NETO. *Compêndio de introdução à ciência do direito*. 3ª ed. São Paulo: Saraiva, 1975, p. 229).
25. GOMES, Orlando. *Introdução ao direito civil*. 21ª ed. Rio de Janeiro: Forense/ GEN, 2016, pp. 127-128. Interessante perceber que o autor, apesar de concluir que os conceitos se confundem em virtude da consequência apresentada, em momento anterior expõe que "A personalidade tem sua medida na capacidade".
26. Afirmam os autores: "a capacidade de direito é a própria aptidão genérica reconhecida universalmente, para alguém ser titular de direitos e obrigações. Confunde-se, pois, com a própria noção de personalidade." (FARIAS, Cristiano Chaves de. ROSENVALD, Nelson. *Curso de direito civil*: parte geral e LINDB. 14ª ed. Salvador: Juspodivm, 2016, p. 320).
27. BEVILAQUA, Clóvis. *Código Civil dos Estados Unidos do Brasil*. 6ª ed. Rio de Janeiro: Francisco Alves, 1940, vol. 1, p. 170.
28. Id., Ibid., p. 171.
29. GAGLIANO, Pablo Stolze. PAMPLONA FILHO, Rodolfo. *Novo curso de direito civil*. *Parte Geral*. 14ª ed. E-book. São Paulo: Saraiva, 2012, vol.1, p. 111.
30. SANTOS, J.M. de Carvalho. *Código Civil Brasileiro Interpretado*. 9ª ed. Rio de Janeiro: Freitas Bastos S.A., 1961, v. 1, p. 245.

em assemelhar capacidade jurídica e personalidade se dá por ambas "traduzirem uma suscetibilidade abstrata".[31] Porém, a distinção entre as figuras é profunda, já que a personalidade é uma figura qualitativa e a capacidade quantitativa. Ou seja, "A capacidade é uma medida do que se pode ter ou atuar".[32] Porém, diferentemente do que se defende nesta obra,[33] o autor entende que quem tem personalidade tem capacidade jurídica, e vice-versa.[34]

Em linhas similares, defendendo que a capacidade é a medida da personalidade, pronunciam-se Caio Mário da Silva Pereira[35], Maria Helena Diniz[36], Francisco Amaral[37], Maria Helena Daneluzzi e Maria Ligia Mathias[38], Silvia Portes Rocha Martins[39] e Geraldo Rocha Ribeiro.[40]

Pietro Perlingieri defende que a capacidade jurídica é a qualidade que determina a aquisição de personalidade[41].

---

31. ASCENSÃO, José de Oliveira. *Direito Civil: Teoria Geral. Introdução. As pessoas. Os bens.* 3ª ed. São Paulo: Saraiva, 2010, v. 1, p. 117.
32. Id., Ibid., p. 117. Interessante perceber que na obra de Orlando Gomes, citada acima, o autor parece em dado momento diferenciar pelo critério qualitatividade/quantitatividade as duas figuras: "A personalidade tem sua medida na capacidade". (GOMES, Orlando. *Introdução ao direito civil.* 19ª ed. Rio de Janeiro: Forense/ GEN, 2009, p. 149).
33. Já fora pontuado anteriormente que entes não personalizados podem ser titulares de direitos. Ou seja, adota-se a posição de que existem sujeitos de direito, dotados de capacidade jurídica, embora destituídos de personalidade jurídica.
34. ASCENSÃO, José de Oliveira. Op. cit., p. 117.
35. PEREIRA, Caio Mário da Silva. *Instituições de direito civil.* 26ª ed. Rio de Janeiro: Forense/GEN, 2003, v. 1, p. 223
36. Diz a autora: "Capacidade, por sua vez, é a medida jurídica da personalidade." (DINIZ. Maria Helena. *Curso de direito civil brasileiro.* 29ª ed. São Paulo: Saraiva, 2012, p. 131).
37. O autor afirma que personalidade e capacidade são conceitos conexos, defende a existência de personalidade sem capacidade, mas afirma que "as pessoas jurídicas têm capacidade de direito e não dispõem de certas formas de proteção de personalidade, representadas pelos chamados direitos de personalidade". Ainda sobre o tema explica: "Enquanto personalidade é um valor, a capacidade é a projeção desse valor que se traduz em um *quantum*." (AMARAL, Francisco. *Direito Civil. Introdução.* 8ª ed. Rio de Janeiro: Renovar, 2014, pp. 271-272).
38. DANELUZZI, Maria Helena Marques Braceiro. MATHIAS, Maria Ligia Coelho. Repercussão do Estatuto da Pessoa com Deficiência (Lei 13.146/2015), nas legislações civil e processual civil. *Revista de Direito Privado.* São Paulo, vol. 66, pp. 57-82, abril/jun. 2016, p. 59.
39. MARTINS, Silvia Portes Rocha. O Estatuto da pessoa com deficiência e as alterações jurídicas relevantes no âmbito da capacidade civil. *Revista dos Tribunais.* São Paulo, vol. 105, n° 974, pp. 225-243, 2016, p. 227.
40. O autor aponta personalidade como a idoneidade para ser sujeito, afirmando que é através da capacidade jurídica que é reconhecida a aptidão para ser titular de mais ou menos restrito de relações jurídicas. (RIBEIRO, Geraldo Rocha. *A protecção do incapaz adulto no direito português.* Coimbra: Coimbra Editora, 2010, pp. 62-63).
41. Afirma o autor: "È personalità giuridica la qualità che attribuisce stato di soggetto di diritto, di persona: e dicesi capacità giuridica la qualità che determina l'acquisto della personalità." (PERLINGIERI, Pietro. *La personalità umana nell'ordinamento giuridico.* Nápoles: ESI, 1972, p. 137).

Washington de Barros Monteiro posiciona a capacidade como elemento da personalidade. Para o autor a "capacidade é aptidão para adquirir direitos e exercer, por si ou por outrem, atos da vida civil. O conjunto desses poderes constitui a personalidade".[42]

Rafael Garcia Rodrigues, em parte semelhante ao que aqui se defende, aponta que a capacidade traz a aptidão para ser titular de direitos e obrigações; já a personalidade, para o autor, possui dois sentidos: no primeiro, ela é considerada um valor jurídico que emana da pessoa e, no segundo, trata-se de uma atribuição conferida a todas as pessoas, pelo ordenamento, para que possam figurar como sujeitos de relações jurídicas, de forma que as noções de personalidade e capacidade não se confundem.[43]

Na doutrina italiana, Francesco Santoro-Passarelli aponta que o estado jurídico de pessoa física é pressuposto de uma esfera da capacidade. Assim, afirma o autor: *"A ciascuno di questi stati è collegata una determinata capacità giuridica: allo stato di persona la capacità giuridica generale"*.[44]

Com a devida *vênia* aos posicionamentos apresentados, sustenta-se a tese de que capacidade e personalidade são conceitos distintos. O que há entre eles é uma relação de complementariedade,[45] ou seja, para o efeito de o sujeito ter a possibilidade de exercitar a sua liberdade, a capacidade complementa a personalidade, de modo que, todo aquele que possui personalidade, possui capacidade, não sendo possível afirmar o contrário.

No Brasil, todo aquele que possui personalidade, possui capacidade. Esta última, então, completa a primeira, de modo que a pessoa, com ambas, pode ser sujeito de direitos e deveres. Porém, nem todos

---

42. MONTEIRO, Washington de Barros. *Curso de direito civil. Parte Geral.* 37ª ed. São Paulo: Saraiva, 2000, p. 59.
43. RODRIGUES, Rafael Garcia. A pessoa e o ser humano no novo Código Civil. *In* TEPEDINO, Gustavo (org.). *A parte Geral do Novo Código Civil: estudos na perspectiva civil-constitucional.* Rio de Janeiro: Renovar, 2002, p. 12.
44. SANTORO-PASSARELLI, Francesco. *Dottrine Generali del diritto civile.* 9ª ed. Napoli: Casa Editrice Dott. Eugenio Jovene, 2012, p. 24. O autor aponta que para cada estado está conectada certa capacidade, ao estado de pessoa, conecta-se a capacidade jurídica geral.
45. Caio Mário Pereira traz a ideia de complementariedade, mas não a mesma defendida aqui. Diz o autor: "Personalidade e capacidade completam-se: de nada valeria a personalidade sem a capacidade jurídica que se ajusta assim ao conteúdo da personalidade, na mesma e certa medida em que a utilização do direito integra a ideia de ser alguém titular dele" (PEREIRA, Caio Mário da Silva. *Instituições de direito civil.* 26ª ed. Rio de Janeiro: Forense/ GEN, 2003, vol. 1, p. 223).

os sujeitos de direitos são pessoas; é o caso no *nondum conceptus* que, apesar de não ter personalidade, é sujeito de direitos.

3.4. CAPACIDADE DE FATO[46]

Pelo exposto até o momento, é possível afirmar que ter ou não capacidade de fato só é possível após a certificação de que se tem capacidade jurídica, sendo, então, aquela capacidade o aspecto dinâmico verificado nesta capacidade.[47] Assim, aquele que tem capacidade jurídica pode vir a ter capacidade de fato.[48]

Observa-se que ter ou não ter capacidade de fato, diferentemente da capacidade jurídica e da personalidade, é uma qualificação jurídica, já que aqui se fala em um *status*[49] individual.[50]

Essa capacidade pode ser definida como aptidão conferida pelo ordenamento a entes para que exerçam seus direitos e pratiquem atos

---

46. São sinônimos de capacidade de fato: capacidade de agir, capacidade de obrar, capacidade de ação. Marcos Bernardes de Mello e Pontes de Miranda defendem que inseridas na capacidade de fato, é possível encontrarmos algumas capacidades como: capacidade de praticar ato-fato jurídico, capacidade negocial, capacidade de praticar atos jurídicos *stricto sensu*, capacidade de herdar, capacidade de praticar ato ilícito e de obrigar-se por fato jurídico indenizativo (MELLO, Marcos Bernardes. *Teoria do fato jurídico: plano da eficácia*. 1ª parte. 10 ed. São Paulo: Saraiva, 2015, p. 122 e PONTES DE MIRANDA, Francisco Cavalcanti. *Tratado de Direito Privado*, São Paulo, Revista dos Tribunais, 2012, t. I., pp. 155-168).

47. Carnelutti, nesse sentido, afirma que: "A capacidade de agir resolve-se precisamente na capacidade de direito. Capacidade jurídica e capacidade de agir, logicamente, são coisas distintas, mas, na prática, semelhantemente a situação e facto, são uma só e a mesma coisa. Elas configuram o aspecto estático e dinâmico de um mesmo fenômeno." (CARNELUTTI, Francesco. *Teoria Geral do Direito*. Coimbra: Coimbra Editora, 1942, p. 347).

48. MELLO, Marcos Bernardes. *Teoria do fato jurídico: plano da eficácia*. Op. cit., p. 115.

49. Oliveira Ascensão afirma que "Os estados são posições ocupadas pela pessoa na vida social, de que resultam graduações da sua capacidade". Esses estados representam determinações da capacidade, eles são pressupostos da atribuição das situações jurídicas. Assim, nas palavras do autor: "Podemos por isso falar em estado para designar a situação que determina a capacidade, e em estatuto para designar o complexo de poderes e deveres subsequentemente atribuídos." (ASCENSÃO, José de Oliveira. *Direito Civil: Teoria Geral. Introdução. As pessoas. Os bens*. 3ª ed. São Paulo: Saraiva, 2010, vol. 1, pp. 120-121). Para Orlando Gomes, o estado (*status*) é no fundo uma qualificação, tratar-se-ia de um conceito destinado a "caracterizar a posição jurídica da pessoa no meio social." (GOMES, Orlando. *Introdução ao direito civil*. 19ª ed. Rio de Janeiro: Forense/GEN, 2009, p. 150). O autor traz, ainda, divisões relativas ao estado. Defende que o estado da pessoa é composto pelos seguintes estados: político, familiar e individual. No primeiro, o estado político, as pessoas podem ser nacionais ou estrangeiras; no segundo, as duas situações possíveis são as de cônjuge e a de parente; por fim, o estado individual que envolve a idade, o sexo e a saúde (GOMES, Orlando. Op. cit., p. 152). Adotando a divisão do estado da pessoa em *status civitatis*, *status familiae* e *status personalis*, Caio Mário da Silva Pereira (*Instituições de direito civil*. 26ª ed. Rio de Janeiro: Forense/GEN, 2003, vol. 1, pp. 224-225).

50. MELLO, Marcos Bernardes. *Teoria do fato jurídico: plano da eficácia*. 1ª parte. 10 ed. São Paulo: Saraiva, 2015, p. 110.

da vida civil sem representação.[51] O que se mede aqui, em verdade, é a suscetibilidade de uma pessoa para praticar livremente atos jurídicos.[52] Frisa-se que, para praticar atos jurídicos livremente, é essencial que o sujeito possua capacidade de querer e de entender[53] o que está praticando e as consequências da prática desses atos.

Os artigos 3º, 4º e 5º do Código Civil versam sobre essa capacidade, indicando pessoas que, apesar de possuírem capacidade jurídica e terem direitos garantidos, sofrem restrições aos seus exercícios.[54]

O art. 5º determina o fim da menoridade (dezoito anos), momento em que a pessoa passa a ser habilitada para praticar qualquer ato da vida civil. Traz, ainda, nos seus incisos, hipóteses de cessação da menoridade antes da determinação do *caput*.[55]

Pelo art. 3º do Código Civil[56] vigente, somente os menores de 16 anos são absolutamente incapazes de exercer pessoalmente os atos da vida civil. Foram revogados pelo Estatuto da Pessoa com Deficiência os incisos que consideravam absolutamente incapazes os que, por enfermidade ou deficiência mental, não tiverem o necessário discernimento para a prática desses atos e os que, mesmo por causa transitória, não puderem exprimir sua vontade.

Já no art. 4º enumeram-se em quatro incisos aqueles que são relativamente incapazes de praticar certos atos ou que deverão exercer de maneiras determinadas: I - os maiores de dezesseis e menores

---

51. Id., Ibid., p. 122. Nesse mesmo sentido, VALLADÃO, Haroldo. Da personalidade e capacidade no direito internacional privado. *Revista dos Tribunais*, São Paulo, n. 592, 1985, p. 9; LIMA, Hermes. *Introdução à ciência do direito*. 31ª ed. Rio de Janeiro: Freitas Bastos, 1996, p. 198; DINIZ. Maria Helena. *Curso de direito civil brasileiro*. 29ª ed. São Paulo: Saraiva, 2012, p. 168; AMARAL, Francisco. *Direito Civil. Introdução*. 8ª ed. Rio de Janeiro: Renovar, 2014, p. 281; RESCIGNO, Pietro. *Capacità giuridica*. In *Digesto delle discipline privatistiche*. Torino: UTET, 1988, t. II, p. 209.
52. ASCENSÃO, José de Oliveira. Op. cit., p. 117.
53. TEIXEIRA, Ana Carolina Brochado. Deficiência psíquica e curatela: reflexões sob o viés da autonomia privada. *Revista Brasileira de Direito das famílias e sucessões*. Porto Alegre, nº 7, ano X, pp. 64-79, dez./jan. 2009, p. 65.
54. BEVILAQUA, Clóvis. *Código Civil dos Estados Unidos do Brasil*. 6ª ed. Rio de Janeiro: Francisco Alves, 1940, v. 1, p. 182. Importante perceber que o autor referendado comenta o Código vigente à época.
55. Art. 5º: I - pela concessão dos pais, ou de um deles na falta do outro, mediante instrumento público, independentemente de homologação judicial, ou por sentença do juiz, ouvido o tutor, se o menor tiver dezesseis anos completos; II - pelo casamento; III - pelo exercício de emprego público efetivo; IV - pela colação de grau em curso de ensino superior; V - pelo estabelecimento civil ou comercial, ou pela existência de relação de emprego, desde que, em função deles, o menor com dezesseis anos completos tenha economia própria.
56. Art. 3º São absolutamente incapazes de exercer pessoalmente os atos da vida civil os menores de 16 (dezesseis) anos.

de dezoito anos; II - os ébrios habituais e os viciados em tóxico; III - aqueles que, por causa transitória ou permanente, não puderem exprimir sua vontade; IV - os pródigos.

A determinação do legislador brasileiro encontra semelhanças com ordenamentos estrangeiros como na Argentina[57], mas outros sistemas jurídicos apresentam legislações com idades diferenciadas para a configuração da maioridade e para caracterização da capacidade de fato como o Código Civil Alemão[58] e a lei Chilena[59].

Questão relevante é analisar a consequência de ausência de capacidade de fato na celebração de negócios jurídicos. O que se pretende é, na verdade, propor uma compatibilização entre o que

---

57. A capacidade no Código Argentino está disciplina nos artigos 24, 25 e 26, segundo a lei, menores de idade são os que não possuem 18 anos, porém denomina de adolescente aquele menor que já completou 13 anos. Os menores de idade necessitam de representação, mas a partir da adolescência já possuem alguma capacidade. "Artículo 24. Son incapaces de ejercicio: a) la persona por nacer; b) la persona que no cuenta con la edad y grado de madurez suficiente, con el alcance dispuesto en la Sección 2ª de este Capítulo; c) la persona declarada incapaz por sentencia judicial, en la extensión dispuesta en esa decisión. Artículo 25 Menor de edad es la persona que no ha cumplido dieciocho años. Este Código denomina adolescente a la persona menor de edad que cumplió trece años. Artículo 26. La persona menor de edad ejerce sus derechos a través de sus representantes legales. No obstante, la que cuenta con edad y grado de madurez suficiente puede ejercer por sí los actos que le son permitidos por el ordenamiento jurídico. En situaciones de conflicto de intereses con sus representantes legales, puede intervenir con asistencia letrada. La persona menor de edad tiene derecho a ser oída en todo proceso judicial que le concierne así como a participar en las decisiones sobre su persona. Se presume que el adolescente entre trece y dieciséis años tiene aptitud para decidir por sí respecto de aquellos tratamientos que no resultan invasivos, ni comprometen su estado de salud o provocan un riesgo grave en su vida o integridad física. Si se trata de tratamientos invasivos que comprometen su estado de salud o está en riesgo la integridad o la vida, el adolescente debe prestar su consentimiento con la asistencia de sus progenitores; el conflicto entre ambos se resuelve teniendo en cuenta su interés superior, sobre la base de la opinión médica respecto a las consecuencias de la realización o no del acto médico. A partir de los dieciséis años el adolescente es considerado como un adulto para las decisiones atinentes al cuidado de su propio cuerpo. Disponível em <http://www.saij.gob.ar>. Acesso em 20 de agosto de 2018.

58. O Código Alemão traz uma gradação diferenciada em relação ao tema: considera absolutamente incapaz de contratar o menor de sete anos, começando, então, a capacidade restrita. Art. 828. "(1) A person who has not reached the age of seven is not responsible for damage caused to another person." Após essa idade, aplica-se o número 2 do mesmo artigo: "A person who has reached the age of seven but not the age of ten is not responsible for damage that he inflicts on another party in an accident involving a motor vehicle, a railway or a suspension railway. This does not apply if he intentionally caused the injury." Mas, existe ainda, a regra do número 3 do mesmo artigo: "(3) A person who has not yet reached the age of eighteen is, to the extent that his responsibility is not excluded under subsection (1) or (2), not responsible for damage he inflicts on another person if, when committing the damaging act, he does not have the insight required to recognise his responsibility". Disponível em <http://www.fd.ulisboa.pt>.

59. A Lei Chilena considera infantes os menores de 7 anos, impúberes os homens menores de 14 anos e mulheres menores de 12 anos. "Art. 26. Llámase infante o niño todo el que no ha cumplido siete años; impúber, el varón que no ha cumplido catorce años y la mujer que no ha cumplido doce; adulto, el que ha dejado de ser impúber; mayor de edad, o simplemente mayor, el que ha cumplido dieciocho años; y menor de edad, o simplemente menor, el que no ha llegado a cumplirlos". Disponível em <http://ipra--cinder.info/wp-content/uploads/file/Legislacion/Chile/CODIGO_CIVIL_CHILENO.pdf>.

dispõe o Código Civil acerca da invalidade dos negócios jurídicos e das hipóteses de incapacidade, com o fundamento que o cerne do suporte fático do negócio jurídico é a declaração de vontade.[60-61]

---

60. Para tanto é essencial revisar a lição de Marcos Bernardes de Mello sobre os elementos do suporte fático desses atos jurídicos. O autor, ao tratar sobre suporte fático normativo, explica que ele (o suporte fático) é a previsão, fornecida pela norma jurídica, da hipótese fática condicionante da existência do fato jurídico (MELLO, Marcos Bernardes. *Teoria do fato jurídico: Plano da existência*. 17ª ed. São Paulo: Saraiva, 2011, pp. 73-74). São as descrições hipotéticas que a norma prescreve que, se concretizadas, tornam-se relevantes ao direito, pois serão objeto da normatividade jurídica (Id., Ibid., p. 73-74). Ele pode ser dividido em: suporte fático abstrato, que é apenas a descrição hipotética na norma, e o suporte fático concreto, quando já materializado (Id., Ibid., pp. 73-74). Em regra, o suporte fático é composto por diversos fatos, sendo, por isso, considerado complexo. Alguns desses fatos, enunciados pelas normas jurídicas, são essenciais à incidência normativa. Esses são os elementos nucleares do suporte fático (Id., Ibid., p. 85-89). Há, contudo, dentre os fatos que compõem um suporte fático complexo, sempre um fato que fixa a sua concreção, é o que se denomina cerne do suporte fático (Id., ibid., p. 85-89). Ele, apesar de não estar necessariamente manifestado expressamente na norma, constitui dado fundamental do fato jurídico (Id., ibid., pp. 85-89). Há outros fatos que completam esse núcleo, chamados de elementos completantes. Conclui-se, então, que inseridos nos elementos nucleares estão o cerne e os elementos completantes do suporte fático (Id., ibid., pp. 85-89). Para apontar o cerne do suporte fático das diversas espécies de fatos jurídicos é importante relembrar a divisão realizada pelo autor acerca dos fatos jurídicos. Os fatos jurídicos *lato sensu* dividem-se em: lícitos e ilícitos. Os lícitos, por sua vez, dividem-se em: fato jurídico *stricto sensu*, ato-fato jurídico e ato jurídico *lato sensu*. Os atos jurídicos *lato sensu* subdividem-se em ato jurídico stricto sensu e os negócios jurídicos (Id., ibid., pp. 85-89). O cerne de um fato jurídico lícito é a conformidade jurídica. No caso do fato jurídico contrário ao direito (ilícito), tem-se como elemento cerne a não conformidade + imputabilidade (Id., ibid., pp. 85-89). Marcos Bernardes de Mello salienta que nas espécies de fatos jurídicos líticos, os cernes dos suportes fáticos poderiam ser assim apresentados: no caso dos atos jurídicos *lato sensu* tem-se a conduta com vontade relevante; nos atos-fatos jurídicos, a conduta sem vontade relevante; por fim, nos fatos jurídicos *stricto sensu* não há conduta alguma (Id., ibid., pp. 85-89). No caso dos atos jurídicos *lato sensu*, o cerne do suporte fático de um negócio jurídico, para o autor, é a manifestação consciente de vontade com poder de autorregramento; no ato jurídico *stricto sensu* tem-se a manifestação consciente de vontade, sem o poder de autorregramento (Id., ibid., p. 87). Sobre o tema, Orlando Gomes adverte que "negócio jurídico e declaração de vontade não são expressões equivalentes. A declaração de vontade é a nota comum de todo negócio jurídico, mas este, as mais das vezes, tem estrutura mais complexa." (*Introdução ao direito civil*. 18ª ed. Atualizada por Humberto Theodoro Jr. Rio de Janeiro: Forense, 2002, p. 270). Para Marcos Bernardes de Mello, a análise da existência ou não de manifestação consciente de vontade estaria no âmbito da existência dos negócios jurídicos, pois se a manifestação consciente de vontade é elemento cerne do suporte fático, sem ela haveria insuficiência do suporte fático e, assim, inexistência do negócio jurídico. Por essa razão, ele criticou a redação do inciso III, do art. 3º do Código Civil 2002, antes da alteração pelo EPD, que imputava a impossibilidade de expressar vontade como causa de incapacidade absoluta que, por sua vez, seria hipótese de nulidade dos atos jurídicos, conforme prevê o art. 166, I do CC. Nas palavras do autor: "O Código Civil (art. 3º, III) considera absolutamente incapazes as pessoas que, mesmo por causa transitória, não puderem exprimir a sua vontade. A disposição nos parece inadequada porque contém impropriedade teórica insuperável, uma vez que considera incapaz de praticar atos jurídicos (=atos da vida civil) quem não os pode, *de fato*, realizar" (MELLO, Marcos Bernardes. *Teoria do fato jurídico: plano da validade*. op. cit. p. 85). Vale recordar que o Código Civil, depois da alteração pelo EPD, que ainda será analisada, inseriu a hipótese de impossibilidade de manifestação de vontade como incapacidade relativa, sendo, os atos praticados por relativamente incapaz, anuláveis, por força do art. 171, I do diploma civil. Contudo, esse fato não afasta a crítica elabora pelo autor.

61. Não se trata de tarefa simples, visto na doutrina é comum encontrar autores que trabalham o tema com expressões vagas pela extrema dificuldade de especificar o que seria a manifestação de vontade essencial a um negócio. Orlando Gomes aduz, por exemplo, que "Negócio jurídico é, no conceito clássico, uma declaração de vontade de sujeito de direito, <u>no âmbito de sua autonomia</u>

Com essa finalidade, ressalta-se, de imediato, que para se configurar uma declaração de vontade é essencial que se tenha uma ação humana[62], razão pela qual só há negócio se houver agente que possa celebrá-lo.

Com isso, se faz necessário esclarecer o que se entende por agir humano. Segundo Hans Welzel, a ação humana é atividade baseada no homem que, com seu conhecimento, possa prever, em certa escala, as possíveis consequências de uma atividade.[63] Diz o autor que:

> la voluntad finalista se extiende a todas las consecuencias que el autor debe realizar para la obtención del objetivo; es decir, a:
>
> 1 el objetivo que se propone alcanzar;
>
> 2 los medios que emplea para ello; y
>
> 3 las consecuencias secundarias, que esth necesariamente vinculadas con el empleo de los médios.[64]

Menezes Cordeiro, com base na doutrina de Hans Welzel, ensina que na ação "se assiste a uma afirmação ou a uma negação de valores"[65]. Explica o autor que para que haja uma ação, quem a realiza, necessariamente, tem que ter "consubstanciando previamente o fim que visa atingir põe, na prossecução deste, as suas possibilidades".[66]

(...)." (grifo nosso) (GOMES, Orlando. *Introdução ao direito civil*. 18ª ed. Atualizada por Humberto Theodoro Jr. Rio de Janeiro: Forense, 2002, p. 361). Humberto Theodoro Jr., atuando como revisor-atualizador da obra de Orlando Gomes, de modo a compatibilizá-la com o Código Civil, afirma que "Em síntese, elementos essenciais gerais do negócio jurídico são a <u>declaração de vontade de forma hábil</u>, a capacidade do agente e a idoneidade do objeto." (grifo nosso) (THEODORO Jr. Humberto. *In* GOMES, Orlando. *Introdução ao direito civil*. 18ª ed. Rio de Janeiro: Forense, 2002, p. 364).

62. MENEZES CORDEIRO, Antonio. *Tratado de direito civil português*. 3ª ed. Coimbra: Almedina, 2009, t. I, p. 540.

63. Nas palavras do autor: "*La acción humana es el ejercicio de la actividad finalista. La acción es, por lo tanto, un acontecer "finalista" y no solamente "causal". La "finalidad" o actividad finalista de la acción se basa en que el hombre, sobre la base de su conocimiento causal, puede prever, en determinada escala, las consecuencias posibles de una actividad con miras al futuro, proponerse objetivos de diversa índole, y dirigir su actividad según un plan tendiente a la obtención de esos objetivos. Sobre la base de su conocimiento causal previo, está en condiciones de dirigir los distintos actos de su actividad de tal forma que dirige el acontecer causal exterior hacia el objetivo y lo sobredetermina así de modo finalista. La finalidad es un actuar dirigido concientemente desde el objetivo, mientras que la pura causalidad no está dirigida desde el objetivo, sino que es la resultante de los componentes causales circunstancialmente concurrentes. Por eso, gráficamente hablando, la finalidad es "vidente"; la causalidad es "ciega".*" (WELZEL, Hans. *Derecho Penal. Parte General*. Trad. Carlos Fontán Balestra. Buenos Aires: Roque Depalma, 1956, p. 39).

64. Id., Ibid., p. 39.

65. MENEZES CORDEIRO, Antonio. *Tratado de direito civil português*. Op. cit., p. 445.

66. Id., Ibid., p. 445.

Assim, entende-se que para ser agente é essencial a presença do entendimento e consciência das consequências dos atos.

Nesse âmbito, existem os seguintes cenários que precisam ser necessariamente separados. De um lado, pessoas que não conseguem se expressar, por razões motoras; seria o caso, por exemplo, de uma pessoa com morte cerebral. Essa é uma hipótese de inexistência de suposto negócio jurídico celebrado por ela, pois, como disse Marcos Bernardes de Mello, "de fato", tal pessoa não pode se manifestar, não havendo aqui sequer conduta.

Ao lado dessa hipótese, têm-se as pessoas que, apesar de possuírem condições motoras de atuação, não são agentes, pois não possuem consciência das consequências do que estão praticando. Assim, de acordo com Menezes Cordeiro "afirmações feitas durante o sono, em estado de transe, sob hipnose ou na influência de psicotrópicos – são, em rigor, simples factos"[67]. Os supostos negócios celebrados nessas condições são, igualmente, inexistentes. Frisa-se, mais uma vez, esses são casos em que não há expressão de vontade, visto que não há ação humana.

Por outro lado, existem pessoas que realizam condutas com consciência, mas que podem vir a ter essa manifestação considerada inapropriada para a validade de um negócio. Essa "inapropriação" pode ser configurada pela dificuldade no querer ou entender.[68] A ausência de entendimento envolve a validade dos negócios jurídicos, sendo, pois, tais negócios, existentes. A lei fornece alguns critérios para determinar tal validade, aduzindo que os menores de 16 e 18 anos [69] não terão suas manifestações consideradas plenamente válidas, sendo

---

67. Id., Ibid., p. 541.
68. Orlando Gomes admite a denominada incapacidade natural. Seria a incapacidade de querer e de entender ainda não declarada judicialmente. Seria o caso, para o autor, do insano mental ainda não interditado, nas hipóteses de sua enfermidade não ter sido reconhecida ou porque seu processo de interdição não tenha sido instaurado. Ainda segundo o autor, caso haja incapacidade natural, mas não se tenha ainda a incapacidade legal (insano mental não interditado), o interesse de proteger o incapaz chocar-se-ia com o interesse da outra parte do negócio. Para legitimar o pedido de anulação de um negócio diante desses interesses contrapostos, ele se baseia na doutrina italiana que aponta três requisitos: incapacidade de entender ou querer; demonstração de que o agente sofreu grave prejuízo; e, má-fé do outro contraente. (GOMES, Orlando. Introdução ao direito civil. 19ª ed. Rio de Janeiro: Forense/ GEN, 2009, p. 153-154). Caio Mário da Silva Pereira trata da distinção entre incapacidade natural e incapacidades arbitrárias (ou puramente legais). Entende o autor, porém, que tal distinção não tem lugar no Brasil, já que toda incapacidade é legal (Instituições de direito civil. 26ª ed. Rio de Janeiro: Forense/ GEN, 2003, vol. 1, p. 229).
69. As incapacidades fixadas através do critério etário, apesar de arbitrárias, trazem consigo razões tais como "inexperiência, o incompleto desenvolvimento das faculdades intelectuais, a facilidade de se

os negócios praticados por ele nulos ou anuláveis respectivamente. Trata-se de uma presunção de ausência de querer ou entender, diante do critério etário.

O Código Civil, após a alteração pelo EPD, vem, no art. 4º, III, ao tratar sobre a incapacidade e, consequentemente, invalidade dos negócios, fixar como causa de incapacidade relativa "aqueles que, por causa transitória ou permanente, não puderem exprimir sua vontade".[70] Observa-se que o Código Civil, no atual art. 4º, III, envolve as duas hipóteses: serão incapazes os que não puderem agir, nos moldes apresentados, porém as consequências para um negócio supostamente realizado pelo incapaz não será a invalidade, mas sim a inexistência. Mas, além dos que não podem agir, têm-se os que conseguem agir, embora não sejam considerados aptos a manifestar vontade. Toda a normativa do Código Civil, ao tratar da invalidade dos negócios, é focada para os incapazes que são agentes (não à toa a redação do art. 104 do CC: "A validade do negócio jurídico requer: I – agente capaz").

Alguns exemplos ajudarão a ilustrar a tese. Um menor de 18 anos poderá ter supostos negócios declarados inexistentes, como uma criança de quatro anos que celebra uma compra de um carro *on line*. De outro lado, um menor de 15 anos que celebra a compra do mesmo carro *on line* poderá ter esse negócio decretado nulo diante da incapacidade absoluta. Por fim, há, ainda, a hipótese de um menor de 17 anos que realiza a mesma compra e poderá ter seu negócio anulado pela incapacidade relativa.

Percebe-se, com tudo que foi exposto, que é no âmbito da capacidade de fato que se vislumbram restrições. Diante da incapacidade, que pode ser absoluta ou relativa, será necessária a constituição da assistência ou da representação para a validade dos atos praticados pelos incapazes. Contudo, a celebração de um negócio por um incapaz, nem sempre implicará a nulidade ou anulabilidade, visto que, anterior à análise da validade, deve-se verificar a existência do ato que só estará configurado como ação humana com manifestação de vontade para celebração.

---

deixar influenciar por outrem, a falta de autodeterminação e auto orientação." (PEREIRA, Caio Mário da Silva. Op., cit., p. 232.).

70. Ainda serão realizadas críticas aos dispositivos.

3.5. CAPACIDADE DE SER PARTE

Capacidade de ser parte é a aptidão genérica para que se possa titularizar a pretensão à tutela jurídica.[71] Assim, aquele ente que possui essa capacidade jurídica pode ser parte de uma relação jurídica processual (como autor, réu, terceiro interessado).[72] Trata-se da qualificação subjetiva mínima necessariamente presente nos sujeitos da relação processual.[73]

A norma processual confere capacidade de ser parte a todos os entes (personalizados ou não) que possam ser titulares de situações jurídicas, desse modo todos aqueles que são sujeitos de direitos, ou seja, que tem capacidade jurídica possuem capacidade de ser parte.[74-75]

No Brasil, além das pessoas físicas e jurídicas, possuem capacidade de ser parte, entre outros, a sociedade não personificada, o espólio, a massa falida, o condomínio, o nascituro, o Ministério Público.[76]

---

71. Há quem denomine a capacidade de ser parte de personalidade judiciária, explicando que a capacidade deve ser assim considerada por se tratar da aptidão, em tese, de ser sujeito de uma relação jurídica processual (DIDIER JR. Fredie. *Curso de direito processual civil*. 17ª ed. Salvador: Juspodivm, 2015, vol. 1, p. 314; FREITAS, José Lebre de. *Código de processo civil anotado*. Coimbra: Coimbra Editora, 1999, p. 16). Enquanto que no âmbito cível há uma divisão entre a aquisição da personalidade (aptidão para ser pessoa) e a capacidade jurídica (aptidão para ser sujeito de direito), na seara processual a capacidade de ser parte indica que o ente pode ser parte de um processo e, sendo parte, contrairá direitos e obrigações imediatamente. Com isso é mais plausível equiparar a capacidade de ser parte à capacidade jurídica e não à personalidade. Também utiliza o termo personalidade judiciária SOUSA, Miguel Teixeira de. *Estudos sobre o novo processo civil*. 2ª ed. Lisboa: Lex, 1997, p. 136 e VARELA, Antunes; BEZERRA, J. Miguel; SAMPAIO E NORA. *Manual de processo civil*. 2ª ed. Coimbra: Coimbra editora, 1985, p. 107.
72. PONTES DE MIRANDA. *Comentários ao Código de processo civil*. 2ª ed. Rio de Janeiro: Forense, 1979, t. I, p. 300; MELLO, Marcos Bernardes. *Teoria do fato jurídico: plano da eficácia*. 1ª parte. 10ª ed. São Paulo: Saraiva, 2015, pp. 135-136; DIDIER JR. Fredie. *Curso de direito processual civil*. Op. cit., p. 314; DIDIER Jr. Fredie. *Pressupostos processuais e condições da ação. O juízo de admissibilidade do processo*. São Paulo: Saraiva, 2005, p. 111; GOUVEIA FILHO, Roberto Campos. *A capacidade postulatória como uma situação jurídica processual simples: Ensaio em defesa de uma teoria das capacidades em direito*. Dissertação de Mestrado. Universidade Católica de Pernambuco, Recife, 2008. p. 95. Disponível em <http://bdtd.ibict.br> Acesso em 20 de julho de 2018.
73. MANDRIOLI, Crisanto. *Diritto Processuale Civile*. Torino: Giappichelli editore, 2002, p. 293.
74. MELLO, Marcos Bernardes. *Teoria do fato jurídico: plano da eficácia*. Op. cit., p. 138; GOUVEIA FILHO, Roberto Campos, Op. cit., p. 82
75. Pontes de Miranda entende que é possível haver capacidade de ser parte, sem a capacidade jurídica. Isto porque para o autor capacidade jurídica e personalidade são sinônimos, logo aquele que teria capacidade de ser parte sem ser pessoa, teria a capacidade de ser parte sem possuir capacidade jurídica. Como neste trabalho se adota a diferença entre personalidade e capacidade, conforme ensinamentos de Marcos Bernardes de Mello, em que a personalidade é mais ampla do que a capacidade, não é possível conceber a existência de capacidade de ser parte, sem capacidade jurídica.
76. Fredie Didier Jr. apresenta quem são aqueles que poderão figurar em uma relação jurídica processual: "(...) as pessoas naturais e as jurídicas, como também o nascituro, o condomínio, o *nondum conceptus*, a sociedade de fato, sociedade não-personificada e sociedade irregular (...), os entes formais (como o espólio, a massa falida, herança jacente etc.), as comunidades indígenas ou grupos tribais e os

A doutrina não é uníssona acerca da posição da capacidade de ser parte no processo. Há quem a localize no âmbito pré-processual, corrente a qual esta obra se filia, como Pontes de Miranda[77] e Marcos Bernardes de Mello[78]; há, por outro lado, quem a classifique como um dos pressupostos subjetivos para a existência de um processo,[79] e há, por fim, ainda quem a localize no âmbito da validade do processo.[80-81]

órgãos públicos (Ministério Público, PROCON, Tribunal de Contas etc.) (DIDIER JR. Fredie. *Curso de direito processual civil*. Op. cit., pp. 314-315).

77. Para Pontes de Miranda é pré-processual por dizer respeito à pretensão à tutela jurídica. PONTES DE MIRANDA. *Comentários ao Código de processo civil*. Op. cit., pp. 302-305.. Roberto Campos Gouveia Filho também defende tal posição: "Capacidade de ser parte, (...) é uma aptidão pré-processual. Dessa forma, para o processo se formar, é necessária a existência da capacidade de ser parte do autor da demanda" (*A capacidade postulatória como uma situação jurídica processual simples: Ensaio em defesa de uma teoria das capacidades em direito*. Op. cit., p. 97).

78. Conforme defende o autor: "(...) a) é pré-processual, porque, constituindo pressuposto para que se possa invocar a proteção da jurisdição estatal, existe antes do processo e b) tem natureza de direito material, não formal (=processual)." (MELLO, Marcos Bernardes. *Teoria do fato jurídico: plano da eficácia*. Op. cit., p. 137).

79. É importante perceber que classificar a capacidade de ser parte como pré-processual não exclui a possibilidade de caracterizá-la como pressuposto de existência do processo. Nesse sentido, Roberto Campos, ao comentar a posição de Pontes de Miranda: "Pontes de Miranda classifica a capacidade de ser parte como pré-processual, o que é o mesmo de ser necessária à existência do processo." (GOUVEIA FILHO, Roberto Campos. Op. cit., p. 97, nota 292). O mesmo autor ainda explica: "os pressupostos compõem a formação do processo (relação jurídica + procedimento), assim sendo, eles dizem respeito à sua existência. Existem, a nosso ver, três pressupostos necessários à formação do processo, um de natureza objetiva, que é a demanda; e dois subjetivos, que são: a investidura do órgão de jurisdição e a capacidade de ser parte do autor da demanda". (Id., Ibid., p. 79). Fredie Didier Jr. explica que o mais correto seria considerar como pressuposto subjetivo de existência do processo a existência de parte que pratique a demanda (ato jurídico que dá causa ao processo). Assim, se há sujeito de direito demandando, há processo. (DIDIER Jr. Fredie. *Pressupostos processuais e condições da ação. O juízo de admissibilidade do processo*. São Paulo: Saraiva, 2005, p. 126). Explica, ainda, que considerar somente a capacidade do autor como pressuposto de existência do processo é correto, pois é inegável a existência de processos sem a presença do réu, como é o caso de procedimentos de jurisdição voluntária. E, ainda, porque o processo existe a partir da demanda e não com a presença do réu no processo. A capacidade de ser parte do réu é, pois, "fundamental para a eficácia do processo em face dele." (DIDIER JR. Fredie. *Curso de direito processual civil*. 17ª ed. Salvador: Juspodivm, 2015, vol. 1, p. 315). Ainda tratando da capacidade das partes como pressuposto processual subjetivo, mas sem a definição se se tratam de pressupostos de existência ou validade: LACERDA, Galeno. *Despacho Saneador*. 3ª ed. Porto Alegre: Fabris, 1985, p. 60/61. TESHEINER, José Maria Rosa. *Elementos para uma teoria geral do processo*. São Paulo: Saraiva, 1993, p. 108. TESHEINER e THAMAY apontam a capacidade de ser parte, mas também a capacidade processual e capacidade postulatória, como pressupostos processuais relativos às partes. TESHEINER, José Maria Rosa. THAMAY, Rennan Faria Krüger. *Pressupostos processuais e nulidades no novo código de processo civil*. Rio de Janeiro: GEN/Forense, 2015, p. 94.

80. Alexandre Freitas Câmara insere o gênero capacidade processual como pressuposto de validade do processo (CÂMARA, Alexandre Freitas. *Lições de direito processual civil*. 18ª ed. Rio de Janeiro: Lumen Juris, 2008, p. 226). Francisco Wildo L. Dantas insere a capacidade processual, a capacidade de ser parte e a capacidade postulatória como requisitos subjetivos de validade do processo (DANTAS, Francisco Wildo Lacerda. *Teoria Geral do Processo. Jurisdição, ação (defesa), processo*. 2ª ed. São Paulo: Método, 2007, p. 436).

81. Miguel Teixeira de Sousa explica que, no direito português, é possível encontrar condições de existência do processo (como o protocolo de petição inicial ou de um requerimento), as condições de validade (como a ineptidão da petição inicial) e as condições de admissibilidade processual

É importante, antes de prosseguir, fazer distinção entre a capacidade de ser parte e legitimidade para a causa (*legitimatio ad causam*)[82]. A legitimidade se relaciona com a titularidade da pretensão controvertida em juízo.[83] Desse modo, enquanto a capacidade é uma aptidão genérica, que pode ser verificada abstratamente, a legitimidade só poderá ser avaliada em relação a um caso concreto.[84] Por isso é correto afirmar, como faz Fredie Didier Jr., que "todo sujeito de direito pode ser parte, mas ninguém é parte legítima para todas as causas".[85]

3.6. CAPACIDADE POSTULATÓRIA

Trata-se da capacidade para praticar atos postulatórios[86] validamente no processo,[87] sendo, assim, uma situação jurídica processual

---

que, para o autor, são os pressupostos processuais. Essas são as condições necessárias para que se possa proferir uma decisão sobre o mérito da causa. O autor explica que os pressupostos processuais não se confundem com as condições de validade, pois, a princípio, um processo em que falta um pressuposto não é inválido, mas apenas incompatível com uma decisão sobre o mérito (ou no caso de uma execução, com a realização da obrigação exequenda). No âmbito dos pressupostos processuais, encontram-se, entre outros, a personalidade judiciária, a capacidade judiciária e a legitimidade processual. Sem qualquer uma delas constitui-se uma exceção dilatória, vide art. 577 do Código de Processo Civil Português: "São dilatórias, entre outras, as exceções seguintes: (...) c) A falta de personalidade ou de capacidade judiciária de alguma das partes. (...) e) A ilegitimidade de algumas das partes (SOUSA. Miguel Teixeira de. *Introdução ao processo civil*. Lisboa: Lex Edições Jurídicas, 1993, p. 68-78). Também indicando a capacidade judiciária e a legitimidade das partes como pressupostos processuais, ANTUNES VARELA, João de Matos; BEZERRA, J. Miguel; SAMPAIO E NORA. *Manual de processo civil*. 2ª ed. Coimbra: Coimbra editora, 1985, p. 104.

82. TESHEINER pondera que a legitimidade para causa é condição subjetiva para a ação (TESHEINER, José Maria Rosa. *Elementos para uma teoria geral do processo*. Op. cit., p. 108). Já Teresa Arruda Alvim afirma que a legitimidade para a causa diz respeito ao exercício da ação (ALVIM WAMBIER, Teresa Arruda. *Nulidades do processo e da sentença*. 7ª ed. São Paulo: RT, 2014, p. 45).

83. MELLO, Marcos Bernardes. *Teoria do fato jurídico: plano da eficácia*. 1ª parte. 10ª ed. São Paulo: Saraiva, 2015, p. 138. Também é a lição de Antunes Varela (e outros) que explica que a existência da legitimidade para a causa pressupõe a verificação das capacidades de ser parte e de estar em juízo. Ela (a legitimidade para a causa) é pressuposto processual que consiste "numa posição da parte perante determinada acção." (ANTUNES VARELA, João de Matos; BEZERRA, J. Miguel; SAMPAIO E NORA. Op. cit., p. 131)

84. Não se quer dizer, entretanto, que a verificação da legitimidade para a causa depende da verificação do direito que se alega. A verificação da legitimidade, segundo Barbosa Moreira, é preliminar. O autor afirma que "Averbar de ilegítima a parte, por inexistir o alegado direito, é inverter a ordem lógica da atividade cognitiva." (BARBOSA MOREIRA, José Carlos. Legitimação para agir. Indeferimento de petição inicial. *In Temas de direito processual*. São Paulo: Saraiva, 1977, p. 200). Só se pode verificar a existência ou não das afirmações feitas pelo autor depois de reconhecida a legitimidade para a causa.

85. DIDIER Jr. Fredie. *Pressupostos processuais e condições da ação*. Op. cit., p. 124.

86. Atos postulatórios são espécies de atos processuais nos quais as partes formulam pedidos ao magistrado (GOUVEIA FILHO, Roberto Campos. *A capacidade postulatória como uma situação jurídica processual simples: Ensaio em defesa de uma teoria das capacidades em direito*. Op. cit., p. 117).

87. Fredie Didier Jr. apresenta a capacidade postulatória da seguinte forma: "É como se a capacidade, requisito indispensável à prática dos atos jurídicos, fosse bipartida: a) capacidade processual; b)

simples.[88] Diz respeito à capacidade para atos que requerem conhecimentos jurídico-dogmáticos.[89]

Possuem capacidade postulatória: os advogados,[90] os estagiários,[91] os membros do Ministério Público[92], o magistrado[93] e em alguns casos as partes[94], como o credor de alimentos[95] e as mulheres para formular a demanda das medidas protetivas de urgência que se alega vítima de violência doméstica e familiar[96].

---

capacidade técnica." (DIDIER JR. Fredie. *Curso de direito processual civil*. Op. cit., p. 333)

88. MELLO, Marcos Bernardes. *Teoria do fato jurídico: plano da eficácia*. Op. cit., p. 144; GOUVEIA FILHO, Roberto Campos. Op. cit., p. 118.
89. GOUVEIA FILHO, Roberto Campos. Op. cit., p. 120.
90. Aqui se incluem os advogados privados, públicos (AGU, PGFN, autarquias públicas, procuradores estaduais e municipais) e os defensores públicos. GOUVEIA FILHO, Roberto Campos. Op. cit., pp. 123-124.
91. Neste trabalho filia-se ao entendimento de que os estagiários possuem capacidade postulatória parcial, sendo esta capacidade determinada pelo art. 29 do Regulamento Geral da EAOAB. "Art. 29. Os atos de advocacia, previstos no Art. 1º do Estatuto, podem ser subscritos por estagiário inscrito na OAB, em conjunto com o advogado ou o defensor público. § 1º O estagiário inscrito na OAB pode praticar isoladamente os seguintes atos, sob a responsabilidade do advogado: I – retirar e devolver autos em cartório, assinando a respectiva carga; II – obter junto aos escrivães e chefes de secretarias certidões de peças ou autos de processos em curso ou findos; III – assinar petições de juntada de documentos a processos judiciais ou administrativos. § 2º Para o exercício de atos extrajudiciais, o estagiário pode comparecer isoladamente, quando receber autorização ou substabelecimento do advogado". Disponível em <www.oab.org.br>.
92. Os membros do Ministério Público detêm capacidade postulatória tanto atuando com legitimado ordinário, extraordinário, quanto como *custos legis*. GOUVEIA FILHO, Roberto Campos. Op. cit., pp. 125-126. Defendendo a ampla capacidade postulatória do Ministério Público, inclusive ao atuar como legitimado ordinário, têm-se Didier Jr. e Godinho. Nas palavras dos autores: "*é indiscutível que o Ministério Público tem capacidade postulatória nos casos em que atua como legitimado extraordinário. Negá-la nos casos em que atua como legitimado ordinário é interpretação contrária à igualdade: afinal, um sujeito de direito teria capacidade postulatória para defender interesses de outrem, mas não a teria para defender os próprios interesses juridicamente tuteláveis*." (DIDIER JR., Fredie e GODINHO, Robson Renault. Questões atuais sobre as posições do Ministério Público no processo civil. *Revista de Processo*. São Paulo, nº 237, pp. 45-87, 2014, p. 48).
93. O magistrado, no incidente de suspeição ou impedimento, detém capacidade postulatória, pois poderá, sem contratar advogado, se defender. Ver art. 146 § 1º, do CPC "Se reconhecer o impedimento ou a suspeição ao receber a petição, o juiz ordenará imediatamente a remessa dos autos a seu substituto legal, caso contrário, determinará a autuação em apartado da petição e, no prazo de 15 (quinze) dias, apresentará suas razões, acompanhadas de documentos e de rol de testemunhas, se houver, ordenando a remessa do incidente ao tribunal". Ainda sobre o tema, Roberto Campos Gouveia entende que o juiz não possui capacidade para recorrer ou contrarrazoar recursos no curso do incidente sem constituir advogado, tratar-se-ia de uma legitimidade parcial. GOUVEIA FILHO, Roberto Campos. Op. cit., p. 132.
94. As partes possuem capacidade postulatória em alguns procedimentos, tal como o *habeas corpus*, revisão criminal (art. 623 CPP) e na hipótese do art. 9º da lei 9.099/95 (GOUVEIA FILHO, Roberto Campos. Op. cit., pp. 129-131).
95. Segundo dispõe o art. 2º da Lei de Alimentos (5.478/1968): "Art. 2º O credor, pessoalmente ou por intermédio de advogado, dirigir-se-á ao juiz competente, qualificando-se, e exporá suas necessidades, provando, apenas, o parentesco ou a obrigação de alimentar do devedor, indicando seu nome e sobrenome, residência ou local de trabalho, profissão e naturalidade, quanto ganha aproximadamente ou os recursos de que dispõe." Sobre a capacidade do credor de alimentos: DIDIER JR. Fredie. *Curso de direito processual civil*. Op. cit., p. 334.
96. A Lei Maria da Penha (Lei nº 11.340/2006) estabelece "Art. 19. As medidas protetivas de urgência poderão ser concedidas pelo juiz, a requerimento do Ministério Público ou a pedido da ofendida."

É importante observar que a capacidade postulatória é requisito de validade do processo em se tratando do autor da demanda.[97] No caso do réu, a capacidade postulatória é apenas requisito de validade dos seus atos.[98]

3.7. CAPACIDADE DE ESTAR EM JUÍZO

A capacidade de estar em juízo, capacidade processual[99] ou capacidade judiciária[100] é a aptidão para a prática de atos processuais independentemente de representação[101] ou assistência.[102]

Nota-se que todo aquele que tem capacidade processual tem capacidade de ser parte.[103] Esta, portanto, é anterior aquela.[104] Todavia,

---

Sobre a capacidade postulatória da mulher nos casos de violência doméstica: DIDIER JR. Fredie. *Curso de direito processual civil*. Op. cit., pp. 333-334.

97. Em se tratando de litisconsórcio ativo a capacidade será requisito de cada demanda isoladamente. Se for o caso de litisconsórcio unitário, a capacidade postulatória serve aos demais. GOUVEIA FILHO, Roberto Campos. Op. cit., p. 133.

98. GOUVEIA FILHO, Roberto Campos. Op. cit., p. 133. Em sentido diverso, Luiz Guilherme Marinoni, Sérgio Cruz Arenhart e Daniel Mitidiero consideram a capacidade postulatória como pressuposto de existência do processo (*Novo curso de processo civil*. Teoria do processo civil. São Paulo: Revista dos Tribunais: 2015, vol. 1, p. 543).

99. A expressão capacidade processual pode sugerir o gênero capacidades processuais no qual estão inseridas a capacidade de ser parte, a capacidade processual *stricto sensu* e a capacidade postulatória.

100. A terminologia capacidade judiciária foi a escolhida pelo legislador português, que no art. 9º do Código Civil aduz "A capacidade judiciária consiste na susceptibilidade de estar, por si, em juízo." (SOUSA, Miguel Teixeira de. *Estudos sobre o novo processo civil. 2ª ed. Lisboa: Lex, 1997*, p. 140; ANTUNES VARELA, João de Matos; BEZERRA, J. Miguel; SAMPAIO E NORA. *Manual de processo civil*. 2ª ed. Coimbra: Coimbra editora, 1985, p. 117. FREITAS, José Lebre de. *Código de processo civil anotado*. Coimbra: Coimbra Editora, 1999, p. 24).

101. É necessário fazer uma distinção entre representação e presentação. Ao falar de representação estar-se diante da prática de atos processuais em nome de outra pessoa, é o caso da representação de um absolutamente incapaz no processo. Por outro lado, há entes que são presentados em juízo por alguém, caso das pessoas jurídicas. O sócio ao presentar uma pessoa jurídica no processo não pratica o ato no lugar dela, o ato é praticado pela própria pessoa jurídica materializada pelo sócio. Neste sentido ver, entre outros, PONTES DE MIRANDA. *Comentários ao Código de processo civil*. 2ª ed. Rio de Janeiro: Forense, 1979, t. I, p. 297; MELLO, Marcos Bernardes. *Teoria do fato jurídico: plano da eficácia*. Op. cit., pp. 143-144; DIDIER JR. Fredie. *Curso de direito processual civil*. Op. cit., pp. 317-318; GOUVEIA FILHO, Roberto Campos. Op. cit., p. 102. E, ainda, tratando da representação: VILANOVA, Lourival. *Causalidade e relação no direito*. 4ª ed. São Paulo: Revista dos Tribunais, 2000, p. 278-291.

102. DIDIER JR. Fredie. *Curso de direito processual civil*. Op. cit., p. 316; THEODORO JR., Humberto. *Curso de Direito Processual Civil*. 58ª ed. Rio de Janeiro: Forense, 2017, v. 1, p. 274.

103. DIDIER JR. Fredie. *Curso de direito processual civil*. Op. cit., p. 317. E, ainda, ARRUDA ALVIM, *Tratado de direito processual*. São Paulo: Revista dos Tribunais, 1996, v. 2, p. 207, que afirma que a capacidade processual tem na capacidade de ser parte o seu pressuposto. Pontes de Miranda estabelecendo a relação entre essas capacidades afirma: "Pode-se ter a capacidade de ser parte, e não se ter a capacidade processual; porém não vice-versa. Onde não há aquela, não pode haver essa." (PONTES DE MIRANDA. Francisco Cavalcanti. *Comentários ao Código de processo civil*. Op. cit., pp. 302-303).

104. DIDIER Jr. Fredie. *Pressupostos processuais e condições da ação*. O juízo de admissibilidade do processo. São Paulo: Saraiva, 2005, p. 125.

enquanto a capacidade de ser parte, ao menos a do autor, integra os pressupostos de existência do processo, a capacidade de estar em juízo enquadra-se no plano da validade dos atos processuais.[105]

Segundo o art. 70 do CPC[106], aquele que possui capacidade de fato (= capacidade de exercício), possui capacidade para estar em juízo. Em regra, aquele que for absolutamente incapaz para praticar atos da vida civil, também será incapaz de praticar atos processuais.[107]

A doutrina diverge quanto à relação entre capacidade de estar em juízo e legitimação processual[108] (*legitimatio ad processum*). Parte da doutrina entende que são sinônimos,[109-110] outra parte entende

---

105. A capacidade de estar em juízo do réu é requisito para atos que ele pratique, como a contestação. GOUVEIA FILHO, Roberto Campos. Op. cit., p. 108; Sobre a capacidade processual como requisito de validade: DIDIER Jr. Fredie. *Pressupostos processuais e condições da ação*. Op. cit., p. 134, DIDIER JR. Fredie. *Curso de direito processual civil*. Op. cit., p. 319; MARINONI, Luiz Guilherme; ARENHART, Sérgio Cruz; MITIDIERO, Daniel. *Novo curso de processo civil*. Teoria do processo civil. São Paulo: Revista dos Tribunais: 2015, v.1, p. 543; WAMBIER, Teresa Arruda Alvim. *Nulidades do processo e da sentença*. 7ª ed. São Paulo: RT, 2014, p. 50-51.
106. "Art. 70. Toda pessoa que se encontre no exercício de seus direitos tem capacidade para estar em juízo".
107. Diz Carnelutti sobre o tema: "*Normalmente, casi, alla incapacità material corrisponde la incapacità processuale.*" (CARNELUTTI, Francesco. *Lezioni di diritto processuale civile*. Padova: La Litotipo, Ed. Universitaria, 1926, Vol. 2, 1ª parte, p. 212). Existem exceções à regra apresentada, ou seja, hipóteses em que a lei traz a capacidade para estar em juízo desvinculada da capacidade de fato: o incapaz, sem representante, tem capacidade processual para pedir a designação de um curador especial que o represente, conforme determina o art. 72, I, do CPC; há ainda o cidadão eleitor com dezesseis anos que apesar de relativamente incapaz para praticar atos da vida civil, tem capacidade processual para ajuizar ação popular. Além desses exemplos, Fredie Didier Jr. traz a capacidade processual do interdito para pedir o levantamento da interdição, com base no art. 756, §1º do CPC. (DIDIER JR. Fredie. *Curso de direito processual civil*. Op. cit., p. 317).
108. Pedro Henrique Nogueira apresenta distinção entre a legitimidade processual e a legitimidade para a causa. Afirma o autor que essa última diz respeito "à titularidade da situação jurídica de direito material". Assim, seria uma análise de mérito. Em contrapartida, a legitimidade processual situa-se fora do mérito. Trata-se, para ele, de um elemento que garante a eficácia ao ato processual, por essa razão afirma "Da ausência de legitimidade processual, surge a ineficácia do ato jurídico processual que introduz o procedimento". Interessante observar, porém, que o autor difere legitimidade processual de legitimidade *ad processum*, sendo, a última, sinônimo de capacidade processual. Explica que enquanto a ausência de legitimidade implica ineficácia, a ausência de capacidade impõe a invalidade. (NOGUEIRA, Pedro Henrique. A legitimidade processual no novo código de processo civil. *In* DIDIER JR. Fredie (coord. Geral). *Coleção Novo CPC – Doutrina selecionada. Parte Geral*. 2ª ed. Salvador: Juspodivm, 2016, vol. 1, p. 279-291). Não adotamos a diferenciação entre legitimidade processual e legitimidade *ad processum*, entendemos como expressões sinônimas. Contudo, são diferentes da capacidade processual.
109. Nesse sentido: CÂMARA, Alexandre Freitas. *Lições de direito processual civil*. 18ª ed. Rio de Janeiro: Lumen Juris, 2008, p. 226; DANTAS, Francisco Wildo Lacerda. *Teoria Geral do Processo. Jurisdição, ação (defesa), processo*. 2ª ed. São Paulo: Método, 2007, p. 439; PONTES DE MIRANDA. *Comentários ao Código de processo civil*. Op. cit., p. 303; ANTUNES VARELA, João de Matos; BEZERRA, J. Miguel; SAMPAIO E NORA. *Manual de processo civil*. 2ª ed. Coimbra: Coimbra editora, 1985, p. 132.
110. Galeno Lacerda, ao tratar sobre a *legitimatio ad processum*, afirma que a legitimação envolve uma dupla capacidade: a de ser parte, ou seja, de ser sujeito de direitos e deveres na ordem jurídica e a

que a legitimação decorre da capacidade de estar em juízo plena.[111] Porém, segue-se, neste trabalho, o entendimento inspirado nas lições de Orlando Gomes[112], firmado por Marcelo Navarro Ribeiro Dantas[113], Fredie Didier Jr.[114], Teresa Arruda Alvim[115] e Roberto Campos Gouveia Filho[116] que advogam a existência de distinção entre os conceitos de capacidade de estar em juízo e legitimação processual. Com base nesses autores, a atribuição de capacidade é genérica, enquanto a legitimidade é aptidão específica para prática de determinado ato em concreto. Assim, "é possível que a parte tenha capacidade processual para generalidade dos casos, mas não a tenha para alguns – faltar-lhe-ia, pois, legitimidade processual".[117] É o caso do cônjuge que necessita, segundo art. 73 do CPC, do consentimento do outro para propor ação que verse sobre direito real imobiliário, se não for casado sob regime de separação absoluta de bens. Não se trata de incapacidade processual, mas de ilegitimidade processual.[118]

A ausência de capacidade processual, segundo o CPC, no seu artigo 76,[119] é um vício sanável, devendo o órgão jurisdicional, diante dessa incapacidade, conceder prazo para que a parte corrija o vício. Os parágrafos do mesmo dispositivo[120] enumeram as consequências

---

capacidade de exercício desses direitos (LACERDA, Galeno. *Despacho Saneador*. 3ª ed. Porto Alegre: Fabris, 1985, p. 64).

111. Arruda Alvim defende que aqueles que não possuem capacidade processual precisam que ela seja integrada através da representação e que é o representante que possui a legitimação processual. O que demonstra que, para ele, a legitimação processual decorre da integração da capacidade processual (ARRUDA ALVIM, *Tratado de direito processual*. São Paulo: Revista dos Tribunais, 1996, vol. 2, p. 209).
112. Orlando Gomes ao tratar da legitimação expôs que "Falta à legitimação o cunho de generalidade da incapacidade." (GOMES, Orlando. *Introdução ao direito civil*. 21ª ed. Rio de Janeiro: Forense/GEN, 2016, p. 287).
113. Para Marcelo Navarro R. Dantas a capacidade processual é a transposição da capacidade de exercício (do direito civil) para o direito processual, já a legitimação processual é o direito de estar em juízo em um determinado processo em concreto (DANTAS, Marcelo Navarro Ribeiro. *Mandado de segurança coletivo: legitimação ativa*. São Paulo: Saraiva, 2000, p. 71).
114. DIDIER Jr. Fredie. *Pressupostos processuais e condições da ação*. Op. cit., p. 135.
115. WAMBIER, Teresa Arruda Alvim. *Nulidades do processo e da sentença*. 7ª ed. São Paulo: RT, 2014, p. 44.
116. GOUVEIA FILHO, Roberto Campos. Op. cit., p. 108.
117. DIDIER Jr. Fredie. *Pressupostos processuais e condições da ação. O juízo de admissibilidade do processo*. São Paulo: Saraiva, 2005, p. 135.
118. Fredie Didier Jr. cita esse exemplo com base no art. 10 do CPC/1973 (DIDIER Jr. Fredie. *Pressupostos processuais e condições da ação*. Op. cit., p. 135).
119. Art. 76. Verificada a incapacidade processual ou a irregularidade da representação da parte, o juiz suspenderá o processo e designará prazo razoável para que seja sanado o vício.
120. § 1º Descumprida a determinação, caso o processo esteja na instância originária: I - o processo será extinto, se a providência couber ao autor; II - o réu será considerado revel, se a providência lhe couber; III - o terceiro será considerado revel ou excluído do processo, dependendo do polo em que

jurídicas para o caso de não correção da incapacidade, especificando tais consequências a partir da instância em que o processo se encontre e da parte que descumpriu a determinação.[121]

3.8. SISTEMATIZAÇÃO DOS CONCEITOS APRESENTADOS

Diante do que foi exposto neste capítulo, conclui-se:

a) Capacidade jurídica é situação jurídica simples definida como aptidão genérica, atribuída pelo ordenamento às pessoas e a certos entes (grupos de pessoas, universalidades patrimoniais) para que eles possam ser sujeitos de direito.

b) Personalidade jurídica, por sua vez, é a qualidade de ser pessoa que decorre de norma expressa do ordenamento jurídico. No Brasil, todos aqueles que possuem personalidade jurídica possuem capacidade jurídica, não sendo, porém, a recíproca verdadeira.

c) A ausência de capacidade jurídica faz com que o suporte fático dos atos jurídicos *lato sensu* (ato jurídico *stricto sensu* e negócios jurídicos) seja insuficiente, tendo em vista que somente as pessoas ou os entes que o ordenamento atribui capacidade podem manifestar vontade negocial. Diante da insuficiência no suporte fático, há inexistência do ato ou negócio.

d) Capacidade de fato é nada mais do que o aspecto dinâmico da capacidade jurídica. Trata-se de uma qualificação jurídica que indica a aptidão, conferida pelo ordenamento, para que se exerçam direitos e pratiquem atos da vida civil sem representação ou assistência.

e) É no âmbito da capacidade de fato que se encontram as hipóteses de incapacidades do Código Civil. Assim, os incapazes, não importa se absoluta ou relativamente, possuem plena capacidade jurídica, porém a capacidade de exercício que será limitada.

f) Concluiu-se, acerca das incapacidades, que os atos praticados pelo incapaz, sem representante ou assistente, não podem ser categorizados simplesmente como nulos ou anuláveis. No caso específico dos negócios jurídicos, que possuem como cerne do suporte fático

---

se encontre.§ 2º Descumprida a determinação em fase recursal perante tribunal de justiça, tribunal regional federal ou tribunal superior, o relator: I - não conhecerá do recurso, se a providência couber ao recorrente; II - determinará o desentranhamento das contrarrazões, se a providência couber ao recorrido.

121. Por todos, para esse ponto, v. DIDIER JR. Fredie. *Curso de direito processual civil*. Op. cit., pp. 319-320.

a declaração de vontade, caso não haja ação humana, no sentido apresentado por Hans Welzel, seguido por Menezes Cordeiro, há incompletude do suporte fático, sendo, pois, inexistente o suposto negócio. Assim, ato praticado por aquele que não possui nenhuma consciência da sua atuação e das consequências que podem advir dela, será, no mundo jurídico, inexistente. Contudo, os atos praticados por quem tenha vontade e possa declará-la, ainda que inapropriadamente, a partir da valoração jurídica que se dará a ela, podem ser declarados nulos ou anulados.

g) Na seara processual, a capacidade de ser parte é a aptidão genérica para que se possa titularizar a pretensão à tutela jurídica. Todo aquele que possui capacidade jurídica (sendo ou não pessoa) possuirá capacidade de ser parte.

h) A capacidade de ser parte do autor, segundo ensinamentos de Pontes de Miranda, seguido por Marcos Bernardes de Mello e Roberto Campos Gouveia, situa-se no âmbito pré-processual. É pressuposto subjetivo de existência de um processo, visto que a sua presença é essencial para que se possa invocar a atuação do poder judiciário.

i) A capacidade de ser parte não pode ser confundida com a legitimidade para causa (*ad causam*). Essa última se relaciona com a titularidade da pretensão deduzida em juízo. Assim, enquanto a capacidade é genérica, a legitimidade só poderá ser avaliada concretamente.

j) Ainda processualmente tem-se a capacidade postulatória como a capacidade para praticar atos postulatórios validamente no processo, sendo, pois, requisito de validade dos atos processuais.

k) Por fim, tem-se a capacidade de estar em juízo ou capacidade processual que possui íntima ligação com a capacidade de fato no âmbito civil. Ela pode ser entendida como a aptidão para a prática de atos processuais independentemente de representação. Em regra, os incapazes no âmbito civil, serão incapazes processualmente.

l) Enquanto a atribuição de capacidade processual é genérica, a legitimidade processual é aptidão específica para prática de determinado ato em concreto.

4

A CAPACIDADE CIVIL DAS PESSOAS COM DEFICIÊNCIA

Para trabalhar a capacidade civil da pessoa com deficiência optou-se por apresentar, inicialmente, a forma como essas pessoas eram tratadas antes da mudança promovida pelo Estatuto da Pessoa com Deficiência. Assim, em um primeiro momento, abordar-se-á a incapacidade da pessoa com deficiência mental ou intelectual. Essa incapacidade advinha de limitações à capacidade de agir,[1] não se podendo falar em limitações no âmbito da capacidade jurídica.[2]

Ultrapassada essa primeira etapa, no momento seguinte será apresentado o novo regime da capacidade civil das pessoas com deficiência.

4.1. A INCAPACIDADE DAS PESSOAS COM DEFICIÊNCIA

4.1.1. Função e fontes das incapacidades

A maior parte das hipóteses de incapacidades[3] estipulada pela legislação tem por finalidade proteger o incapaz.[4] Contudo, é possível

---

1. Nas palavras de José de Oliveira Ascensão: "O portador de anomalia psíquica, por exemplo, fica limitado na sua capacidade de agir. As chamadas incapacidades, por antonomásia, referem-se prevalentemente à capacidade de agir". Porém, ressalva que as incapacidades podem indicar restrições à capacidade de gozo, caso dos menores de 16 que não podem casar sem autorização de ambos os pais (ASCENSÃO, José de Oliveira. *Direito Civil: Teoria Geral. Introdução. As pessoas. Os bens*. 3ª ed. São Paulo: Saraiva, 2010, vol. 1, p. 117).
2. MONTEIRO, Washington de Barros. *Curso de direito civil. Parte geral*. 37ª ed. São Paulo: Saraiva, 2000, p. 62.
3. Oliveira Ascensão faz uma distinção importante entre incapacidade e restrição à capacidade. Para o autor, toda incapacidade gera restrição à capacidade, mas tem toda restrição será uma incapacidade. Seria o caso do exercício de cargos políticos que pode trazer restrições à capacidade, mas os titulares não são incapazes. (ASCENSÃO, José de Oliveira. Op. cit., p. 140).
4. PEREIRA, Caio Mário da Silva. *Instituições de direito civil*. 26ª ed. Rio de Janeiro: Forense/GEN, 2003, vol. 1, p. 230; GOUVEIA FILHO, Roberto Campos. *A capacidade postulatória como uma situação jurí-*

também identificar incapacidades a fim de proteger o interesse público, caso da incompetência jurisdicional absoluta.[5]

Porém, como se verá adiante, essa proteção ao incapaz passa a ser, muitas vezes, uma proteção ao seu patrimônio. A intenção do legislador seria, então, proteger os interesses patrimoniais do incapaz ou de terceiros, especialmente de seus herdeiros.[6]

As estipulações legislativas acerca das incapacidades têm fundamento em diversos critérios tais como "vivência nas relações negociais, insanidades física e mental,[7] situação cultural, falta de conhecimentos técnicos etc."[8]. Porém, esses critérios são suscetíveis de alterações em decorrência de evoluções científicas e sociais. É o que demonstra Oliveira Ascensão:

> Falava-se numa incapacidade do ausente e punha-se em dúvida que, a partir da curadoria definitiva, o seu interesse fosse o prevalente. Mas já verificamos que não há afinal uma incapacidade do ausente; além de não haver então nenhuma diminuição natural das faculdades deste.
>
> Falava-se numa incapacidade do falido, e levantaram-se as mesmas dúvidas. (...), porém que o falido não é incapaz. Falava-se numa incapacidade da mulher casada, ou do cônjuge em geral. Já vimos que não é de acolher esta qualificação.[9]

Em razão de as incapacidades não apresentarem a mesma extensão, ou o mesmo grau, a legislação pátria divide-as em incapacidades

---

dica processual simples: Ensaio em defesa de uma teoria das capacidades em direito. Dissertação de Mestrado. Universidade Católica de Pernambuco, Recife, 2008. p. 119. Disponível em <http://bdtd.ibict.br>. Acesso em 20 de julho de 2018; RODRIGUES, Silvio. Direito civil: parte geral. 34ª ed. São Paulo: Saraiva, 2002, vol. 1, p. 39.

5. Roberto Campos Gouveia Filho traz as incompetências jurisdicionais como incapacidades que têm por finalidade proteção do interesse público. GOUVEIA FILHO, Roberto Campos. Op. cit., p. 119. Geraldo Rocha Ribeiro também reconhece que as incapacidades têm por finalidade a proteção do incapaz e proteção do comércio jurídico. (A protecção do incapaz adulto no direito português. Coimbra: Coimbra Editora, 2010, p. 74).

6. REQUIÃO. Maurício. Estatuto da Pessoa com Deficiência, Incapacidade e Interdição. Salvador: Juspodivm, 2016, p. 117.

7. Carnelutti apontou que o motivo mais comum para depender a produção ou não produção de efeitos jurídicos dos atos de uma pessoa é a normalidade das suas faculdades mentais. (CARNELUTTI, Francesco. Teoria Geral do Direito. Trad. De A. Rodrigues Queiró e Artur Anselmo de Castro. Coimbra: Coimbra Editora, 1942, p. 351).

8. GOUVEIA FILHO, Roberto Campos. Op. cit., p. 119.

9. ASCENSÃO, José de Oliveira. Op. cit., p. 141.

absoluta e relativa. A primeira denota a impossibilidade de exercício, pessoalmente, de todos os atos da vida civil. Assim, priva-se a pessoa do gozo daqueles direitos que somente ela poderia exercer. Já a segunda atinge apenas certos atos ou a maneira de exercê-los; nela não há privação de gozo, já que o exercício será possível mediante a assistência.[10]

Os absolutamente incapazes, então, possuem ligação indireta com a vida jurídica, que se estabelece através do instituto da representação. A ligação (mesmo que indireta) pode ser automática, independentemente de designação ou investidura, quando há uma relação de parentesco, como os casos de poder familiar e tutela legal. Mas há também a representação por nomeação ou designação da autoridade judiciária. Fala-se, nesse último caso, em tutela dativa, curatela.[11]

Apesar de já terem sido feitos comentários acerca das consequências dos atos celebrados por incapazes recorda-se que, a par da possibilidade de declaração de inexistência, ante a não configuração de ação humana, a consequência jurídica para a prática de um ato jurídico por um absolutamente incapaz sem representação é a nulidade de tal ato,[12] já que a lei desconsidera inteiramente a vontade do absolutamente incapaz.[13]

Os relativamente incapazes, em contrapartida, não são totalmente privados da capacidade de fato. Para a prática de determinados atos da vida civil eles precisam estar assistidos, mas necessariamente presentes.[14]

Os atos celebrados pelos relativamente incapazes que necessitam de assistência são anuláveis.[15-16] Neste caso, a lei considera e respeita a

---

10. GOMES, Orlando. *Introdução ao direito civil*. 19ª ed. Rio de Janeiro: Forense/GEN, 2009, pp. 153-157.
11. PEREIRA, Caio Mário da Silva. *Instituições de direito civil*. 26ª ed. Rio de Janeiro: Forense/GEN, 2003, vol. 1, p. 231. WALD, Arnoldo. *Direito civil. Introdução e parte geral*. 10ª ed. São Paulo: Saraiva, 2003, pp. 141-142.
12. O Código Civil em seu art. 166 estabelece que: "É nulo o negócio jurídico quando: I - celebrado por pessoa absolutamente incapaz".
13. RODRIGUES, Silvio. *Direito civil*: parte geral. 34ª ed. São Paulo: Saraiva, 2002, vol. 1, p. 41.
14. PEREIRA, Caio Mário da Silva. Op. cit., p. 238.
15. O artigo 171 do Código Civil enuncia: "Além dos casos expressamente declarados na lei, é anulável o negócio jurídico: I - por incapacidade relativa do agente".
16. Pontes de Miranda elucida que os atos realizados pelos relativamente incapazes não são nulos, mas sim anuláveis. (PONTES DE MIRANDA, Francisco Cavalcanti. *Tratado de direito privado*. Atualizado por MARTINS-COSTA, Judith (e outros). São Paulo: RT, 2012, t. I, p. 316).

manifestação de vontade do relativamente incapaz, entretanto limita a eficácia desse ato à presença ou não de um assistente.[17]

Independentemente do tipo de incapacidade (absoluta ou relativa) é importante frisar que "a incapacidade resulta da coincidência da situação de fato em que se encontra o indivíduo com a hipótese jurídica da *capitis deminutio* definida em lei".[18] São essas definições legais que serão analisadas a seguir.

4.1.2. A evolução legislativa das incapacidades no Brasil em relação às pessoas com deficiências

4.1.2.1. A legislação antes do Código Civil de 1916

O Brasil, que após a independência tinha como base do sistema jurídico as Ordenações Filipinas,[19] a partir de 1850 começou a produzir obras sobre Direito Civil. O primeiro manual significativo foi publicado por Lourenço Trigo de Loureiro, em 1851, denominado Instituições de Direito Civil Brasileiro.[20]

Em seguida, em 1865, Antônio Joaquim Ribas publicou o Curso de Direito Civil Brasileiro que já apresentava categorias de incapacidades.[21] Alguns anos depois, em 1869, Lafayette Rodrigues Pereira traz, em sua obra Direitos de Família, as curatelas dos loucos, dos pródigos e a dos bens dos ausentes.[22]

No Governo Imperial, mais especificamente em 1855, o ministro dos negócios da justiça Conselheiro José Thomaz Nabuco de Araújo contratou o Conselheiro Augusto Teixeira de Freitas para consolidar o Direito Civil vigente.[23] Nesse trabalho, que ficou conhecido como

---

17. RODRIGUES, Silvio. Op. cit., p. 41; WALD, Arnoldo. Op. cit., p. 145.
18. PEREIRA, Caio Mário da Silva. Op. cit., p. 230.
19. Nas Ordenações Filipinas encontravam-se diversas disposições sobre os pródigos e sobre os loucos, bem como um regime de curatela para ambos. Também nelas é possível encontrar determinações para o sujeito com transtorno mental, tais como louco, furioso, desassiado etc. (REQUIÃO, Maurício. *Estatuto da Pessoa com Deficiência, Incapacidade e Interdição*. Salvador: Juspodivm, 2016, pp. 62-63).
20. CARVALHO, Felipe Quintella Machado de. LARA, Mariana Alves. Notas Históricas sobre a Incapacidade do Pródigo. In: XXIII Congresso Nacional do CONPEDI, 2014, João Pessoa. Anais dos XXIII. Congresso Nacional do CONPEDI, 2014. p. 148-164.
21. RIBAS, Antônio Joaquim. *Curso de Direito Civil Brasileiro*. Rio de Janeiro: Tipografia Universal de Laemmert, 1865. pp. 25 e ss.
22. CARVALHO, Felipe Quintella Machado de. LARA, Mariana Alves. Op. cit., pp. 148-164. .
23. Id., Ibid., pp. 148-164.

Consolidação das Leis Civis,[24] ao tratar das incapacidades, equiparou, no artigo 29°, aos "menores de idade" os loucos de todo gênero e os pródigos: "Os loucos de todo gênero, e os pródigos, são equiparados aos menores, e a Lei do mesmo modo os protege".[25]

Coube a Teixeira de Freitas, após a publicação da Consolidação, o encargo de elaborar um projeto de Código Civil em 1859. Esse esboço trazia o seguinte sistema de incapacidades:

> Art. 41. A incapacidade é absoluta, ou relativa. São absolutamente incapazes:
>
> 1° As pessoas por nascer.
>
> 2° Os menores impúberes.
>
> 3° Os alienados declarados por tais em juízo.
>
> 4° Os surdos-mudos que não sabem dar-se a entender por escrito.
>
> 5° Os ausentes declarados por tais em juízo.
>
> Art. 42. São também incapazes, mas só em relação aos atos que forem declarados, ou ao modo de os exercer:
>
> 1° Os menores adultos.
>
> 2° As mulheres casadas.
>
> 3° Os comerciantes falidos declarados por tais em juízo.
>
> 4° Os religiosos professos.[26]

Observa-se que a prodigalidade, no sistema de Teixeira de Freitas, não era causa de incapacidade. Isso porque Teixeira de Freitas não entendia que na prodigalidade haveria alterações das faculdades intelectuais. Para o autor, tal sintoma se tratava de uma expressão da liberdade individual.[27]

Além do esboço, dois projetos de Código Civil estipulavam rol de incapazes: o de Nabuco de Araújo, entre 1872 e 1878, e o de Felício

---

24. Segundo Maurício Requião, a Consolidação das Leis Civis supriu a ausência de um Código Civil até o de 1916 (REQUIÃO). Maurício. *Estatuto da Pessoa com Deficiência, Incapacidade e Interdição*. Op. cit., p. 62).
25. FREITAS, Teixeira de. *Consolidação das leis civis*. Rio de Janeiro: Typographia Universal de Laemmert, 1857, pp. 9-10.
26. Id., Ibid., pp. 45-46.
27. Id., Ibid., p. 45.

dos Santos, 1881 e 1882. Em ambos a alteração substancial havia sido a inserção da prodigalidade como causa de incapacidade.[28]

Em 1899, posterior à tentativa de codificação feita por Coelho Rodrigues, Clóvis Beviláqua foi convidado, pelo Ministro da Justiça Epitácio Pessoa, para elaborar o novo projeto de Código Civil.[29]

O projeto do Código apresentava a seguinte redação sobre os incapazes:

> Art. 4º São absolutamente incapazes de exercer por si os atos da vida civil:
>
> 1º Os nascituros;
>
> 2º Os menores de quatorze anos de ambos os sexos;
>
> 3º Os alienados de qualquer espécie;
>
> 4º Os surdos-mudos, não tendo recebido educação que os habilite a fazer conhecida a sua vontade;
>
> 5º Os ausentes declarados tais em juízo.
>
> Art. 5º São incapazes relativamente a certos atos ou ao modo de exercê-los: Os maiores de quatorze anos, enquanto não completarem vinte e um anos.
>
> Art. 6º As mulheres casadas, enquanto subsistir a sociedade conjugal, sob a direção de seus maridos, sofrerão na sua capacidade jurídica, as restrições constantes do livro I da parte especial, título II, capítulo III.[30]

4.1.2.2. O Código Civil de 1916

Após inúmeras discussões sobre a redação dada ao texto inicial[31] e somente após 15 anos da sua elaboração, o Código Civil foi

---

28. CARVALHO, Felipe Quintella Machado de. LARA, Mariana Alves. Op. cit., pp. 148-164. "Não obstante os Projectos do Dr. Felício dos Santos, do Conselheiro Nabuco e do Dr. Coelho Rodrigues consignam a incapacidade dos pródigos, em divergência com T. de Freitas, o que mostra que o dissídio dos juristas sobre este ponto se refletiu entre nós." (BEVILAQUA. Clóvis. *Código Civil Brasileiro: trabalhos relativos à sua elaboração*. Rio de Janeiro: Imprensa nacional. 1917, vol. 1, p. 37. Disponível em <bd.camara.gov.br>. Acesso em 20 de julho de 2018.).
29. CARVALHO, Felipe Quintella Machado de. LARA, Mariana Alves. Op. cit., pp. 148-164.
30. BEVILAQUA, Clóvis. *Código Civil Brasileiro: trabalhos relativos à sua elaboração*. Op. cit., p. 98.
31. Em outubro de 1901, Coelho Rodrigues propôs emenda aos arts. 5º e 7º: "Art. 5º São incapazes de contrair obrigações civis: § 1º Os menores de 14 anos; § 2º Os loucos de todo gênero; § 3º Os surdos-

aprovado em 1916. Nele, as incapacidades eram previstas nos arts. 5º e 6º, abaixo transcritos:

> Art. 5º. São absolutamente incapazes de exercer pessoalmente os atos da vida civil:
> I. Os menores de dezesseis anos.
> II. Os loucos de todo o gênero.
> III. Os surdos-mudos, que não puderem exprimir a sua vontade.
> IV. Os ausentes, declarados tais por ato do juiz.
>
> Art. 6º. São incapazes, relativamente a certos atos (art. 147, n. 1), ou à maneira de os exercer:
> I. Os maiores de dezesseis e menores de vinte e um anos (arts. 154 a 156).
> II. As mulheres casadas, enquanto subsistir a sociedade conjugal.
> III. Os pródigos.
> IV. Os silvícolas.
>
> Parágrafo único. Os silvícolas ficarão sujeitos ao regime tutelar, estabelecido em leis e regulamentos especiais, e que cessará à medida de sua adaptação.

Em alteração legislativa promovida pela Lei nº 4.121/1962, excluiu-se a incapacidade das mulheres casadas, passando o art. 6º a ter a seguinte redação:

> Art. 6º São incapazes relativamente a certos atos (art. 147, nº I), ou à maneira de os exercer:
> I - Os maiores de 16 e os menores de 21 anos (arts. 154 e 156).

-mudos e os cegos de nascença sem educação adequada e provada; § 4º Os pródigos declarados por sentença; § 5º Os falidos não reabilitados; § 6º Os ausentes declarados em juízo. Art. 7º Substitua a palavra geral a absoluta". A emenda foi aprovada, em outubro de 1901, por treze a cinco. Porém, após discussões acerca da validade da votação, refizeram-na com reprovação da emenda. Em seguida, Andrade Figueira propôs nova emenda, incluindo entre os relativamente incapazes os falidos, os religiosos, os pródigos e os cegos. Sendo, apenas a inserção dos falidos aprovada e a dos pródigos adiada, em virtude de empate na votação. Na última reunião dos trabalhos, Júlio Santos apresentou emenda com a seguinte redação: "Serão também julgados incapazes para todos ou alguns atos, quando assim julgados por sentença, e enquanto não forem por igual modo reabilitados: 1º, os fracos de espírito; 2º, os alcoólicos; 3º, os pródigos". A emenda foi rejeitada quanto aos fracos de espírito e aos alcoólicos. Sendo a inclusão dos pródigos aprovada. (CARVALHO, Felipe Quintella Machado de. LARA, Mariana Alves. Op. cit., pp. 148-164). Ainda sobre as discussões acerca da revisão do texto do Código Civil: BEVILAQUA. Clóvis. Código Civil Brasileiro: trabalhos relativos à sua elaboração. Op. cit.

II - Os pródigos
III - Os silvícolas.

Parágrafo único. Os silvícolas ficarão sujeitos ao regime tutelar, estabelecido em leis e regulamentos especiais, o qual cessará à medida que se forem adaptando à civilização do País.

Comentando os dispositivos no Código de 1916, Washington de Barros Monteiro[32] criticou a utilização da terminologia "loucos de todo gênero",[33] defendendo a expressão "alienados",[34] apesar dessa expressão jamais ter sido adotada. Segundo o autor, a última expressão ("alienados") seria "compreensiva de todos os casos de insanidade mental, permanente e duradoura, caracterizada por graves alterações das faculdades psíquicas".[35] Em sentido semelhante, Carvalho Santos defendeu que a loucura seria mais restrita do que o conceito de alienados.[36]

É importante observar que apesar do teor da expressão "loucos de todo gênero", o propósito da Lei não era se limitar aos casos de transtornos mentais que "faziam do enfermo um furioso".[37] Abarcava-se já neste Código todo tipo de desequilíbrio das funções cerebrais.[38]

Clóvis Bevilaqua defendeu que os casos de insanidade mental, capazes de configurar a incapacidade, deveriam ser duradouros ou permanentes, além de promover grave alteração nas faculdades mentais, seja a inteligência, a emotividade ou o querer. Assim,

---

32. MONTEIRO, Washington de Barros. *Curso de direito civil. Parte geral*. 37ª ed. São Paulo: Saraiva, 2000, p. 63.
33. Pontes de Miranda também criticou o termo escolhido pelo legislador. Disse o autor em sua obra: "Fomos iniciador de movimento contra o sistema apriorístico do Código Civil, que a todos os perturbados dava a única e simplista denominação de "loucos", com a consequência de uma só figura de curatela: a dos loucos, absolutamente incapazes." (PONTES DE MIRANDA, Francisco Cavalcanti. *Tratado de direito privado*. Parte especial. Direito de Família. São Paulo: RT, 2012, t. IX, p. 431).
34. Outras expressões também figuram no ordenamento jurídico brasileiro, tais como psicopata utilizada no Decreto nº 24.559 de 1934. Silvio Rodrigues, ao comentar a evolução da terminologia utilizada pelo legislador brasileiro, defendeu que o termo "psicopata" já seria uma evolução em relação à terminologia "loucos de todo gênero" (RODRIGUES, Silvio. *Direito civil*: parte geral. 34ª ed. São Paulo: Saraiva, 2002, vol. 1, p. 44).
35. MONTEIRO, Washington de Barros. Op. cit., p. 63.
36. SANTOS, J. M. de Carvalho. *Código Civil Brasileiro Interpretado*. 9ª ed. Rio de Janeiro: Freitas Bastos S.A., 1961, vol. 1, p. 253.
37. PEREIRA, Caio Mário da Silva. *Instituições de direito civil*. 26ª ed. Revista e Atualizada Maria Celina Bodin de Moraes. Rio de Janeiro: Forense/GEN, 2003, vol. 1, p. 234.
38. Id., Ibid., p. 234.

para ele, os estados transitórios apenas viciam os atos praticados durante eles.[39]

Pontes de Miranda, comentando o mesmo dispositivo, analisou que os loucos seriam aqueles "sem poder de determinar livremente a vontade de comunicar, com exatidão, as representações e sentimentos".[40] Portanto, seriam os absolutamente incapazes. Nada obstante, haveria ainda aqueles que, por falta de saúde psíquica, seriam relativamente incapazes. Para os últimos, a necessidade de interdição para a configuração da incapacidade era essencial, enquanto que para os primeiros não; a interdição não criaria a incapacidade, ter-se-ia nela um caráter meramente declaratório.[41]

A inserção dos surdos-mudos[42] que não podem exprimir sua vontade no rol de incapazes se dava pela existência de formas de surdo-mudez que aproximam essas pessoas com deficiência àquelas com transtornos mentais.[43] Para Pontes de Miranda, elas, na verdade, deveriam ser consideradas loucas, salvo prova em contrário.[44]

Porém, a surdo-mudez é uma condição complexa, com diversas causas apresentadas pela medicina,[45] não sendo, então, decorrência obrigatória dela o aparecimento de sintomas similares aos pacientes

---

39. BEVILAQUA, Clóvis. *Código Civil dos Estados Unidos do Brasil*. Op. cit., p. 184.
40. PONTES DE MIRANDA, Francisco Cavalcanti. *Tratado de direito privado*. Rio de Janeiro: Borsoi, 1954, t. I, p. 208.
41. Id., Ibid., pp. 208-209.
42. A surdo-mudez é causa de incapacidade também em legislações estrangeiras, como é o caso da lei Chilena. No Brasil, Orlando Gomes defendia que, além da surdo-mudez, outras deficiências, tais como a deficiência visual, seriam causas de incapacidade absoluta. Nas palavras dele: "A menoridade, a insanidade mental e certos defeitos físicos, como a cegueira, a mudez e a surdez, são causas da incapacidade absoluta." (GOMES, Orlando. *Introdução ao direito civil*. 19ª ed. Revista, Atualizada e Aumentada por Edvaldo Brito e Reginalda Paranhos Brito. Rio de Janeiro: Forense/GEN, 2009, p. 152).
43. Washington de Barros Monteiro afirma que seria a surdo-mudez decorrente de lesão no nervo aos centros nervosos (MONTEIRO, Washington de Barros. *Curso de direito civil. Parte geral*. 37ª ed. São Paulo: Saraiva, 2000, p. 63).
44. PONTES DE MIRANDA, Francisco Cavalcanti. *Tratado de direito privado*. Rio de Janeiro: Borsoi, 1954, t. I, p. 208.
45. As causas para surdo-mudez podem ser divididas em dois grandes grupos: aquelas provenientes de perturbações do desenvolvimento e aquelas advindas de traumatismos e infecções. As primeiras causas subdividem-se em: surdo-mudez ocasionada por tireoidite endêmica, surdo-mudez congênita esporádica e devido a malformações congênitas que afetam a cóclea e o aparelho vestibular (BACELLAR, Arnaldo. Pathologia da surdo-mudez. *Revista de Medicina da USP*, vol. 8, nº 42-43, pp. 43-51. São Paulo: Universidade de São Paulo, 1926. V. também: RAMOS, Antônio Gomes da Silva. *Breve estudo sobre surdos-mudos*. Porto: Imp. C. Vasconcelos, 1906). A surdo-mudez por doença na glândula tireoide, em regra, é a que está associada aos transtornos mentais e/ou deficiência intelectual. A síndrome do cretinismo endêmico, por exemplo, é considerada um transtorno mental associado a disfunção da tireoide que pode apresentar surdo-mudez do paciente (KNOBEL, Meyer e MEDEIROS NETO, Geraldo. Moléstias associadas à carência crônica de iodo. *Arquivos Brasileiros de*

com transtornos mentais. Por essa razão, o Código Civil de 1916 já estipulava a necessidade que a condição fosse acompanhada da impossibilidade de expressão de vontade.

Assim, se o surdo-mudo pudesse expressar sua vontade de forma satisfatória, não seria caracterizado como incapaz.[46] Se, por outro lado, a surdo-mudez viesse associada ao transtorno mental, poder-se-ia, naquela época, considerar causa para incapacidade absoluta, desde que tal condição impossibilitasse a expressão de vontade.

4.1.2.3. Código Civil de 2002

Após tentativas frustradas de reformulação do Código de 1916, em 1969 encomendou-se um projeto de novo Código Civil a uma comissão presidida por Miguel Reale, composta por José Carlos Moreira Alves, Agostinho Alvim, Sylvio Marcondes, Ebert Chamoun, Clóvis do Couto e Silva e Torquato Castro. O trabalho que começou a tramitar em 1975 fora somente sancionado em janeiro de 2002.[47]

No novo código, ainda em vigor, o rol dos incapazes está disposto nos arts. 3º e 4º:

> Art. 3º São absolutamente incapazes de exercer pessoalmente os atos da vida civil:
>
> I - os menores de dezesseis anos;
>
> II - os que, por enfermidade ou deficiência mental, não tiverem o necessário discernimento para a prática desses atos;[48]
>
> III - os que, mesmo por causa transitória, não puderem exprimir sua vontade.[49]

Endocrinologia & Metabologia. São Paulo, vol. 48, nº 1, fev. 2004. Disponível em <www.scielo.br>. Acesso em 05 de abril de 2018).
46. BEVILAQUA, Clóvis. Código Civil dos Estados Unidos do Brasil. Op. cit., p. 185.
47. PASSOS, Edilenice e LIMA, João Alberto de Oliveira. Memória Legislativa do Código Civil. Senado Federal, 2012, vol. 1, p. xvii. Disponível em <bd.camara.gov.br>.
48. Antes da redação final, no texto promulgado, esse dispositivo tinha a seguinte redação: "Os que, por enfermidade ou retardamento mental, não tiverem o necessário discernimento para a prática desses atos".
Sobre a tramitação e alterações dos projetos cita-se: PASSOS, Edilenice e LIMA, João Alberto de Oliveira. Op. cit., p. 2.
49. Esse era o texto do dispositivo antes da alteração: "III - Os que, mesmo por causa transitória, não puderem exprimir sua vontade". A tramitação e alterações dos projetos estão disponíveis em PASSOS, Edilenice e LIMA, João Alberto de Oliveira. Op. cit., p. 2.

Art. 4º São incapazes, relativamente a certos atos, ou à maneira de os exercer:

I - os maiores de dezesseis e menores de dezoito anos;[50]

II - os ébrios habituais, os viciados em tóxicos, e os que, por deficiência mental, tenham o discernimento reduzido;[51]

III - os excepcionais, sem desenvolvimento mental completo;

IV - os pródigos.

Parágrafo único. A capacidade dos índios será regulada por legislação especial.

As evoluções observadas entre os Códigos Civis de 1916 e 2002 são importantes. As expressões "loucos de todo gênero"[52] e "surdos-mudos" foram retiradas do regime jurídico, dando lugar aos que, por enfermidade ou deficiência mental, não tiverem discernimento necessário para a prática dos atos e aos que não poderiam exprimir sua vontade.

Sobre o rol dos absolutamente incapazes, os incisos II e III são os que merecem maior atenção.

Comentando o inciso II, do art. 3º, Caio Mário da Silva Pereira defendia que não seria necessária a utilização da expressão "deficiência", pois esta seria uma forma de enfermidade mental.[53] Afirmou o autor que o legislador, nesse mesmo inciso II, atribui como causa de incapacidade absoluta a "deficiência mental congênita ou adquirida, qualquer que seja a razão: moléstia no encéfalo, lesão somática, traumatismo,

---

50. O projeto propunha o seguinte: "I - Os maiores de dezesseis e menores de vinte e um anos". Id., Ibid., p. 2.
51. O texto proposto inicialmente era: "II - Os fracos da mente, os ébrios habituais, os viciados em tóxicos". Id., Ibid., p. 2.
52. Em verdade, como já comentado anteriormente, a incapacidade dos loucos de todo gênero sofreu forte alteração após a edição do Decreto nº 24.559/34, mas não apenas em relação à questão terminológica. A principal modificação feita pelo texto do decreto foi a possibilidade de o juiz determinar que a interdição do *amental* (termo utilizado por Silvio Rodrigues) fosse limitada, de modo que ficaria ele incluído, a depender do grau do transtorno mental, no rol dos relativamente incapazes. O Decreto classificou os psicopatas em absolutamente ou relativamente incapazes e tal classificação foi aproveitada pelo legislador de 2002, ao incluir no rol dos relativamente incapazes os que por deficiência mental tenham o discernimento reduzido. (RODRIGUES, Silvio. *Direito civil*: parte geral. 34ª ed. São Paulo: Saraiva, 2002, vol. 1, p. 47). Pode-se citar ainda: WALD, Arnoldo. *Direito civil. Introdução e parte geral*. 10ª ed., São Paulo: Saraiva, 2003, p. 140.
53. As noções de enfermidade (doença) mental e de deficiência mental (agora denominada deficiência intelectual) já foram tratadas no primeiro capítulo desta obra. Dissemos que deficiência intelectual é um tipo de transtorno mental, explicitado inclusive nos manuais de categorização dos transtornos.

desenvolvimento insuficiente etc. – atingindo os centros cerebrais e retirando do paciente a perfeita avaliação dos atos que pratique".[54]

Sem dúvidas, ao utilizar a terminologia enfermidade ou deficiência mental, o legislador pretendeu abarcar na norma todas as pessoas com transtornos mentais que, por essa razão, não possuíssem discernimento necessário para prática de atos da vida civil.

O artigo 4º, inciso II, também faz referência à deficiência mental, o que demonstra grande evolução em comparação a lei anterior, já que no regime de 2002 o tipo de incapacidade seria atribuído a depender do grau de limitação que o transtorno[55] traz para a vida do paciente. Assim, somente aquele que, após a realização de perícia médica, apresentar ausência completa de discernimento é que poderia ser declarado incapaz absolutamente; [56] caso contrário, poder-se-ia declarar a incapacidade relativa.

Em relação à surdo-mudez, o legislador de 2002 fez a exclusão da hipótese correspondente a incapacidade. Substituiu o inciso por uma hipótese ampla, considerando absolutamente incapazes aqueles que, mesmo por causa transitória, não puderem exprimir sua vontade,[57] presente no inciso III do art. 3º.

Na verdade, o inciso III do art. 3º sugeria situações distintas: a) a primeira seria a da incapacidade absoluta diante de o sujeito não expressar sua vontade por causa duradoura; caso do surdo-mudo que não pudesse enunciar vontade.[58] Aqui, a incapacidade absoluta sugeria a interdição, posto que se teria, segundo o antigo inciso II, do artigo

---

54. PEREIRA, Caio Mário da Silva. *Instituições de direito civil*. 26ª ed. Rio de Janeiro: Forense/ GEN, 2003, vol. 1, p. 235. Nesse mesmo sentido, DINIZ. Maria Helena. *Curso de direito civil brasileiro*. 29ª ed. São Paulo: Saraiva, 2012, p. 172.
55. Nas palavras de Caio Mário da Silva Pereira "grau de deficiência". (PEREIRA, Caio Mário da Silva. Op. cit., p. 235).
56. Id., Ibid., p. 235.
57. PEREIRA, Caio Mário da Silva. *Instituições de direito civil*. Op. cit., p. 237. Maria Helena Diniz, discorrendo sobre a incapacidade do surdo-mudo, afirmou que ela poderia, conforme o caso, ser enquadrada na hipótese de incapacidade do inciso II ou III. Ainda segundo ela, "Os surdos-mudos que não possam manifestar sua vontade, por não terem recebido educação adequada ou por sofrerem de lesão no sistema nervoso central, que lhes retira discernimento, são absolutamente incapazes. Se puderem exprimir sua vontade, ante o avanço das ciências médica e eletrônica e a educação apropriada recebida, passam a ser capazes, embora impedidos de praticar atos que dependam da audição, como ser testemunhas quando o conhecimento do fato que se pretende provar depender do sentido que lhes falta e, principalmente, ser testemunhas em testamento." (DINIZ. Maria Helena. *Curso de direito civil brasileiro*. Op. cit., p. 178).
58. MADALENO, Rolf. *Curso de direito de família*. Op. cit., p. 1205. .

1.767, do próprio Código Civil[59], causa para instauração da curatela;[60] b) a segunda situação seria a da incapacidade absoluta por impossibilidade de expressão de vontade por causa transitória, hipóteses de sono hipnótico, traumatismo, embriaguez etc. Seriam casos de incapacidade absoluta, porém temporária.[61] Esse regime, de incapacidade absoluta temporária, servia à declaração de nulidade ou inexistência dos atos praticados pelos sujeitos nas condições apresentadas.[62]

Sobre os relativamente incapazes são dois os incisos que interessam a este trabalho analisar, ao menos num primeiro momento: o inciso II, em sua parte final, e o inciso III do art. 4º. Os pródigos, os ébrios habituais e os viciados em tóxicos serão analisados apartadamente a seguir.

O inciso II do art. 4º, segundo Maria Helena Diniz, abarcava uma série de hipóteses para incapacidade relativa:

> "os alcoólatras ou dipsômanos (os que têm impulsão irresistível para beber ou os dependentes do álcool), toxicômanos, ou melhor, toxicodependentes (opiômanos, usuários de psicotrópicos, crack, heroína e maconha, cocainômanos, morfinômanos) ou portadores de deficiências mental adquirida, em razão, p. ex., de moléstia superveniente, (p.ex. psicose, mal de Alzheimer), que sofram uma redução na sua capacidade de entendimento, não poderão praticar atos na vida civil sem assistência de curador, desde que interditos".[63]

Caio Mário da Silva Pereira, comentando a incapacidade relativa das pessoas com deficiência mentais e dos excepcionais, externou que "O Código adotou critério analítico para designar as pessoas que não têm a mente íntegra, embora não entrem na classe dos enfermos e retardados".[64] E diz ainda: "A multiplicação de hipóteses, em vez de evitar incertezas, somente concorre para estabelecê-las".[65]

---

59. O inciso II, do artigo 1.767, antes da reforma realizada pelo EPD, anunciava que: "Art. 1.767. Estão sujeitos a curatela: II - aqueles que, por outra causa duradoura, não puderem exprimir a sua vontade".
60. PEREIRA, Caio Mário da Silva. *Instituições de direito civil*. Op. cit., p. 237.
61. Id., Ibid., p. 238.
62. Id., Ibid., p. 238.
63. DINIZ. Maria Helena. *Curso de direito civil brasileiro*. Op. cit., p. 190.
64. PEREIRA, Caio Mário da Silva. *Instituições de direito civil*. Op. cit., p. 240.
65. Id., Ibid., p. 240.

De fato, correta é a análise do autor. A redação dos dois incisos não esclarecia quem estaria abarcado pela incapacidade relativa, mas parecia envolver, mesmo sem expressamente indicar, os que teriam transtornos mentais em graus menos severos, que apresentassem certo discernimento.[66] Já no inciso III, a redação envolveria as pessoas com deficiência intelectual.

É evidente que entre o Código de 1916 e o Código de 2002 houve uma grande evolução no tratamento das pessoas com deficiência decorrente de impedimentos mentais e intelectuais, não apenas com a tentativa, em 2002, de utilização de termos mais apropriados, mas na verdadeira aceitação da gradação dos transtornos mentais. Contudo, conforme se verá a seguir, a mudança substancial, em relação ao tratamento dado às pessoas com deficiência, que passa a considerá-las capazes, somente ocorreu após a entrada em vigor do EPD.

4.1.3. A prodigalidade

Ao analisar a evolução da legislação em relação às incapacidades, observou-se que a inserção da prodigalidade como causa de incapacidade foi objeto de divergências, sendo inserida e retirada do rol dos incapazes algumas vezes ao longo da história, até, ao menos, a entrada em vigor do Código Civil de 1916 que a inseriu no art. 4º, onde permanece no Código atual.

Segundo José Cretella Junior, "Pródigo é a pessoa *'sui juris'*[67] que dilapida, em prejuízo dos filhos, o patrimônio recebido por sucessão legítima dos parentes paternos".[68] É figura que remete ao direito romano, às Sentenças do jurisconsulto Paulo,[69] e que chega ao Brasil através das Ordenações Filipinas, no Livro IV, Título 103, §6º.[70-71]

---

66. Com ideia diferente desta tem-se Rolf Madaleno que entendeu que os excepcionais, sem completo desenvolvimento mental, não seriam portadores de uma doença mental, mas sim padeceriam de uma redução de sua capacidade, que os impediam de compreender questões complexas da vida. (MADALENO, Rolf. *Curso de direito de família*. 5ª ed. Rio de Janeiro: GEN/FORENSE, 2013, p. 1208).
67. *Sui juris* quer dizer que é pessoa capaz de determinar-se sozinha.
68. CRETELLA JUNIOR, José. *Curso de direito romano*. O direito romano e o direito civil brasileiro no Novo Código Civil. 30ª ed. Rio de Janeiro: Forense, 2007, p. 102.
69. "Já que desperdiças, por tua inconsistência, os bens do teu pai e avô, levando teu filho à miséria, decreto a interdição, pelo bronze, de ti e dos teus atos, para a disposição de tuas coisas" (CRETELLA JUNIOR, José. Op. cit., pp. 102-103).
70. "E se o Juiz per inquirição souber, que em a Cidade, Villa, ou lugar de seu julgado há alguma pessoa, que como Pródigo desordenadamente gasta e destrue sua fazenda, mandará pôr Alvarás de edictos

Clóvis Bevilaqua afirmou que a prodigalidade está, geralmente, associada a algum transtorno mental, como a mania de jogo e a vontade impulsiva de beber.[72] Mas, para ele, duas eram as hipóteses possíveis: ou a prodigalidade seria um caso de "alienação mental", caso em que não haveria necessidade de constituir uma nova hipótese de incapacidade, ou, por outro lado, se não fosse assim, não haveria motivo para ser considerada base para interdição.[73]

Eis a razão de este trabalho apresentá-la separadamente: o fator associativo com alguns transtornos mentais.

Não é possível identificar nos manuais classificatórios de doenças (DSM-5 e CID-11) a figura da prodigalidade em si; entretanto, o sintoma do gasto descontrolado é descrito em diversos transtornos mentais,[74] de modo que, não se pode associar a prodigalidade a um

---

nos lugares públicos e apregoar per pregoeiro, que dahi em diante ninguém venda, nem escaimbe, nem faça algum outro contracto, de qualquer natureza e condição que seja, com elle, sendo certo, que todos os contractos, que com elle forem feitos, serão havidos por nenhuns." (*Ordenações Filipinas*. Disponível em <http://www1.ci.uc.pt>. Acesso em 12 de abril de 2018).

71. Tratam da evolução histórica do pródigo: BEVILAQUA, Clóvis. *Código Civil dos Estados Unidos do Brasil*. 6ª ed. Rio de Janeiro: Francisco Alves, 1940, vol. 1, p. 191; CARVALHO, Felipe Quintella Machado de. LARA, Mariana Alves. Notas Históricas sobre a Incapacidade do Pródigo. In: *XXIII Congresso Nacional do CONPEDI*, 2014, João Pessoa. Anais dos XXIII. Congresso Nacional do CONPEDI, 2014. p. 148-164; CRETELLA JUNIOR, José. *Curso de direito romano*. Op. cit., pp. 102-103; SARMENTO, Natanael. *Notas sobre a incapacidade civil dos excepcionais e dos pródigos*. Disponível em <http://dodireitocivil.blogspot.pt>. Acesso em 12 de abril de 2018.
72. BEVILAQUA, Clóvis. *Código Civil dos Estados Unidos do Brasil*. Op. cit., p. 191.
73. Id., Ibid., p. 192.
74. Rolf Madaleno apresenta em sua obra quatro tipos de prodigalidade: 1. Dos onemaníacos que tem como base uma "desordem das faculdades mentais"; 2. A segunda que, para o autor, direciona para o impulso dos jogos; 3. Os dipsomaníacos que experimentam uma sensação de "incompletude que gera uma dependência alcoólica ou por drogas"; e, 4. A última seria a que "compreende os depravados de moralidade corrompida, que dilapidam o seu patrimônio em diversão (...)" (MADALENO, Rolf. *Curso de direito de família*. Op. cit., p. 1210). Não adotamos a classificação apresentada, pois, como dito, a prodigalidade é característica de vários transtornos. Não é possível, então, associá-la a um determinado tipo de transtorno; o que se deve analisar é se o gasto desordenado é um sintoma isolado ou faz parte de um conjunto de características que apontam para a existência de um transtorno diagnosticável. A onemania (compulsão por compras), por exemplo, apesar de ser termo difundido, não se encontra no DSM-5, tampouco possui CID definido. Apesar disso, é descrita por Paulo Dalgalarrondo, em seu livro "Psicopatologia e semiologia dos transtornos mentais", da seguinte forma: "O indivíduo sente necessidade premente de comprar (...), sem observar a utilidade, e sem ter necessidade ou poder utilizar adequadamente tais objetos" (DALGALARRONDO, Paulo. *Psicopatologia e semiologia dos transtornos mentais*. 2ª ed. Porto Alegre: Artmed, 2008, p. 183). Percebe-se, então, que, apesar de não estar nos manuais classificatórios de transtornos mentais e doenças, a doutrina já passou a considerar um transtorno específico. Importante mencionar que, segundo o DSM-5, diversos transtornos apresentam comportamentos habituais que podem vir a levar ao gasto em excesso. Por exemplo, no transtorno bipolar tipo I, pode-se perceber nos pacientes "Envolvimento excessivo em atividades com elevado potencial para consequências dolorosas (p. ex., envolvimento em surtos desenfreados de compras, indiscrições sexuais ou investimentos financeiros insensatos)". Nos especificadores para transtornos depressivos, um dos sintomas que se pode observar nos pacientes é o "Envolvimento maior ou excessivo em atividades com elevado

caso específico de transtorno mental ou "alienação mental", utilizando as palavras de Clóvis Bevilaqua.

O sujeito gastador contumaz poderá ser diagnosticado com um transtorno mental ou pode apenas apresentar esse sintoma isolado, sem, contudo, ser enquadrado em um dos transtornos descritos nos manuais classificatórios. Antes da entrada em vigor do EPD, e, consequentemente da alteração no rol de incapacidades, a interdição do pródigo poderia ter duas dimensões. Explica-se: se a prodigalidade fosse um sintoma isolado, a incapacidade seria limitada para os atos que pudessem gerar a dilapidação do patrimônio, seria a incapacidade do inciso IV do art. 4º, com o regramento do art. 1.782, ambos do Código Civil.[75] Entretanto, se a prodigalidade estivesse de fato associada a um transtorno mental, poder-se-ia pensar em uma incapacidade mais ampla em razão do diagnóstico desse transtorno, com base no inciso II do art. 3º ou dos incisos II e III do art. 4º, tendo em vista que a interdição se daria por ausência de discernimento.

Em linhas gerais, com a alteração promovida pelo EPD, excluem-se do sistema das incapacidades as pessoas com impedimentos mentais ou intelectuais, garantindo que elas possuam total capacidade para exercício dos direitos de personalidade, limitando-se, assim, a curatela a atos de natureza patrimonial e negocial. Nota-se, então, que o modelo de curatela restrita, em que se limitam os atos que não poderão ser praticados sem assistência, que era antes uma exceção, vinculada apenas aos casos como a prodigalidade, passa a ser a regra para as pessoas com deficiência.

Afirma-se, assim, que a finalidade do legislador, ao instituir a incapacidade por prodigalidade, que era resguardar os direitos dos herdeiros necessários,[76] protegendo o patrimônio familiar e tentando

---

potencial para consequências prejudiciais (p. ex., comprar desenfreadamente, indiscrições sexuais, investimentos insensatos nos negócios)". Também está diagnosticado, no DSM-5, o transtorno de acumulação. Nesse tipo de transtorno, 80% a 90% dos indivíduos apresentam aquisição excessiva. Os cleptomaníacos podem igualmente apresentar a compulsividade por compras. A compulsão por jogo, também descrita como prodigalidade por Madaleno, é, pelo DSM-5, conceituado como transtorno do jogo, sendo um de seus sintomas: "Necessidade de apostar quantias de dinheiro cada vez maiores a fim de atingir a excitação desejada". Todas as informações estão disponíveis no DSM-5. Manual diagnóstico e estatístico de transtornos mentais DSM-5. *American Psychiatric Association*. Disponível em <https://www.psychiatry.org/psychiatrists>. Acesso em 19 de abril de 2018.

75. "Art. 1.782. A interdição do pródigo só o privará de, sem curador, emprestar, transigir, dar quitação, alienar, hipotecar, demandar ou ser demandado, e praticar, em geral, os atos que não sejam de mera administração".

76. MADALENO, Rolf. *Curso de direito de família*. Op. cit., p. 1210.

evitar prejuízos para terceiros de boa-fé, passa a ser difundida no sistema de modo a abarcar outras hipóteses de curatela.

Criticando a incapacidade do pródigo, Maria Helena Daneluzzi e Maria Ligia Mathias defendem que não há que se falar em incapacidade relativa do pródigo, já que a limitação de exercício é restrita à gestão de patrimônio. Para as autoras, ter-se-ia, para os pródigos, apenas a curatela mandato (art. 1780 do CC), facultativa ou compulsória, a depender das circunstâncias.[77] As autoras criticam a manutenção da prodigalidade como causa de incapacidade afirmando que:

> Nada justifica receber a pecha de incapaz, ainda que parcialmente. De mais a mais, dispõe de patrimônio que lhe pertence. Se tem dificuldade de administrar seus bens, porque tem severa propensão a gastos descontrolados, deve solicitar ou não, auxílio de terceiros. Na verdade, estamos mais próximos de uma medida de proteção patrimonial do que de uma incapacidade, ainda que relativa.[78]

Conforme tudo que já foi dito acerca da prodigalidade e a possibilidade de estar associada a diversos transtornos mentais, não parece que andou bem o legislador ao mantê-la como hipótese de incapacidade relativa.[79-80] O pródigo, se pródigo por ter um transtorno mental, pode vir a curatelado sob a condição de capaz, porém se a prodigalidade não estiver associada a um transtorno não

---

77. DANELUZZI, Maria Helena Marques Braceiro. MATHIAS, Maria Ligia Coelho. Repercussão do Estatuto da Pessoa com Deficiência (Lei 13.146/2015), nas legislações civil e processual civil. *Revista de Direito Privado*, São Paulo, vol. 66, pp. 57-82, abril/jun. 2016, p. 62. Disponível em <www.ceaf.mppr.br>. Acesso em 23 de julho de 2018.
78. Id., Ibid., p. 62.
79. Também criticando a manutenção do pródigo como relativamente incapaz, Diego Carvalho Machado afirma que eles "não deveriam sequer compor o rol dos artigos 4º e 1.767 do CC/02. A interdição por prodigalidade é hipótese haurida da tradição legislativa luso-brasileira cujo fundamento se acha na garantia do patrimônio, não só da família como também do próprio indivíduo, o que colide inconciliavelmente com o dever do Estado de não intervir na liberdade e autonomia da pessoa a não ser que a falta de discernimento requeira a aplicação do expediente protetivo da curatela e limitação da capacidade de exercício para a prática de atos de disposição patrimonial." (MACHADO, Diego Carvalho. Capacidade de agir e direitos da personalidade no ordenamento jurídico brasileiro: o caso do direito à privacidade. *Revista Brasileira de Direito Civil*. Belo Horizonte, vol. 8, nº 2, pp. 47-80, abr./jun. 2016, p. 61).
80. Robson Godinho ao tratar sobre os pródigos afirma: "Trata-se, de todo modo, de forte intervenção estatal na gestão do patrimônio privado, o que soa heterodoxo, sobretudo se considerarmos que se trata de uma hipótese que vem sobrevivendo aos séculos e que é reproduzida aparentemente por uma postura passiva e acrítica do legislador" (*Comentários ao Código de Processo Civil - Dos procedimentos de jurisdição voluntária*. GOUVEA, José Roberto e outros (coord.). São Paulo: Saraiva Educação, 2018, p. 378).

haveria que se pensar em curatela do sujeito.[81] Causa estranheza o estigma de incapaz permanecer no sistema apenas para alguns tipos de transtornos.

4.1.4. Os ébrios habituais e os viciados em tóxicos: uma breve crítica à manutenção no rol de relativamente incapazes

A opção de mencionar, separadamente, a incapacidade relativa dos ébrios habituais e dos viciados em tóxicos tem a mesma justificativa utilizada para a análise da prodigalidade: a associação com os transtornos mentais.

Porém, de forma diversa da hipótese da prodigalidade, em que o legislador isolou e especificou os atos que não poderão ser praticados pelo pródigo sem assistência, a fim de proteger seu patrimônio, os ébrios habituais e os viciados em tóxicos podem ter incapacidade declarada e a curatela instaurada sem essa especificação.

Pablo Stolze e Rodolfo Pamplona Filho, ao tratar sobre a embriaguez habitual, sob a vigência do Código Civil antes da alteração pelo EPD, afirmaram que a embriaguez elevada à causa de incapacidade relativa é aquela que reduziria, mas não privaria, a capacidade de discernimento. Se houvesse a constatação de evolução para um quadro patológico, com total perda de discernimento, ter-se-ia configuração de transtorno mental, que, segundo o CC, em sua versão anterior ao EPD, seria causa para incapacidade absoluta.[82]

De igual modo, foi apontado que os viciados em tóxicos, apesar de estarem regulados no rol dos relativamente incapazes, poderiam também vir a ser considerados absolutamente incapazes, se no processo de interdição se verificasse a impossibilidade de expressão de

---

81. Diogo Esteves, Elisa Costa Cruz e Franklyn Roger Alves Silva também criticam a permanência da prodigalidade como causa de incapacidade. (ESTEVES, Diogo. CRUZ, Elisa Costa. SILVA, Franklyn Roger Alves. As consequências materiais e processuais da lei brasileira de inclusão da pessoa com deficiência e o papel da defensoria pública na assistência jurídicas das pessoas com deficiência. *Revista de Processo*. São Paulo, vol. 258, ano 41, pp. 281-314, 2016, p. 2860). E, nesse mesmo sentido, Joyceanne Menezes considera a interdição do pródigo um assistencialismo desarrazoado (MENEZES, Joyceanne Bezerra de. A capacidade dos incapazes: o diálogo entre a Convenção da ONU sobre os direitos das pessoas com deficiência e o Código Civil Brasileiro. *In* RUZYK, Carlos Eduardo Pianovski e outros (org.). *Direito civil Constitucional*. Florianópolis: Conceito, 2014, pag. 67).
82. GAGLIANO, Pablo Stolze. PAMPLONA FILHO, Rodolfo. *Novo curso de direito civil*. Parte Geral. 14ª ed. E-book. São Paulo: Saraiva, 2012, vol.1, p. 121.

vontade. Neste caso, a incapacidade absoluta seria declarada com base no inciso III, do art. 3º.[83-84]

Porém, apesar da mudança na legislação com o EPD, a embriaguez habitual e o vício em tóxicos ainda permanecem como causa de incapacidade relativa. Foi afastada, contudo, a possibilidade de serem considerados absolutamente incapazes.

Entretanto, é importante ressaltar que, tanto a embriaguez habitual, quanto o vício em tóxico, são doenças reconhecidas pela Organização Mundial de Saúde.[85] O DSM-5 e o CID-11 preveem transtornos associados ao uso dessas substâncias. O DSM-5, por exemplo, descreve o transtorno por uso de álcool[86] e os transtornos mentais induzidos por substância/medicamento.[87] Já o CID traz, no

---

83. DINIZ. Maria Helena. *Curso de direito civil brasileiro*. 29ª ed. São Paulo: Saraiva, 2012, p. 190. E, ainda, GAGLIANO, Pablo Stolze. PAMPLONA FILHO, Rodolfo. Op. cit., p. 121.
84. Interessante observar, sobre esse tema, o Decreto-Lei nº 891/38. O art. 30 do Decreto apresenta duas formas de interdição: a limitada e a plena, a depender do grau de intoxicação.
85. Hermán Corral Talciani apresenta uma análise dos transtornos relacionados ao consumo de cocaína em seu artigo "*Interdicción de personas que sufren trastorno de dependencia a la cocaína*". Para o autor: "*En la situación de personas afectadas por trastornos de dependencia a sustancias, especialmente de la cocaína, pueden concurrir los requisitos establecidos por la ley tanto de la interdicción por disipación como de la interdicción por demência.*"(*Interdicción de personas que sufren trastorno de dependencia a la cocaína*. Revista de derecho Valdivia, vol. XXIV, nº 2, pp. 31-64, dez./2011. Disponível em scielo. conicyt.cl. Acesso 16 de maio de 2018).
86. Entre os critérios diagnósticos apresentados pelo DSM-5: "Um padrão problemático de uso de álcool, levando a comprometimento ou sofrimento clinicamente significativos, manifestado por pelo menos dois dos seguintes critérios, ocorrendo durante um período de 12 meses: 1. Álcool é frequentemente consumido em maiores quantidades ou por um período mais longo do que o pretendido. 2. Existe um desejo persistente ou esforços malsucedidos no sentido de reduzir ou controlar o uso de álcool. 3. Muito tempo é gasto em atividades necessárias para a obtenção de álcool, na utilização de álcool ou na recuperação de seus efeitos. 4. Fissura ou um forte desejo ou necessidade de usar álcool. 5. Uso recorrente de álcool, resultando no fracasso em desempenhar papéis importantes no trabalho, na escola ou em casa. 6. Uso continuado de álcool, apesar de problemas sociais ou interpessoais persistentes ou recorrentes causados ou exacerbados por seus efeitos. 7. Importantes atividades sociais, profissionais ou recreacionais são abandonadas ou reduzidas em virtude do uso de álcool. 8. Uso recorrente de álcool em situações nas quais isso representa perigo para a integridade física. 9. O uso de álcool é mantido apesar da consciência de ter um problema físico ou psicológico persistente ou recorrente que tende a ser causado ou exacerbado pelo álcool. 10. Tolerância, definida por qualquer um dos seguintes aspectos: a. Necessidade de quantidades progressivamente maiores de álcool para alcançar a intoxicação ou o efeito desejado. b. Efeito acentuadamente menor com o uso continuado da mesma quantidade de álcool. 11. Abstinência, manifestada por qualquer um dos seguintes aspectos: a. Síndrome de abstinência característica de álcool (consultar os Critérios A e B do conjunto de critérios para abstinência de álcool, pp. 499-500). b. Álcool (ou uma substância estreitamente relacionada, como benzodiazepínicos) é consumido para aliviar ou evitar os sintomas de abstinência". Manual diagnóstico e estatístico de transtornos mentais DSM-5. *American Psychiatric Association*. Disponível em <https://www.psychiatry.org/psychiatrists>. Acesso em 19 de abril de 2018.
87. Segundo o manual classificatório: "Podem-se fazer algumas generalizações quanto às categorias de substâncias capazes de produzir transtornos mentais induzidos por substância clinicamente relevantes. De modo geral, as drogas mais sedativas (sedativos, hipnóticos ou ansiolíticos e álcool)

rol dos transtornos mentais e comportamentais devidos ao uso de álcool, a síndrome de dependência, transtorno psicótico, entre outros, além dos transtornos mentais e comportamentais devidos ao uso de opiáceos, canabinoides, sedativos e hipnóticos, cocaína, alucinógenos, entres outras substâncias.[88]

Porém, apesar do reconhecimento desses transtornos, a opção do legislador foi manter a incapacidade relativa dos ébrios habituais e dos viciados em tóxicos, mesmo após a entrada em vigor do EPD.

Isso significa dizer que, apesar de o Estatuto trazer o conceito de deficiência que, sem dúvidas, inclui as hipóteses dos transtornos mentais citados acima e apesar de ter declarado a capacidade plena dos que, mesmo com transtorno, possam expressar vontade, os ébrios habituais e os viciados em tóxicos continuam a figurar no rol dos relativamente incapazes. E figuram sem nenhuma ressalva, apesar de a doutrina apontar que qualquer restrição aos viciados em tóxicos ou ébrios habituais só se justifica quando a dependência fisiopsíquica não permita o claro discernimento para a prática de atos de autonomia.[89]

Parece que o legislador, no art. 114 do EPD, se equivocou ao não revogar o inciso II do art. 4º. A opção foi colocar, sob o estigma da incapacidade, alguns transtornos mentais em detrimentos de outros[90], assim como fez com a prodigalidade.

Não se está defendendo aqui que os atos praticados pelos ébrios habituais e viciados em tóxicos quando sob o efeito dessas substâncias devam ser considerados válidos. Conforme já foi pontuado, a depen-

---

podem produzir transtornos depressivos proeminentes e clinicamente significativos durante a intoxicação, enquanto há mais chances de se observar condições de ansiedade durante as síndromes de abstinência dessas substâncias. Também, durante a intoxicação, as substâncias mais estimulantes (p. ex., anfetamina e cocaína) provavelmente estarão associadas a transtornos psicóticos induzidos por substância e a transtornos de ansiedade induzidos por substância, sendo que episódios depressivos maiores induzidos por substância são observados durante a abstinência. Tanto as drogas mais sedativas quanto as mais estimulantes têm chances de produzir perturbações sexuais e de sono significativas, porém temporárias." Manual diagnóstico e estatístico de transtornos mentais DSM-5. American Psychiatric Association. Disponível em <https://www.psychiatry.org/psychiatrists>. Acesso em 19 de abril de 2018.

88. É possível pesquisar todos os transtornos no CID-11 em <https://icd.who.int/>. Acesso em 15 de novembro de 2018.
89. MACHADO, Diego Carvalho. Capacidade de agir e direitos da personalidade no ordenamento jurídico brasileiro: o caso do direito à privacidade. *Revista Brasileira de Direito Civil*. Belo Horizonte, vol. 8, nº 2, pp. 47-80, abr./jun. 2016, p. 61.
90. Criticando a manutenção dessas hipóteses de incapacidade: GODINHO, Robson Renault. *Comentários ao Código de Processo Civil - Dos procedimentos de jurisdição voluntária*. GOUVEA, José Roberto e outros (coord.). São Paulo: Saraiva Educação, 2018, p. 376.

der da circunstância de realização, os atos poderão ser considerados inexistentes, pela ausência do que se denominou de ação humana, ou pode-se pugnar pela anulação. Para esse último caso, o inciso III, do art. 4º do CC seria suficiente, já que, sem dúvidas, ter-se-ia ausência de expressão válida de vontade.

Contudo, por serem pessoas com deficiência, aquelas diagnosticadas com transtornos mentais em virtude da utilização excessiva de álcool ou outras substâncias, deveriam ser consideradas capazes, se tais transtornos não acarretassem a perda da capacidade de expressar vontade validamente, caso em que seriam declaradas relativamente incapazes.

4.2. O ESTATUTO DA PESSOA COM DEFICIÊNCIA (LEI 13.146, DE 6 DE JULHO DE 2015) E A CAPACIDADE DAS PESSOAS COM DEFICIÊNCIA

4.2.1. Antecedentes do Estatuto: as diretrizes normativas internacionais e as finalidades da nova disciplina legal

Conforme se depreende do parágrafo único do art. 1º[91] da Lei nº 13.146/2015, o Estatuto da Pessoa com Deficiência (EPD) foi fortemente influenciado pela Convenção de Nova York de 2007 sobre os Direitos das Pessoas com Deficiência[92-93]. A Convenção, norma aberta à vinculação por qualquer Estado ou organização de integração regional,[94] é instrumento internacional sobre direitos humanos aprovado pelo Congresso Nacional.[95] Ingressou no ordenamento jurídico brasileiro

---

91. O parágrafo único do art. 1º do EPD estatui que: "Esta Lei tem como base a Convenção sobre os Direitos das Pessoas com Deficiência e seu Protocolo Facultativo, ratificados pelo Congresso Nacional por meio do Decreto Legislativo no 186, de 9 de julho de 2008, em conformidade com o procedimento previsto no § 3º do art. 5º da Constituição da República Federativa do Brasil, em vigor para o Brasil, no plano jurídico externo, desde 31 de agosto de 2008, e promulgados pelo Decreto no 6.949, de 25 de agosto de 2009, data de início de sua vigência no plano interno".

92. FARIAS, Cristiano Chaves de; CUNHA, Rogério Sanches. PINTO, Ronaldo Batista. *Estatuto da pessoa com deficiência comentado artigo por artigo*. 2ª ed. Salvador: Juspodivm, 2016, p. 18.

93. O Estatuto adotou a terminologia "pessoa com deficiência" para designar o grupo destinatário de suas normas. Entre 1988 e 1993, aproximadamente, a expressão utilizada era "pessoa portadora de deficiência" não mais empregada. Para uma evolução acerca das terminologias sobre a deficiência ver: SASSAKI. Romeu Kazumi. *Terminologia sobre deficiência na era da inclusão*. Disponível em <https://acessibilidade.ufg.br>. Acesso em 26 de outubro de 2017.

94. VALLE, Jaime. A proteção internacional universal dos direitos das pessoas com deficiência. *Revista O Direito*. Coimbra, ano 148, pp. 585-602, 2016, p. 589.

95. ARAUJO, Luiz Alberto David. Terminologia, atitude e aplicabilidade da Convenção sobre o direito das pessoas com deficiência. *In* George Salomão Leite; Ingo Wolfgang Sarlet. (Org.) *Jurisdição*

através do Decreto Legislativo nº 186, de 09 de julho de 2008 e, em seguida, houve a promulgação do Decreto Presidencial nº 6.949 de 25 de agosto de 2009, que deu início a sua vigência.[96-97] Por sua ratificação no Brasil ter ocorrido através do *quórum* especial do parágrafo 3º do Art. 5º da Constituição Federal de 1988,[98] a Convenção passou a ter *status* constitucional.[99]

O Decreto nº 6.949/2009 representou um avanço nos direitos das pessoas com deficiência. Contudo, por constituir-se apenas ratificação do texto da Convenção, fazia-se necessária uma regulamentação sobre o tema. Nesse contexto, surgiu o Projeto de Lei nº 7.699/2006 que foi convertido na Lei ordinária nº 13.146, aprovada em julho de 2015.[100]

A Convenção, que impulsionou o Estatuto da Pessoa com Deficiência, tem como propósito "promover, proteger e assegurar o exercício pleno e equitativo de todos os direitos humanos e liberdades fundamentais por todas as pessoas com deficiência e promover o respeito pela sua dignidade inerente".[101] Assim, a sua importância é evidente, já que, apesar da existência de diversos tratados e convenções internacionais para a proteção dos direitos humanos, as pessoas com

---

constitucional, democracia e direitos fundamentais. 2ª série. pp. 407-416. Salvador: Juspodivm, 2012, p. 410; RIBEIRO, Moacyr Petrocelli de Ávila. *Estatuto da Pessoa com Deficiência: a revisão da teoria das incapacidades e os reflexos jurídicos na ótica do notário e do registrador.* Disponível em <www.notariado.org.br>. Acesso em 18 de março de 2017; VIEGAS, Cláudia Mara de Almeida Rabelo. As alterações da teoria das incapacidades, à luz do Estatuto da Pessoa com Deficiência. *Revista Síntese direito previdenciário.* São Paulo, ano XVI, nº 78, pp. 9-16, maio/jun. 2017, p. 9; BARBOZA, Heloisa Helena. A importância do CPC para o novo regime de capacidade civil. *Revista da Escola da Magistratura do Estado do Rio de Janeiro.* Rio de Janeiro, vol. 20, nº 1, pp. 209 - 223, jan./abr. 2018, p. 211.

96. FARIAS, Cristiano Chaves de. CUNHA, Rogério Sanches. PINTO, Ronaldo Batista. *Estatuto da pessoa com deficiência comentado artigo por artigo.* Op. cit., p. 18; SANTOS, Ivana Assis Cruz dos. O Estatuto da Pessoa com Deficiência e as Alterações no Código Civil de 2002. *Revista Síntese direito previdenciário.* São Paulo, ano XVI, nº 78, pp. 27-36, mai./jun. 2017, p. 29.

97. Para uma apresentação sobre os documentos que versam sobre as pessoas com deficiência ver: RIBEIRO. Lauro Luiz Gomes. Direitos Humanos e a Dignidade da Pessoa com Deficiência. *Revista de Direito Social.* Porto Alegre, nº 21, ano VI, pp. 89-97, jan./mar. 2006.

98. Art. 5º, § 3º "Os tratados e convenções internacionais sobre direitos humanos que forem aprovados, em cada Casa do Congresso Nacional, em dois turnos, por três quintos dos votos dos respectivos membros, serão equivalentes às emendas constitucionais".

99. BARBOSA, Amanda Souza; LAGO JUNIOR. Antônio. Primeiras análises sobre o sistema de (in)capacidades, interdição e curatela pós estatuto da pessoa com deficiência e Código de Processo Civil. *Revista de Direito Civil Contemporâneo.* São Paulo, vol. 8, pp. 91-114, 2016. MENEZES, Joyceanne Bezerra de. A capacidade dos incapazes: o diálogo entre a Convenção da ONU sobre os direitos das pessoas com deficiência e o Código Civil Brasileiro. *In* RUZYK, Carlos Eduardo Pianovski e outros (org.). *Direito civil Constitucional.* Florianópolis: Conceito, 2014, pag. 60.

100. SANTOS, Ivana Assis Cruz dos. O Estatuto da Pessoa com Deficiência e as Alterações no Código Civil de 2002. Op. cit., p. 19.

101. Disponível em <http://www.planalto.gov.br/>. Acesso em 19 de outubro de 2017.

deficiência não contavam com regulamentação protetiva específica tão inclusiva.[102] As pessoas com deficiência intelectuais e aquelas que apresentam outros transtornos mentais, na verdade, "tiveram sua capacidade jurídica mitigada ou negada, a sua personalidade desrespeitada, seus bens espoliados, a sua vontade e sua autonomia desconsiderados"[103] ou nas palavras de Lauro Luiz Gomes Ribeiro:

> No âmbito das pessoas com deficiência, tais pessoas receberam tratamento que foi da exclusão total ao atual patamar da proposta de inclusão, passando por períodos de institucionalização (quase sempre por toda a vida) e de integração (a deficiência é tida como um problema da própria pessoa que a possua e por isso cabe unicamente a ela capacitar-se para viver em sociedade).[104]

O Estatuto da Pessoa com Deficiência, resultado da obrigação de os Estados-Partes da Convenção promoverem medidas de apoio às pessoas com deficiência, munido com essas novas noções de deficiência, detém, então, um viés inclusivo e humanista,[105] buscando garantir o exercício da capacidade jurídica de forma igualitária às pessoas com qualquer deficiência.[106]

O EPD, observando as diversas categorias de deficiências, estabelece normas gerais que servem a todas as pessoas com deficiência, e, além disso, institui normas especiais que se destinam a grupos específicos. Por exemplo, as disposições referentes à curatela (arts. 84 a 87) envolvem apenas as pessoas com deficiência decorrente de

---

102. VITAL. Flávia Maria de Paiva. *A Convenção sobre os Direitos das Pessoas com Deficiência Comentada*. RESENDE, Ana Paula Crosara de. VITAL, Flávia Maria de Paiva. Organizadoras. Disponível em <https://www.governoeletronico.gov.br>. Acesso em 19 de outubro de 2017.
103. MENEZES, Joyceane Bezerra de. O direito protetivo no Brasil após a convenção sobre a proteção da pessoa com deficiência: impactos do novo CPC e do Estatuto da Pessoa com Deficiência. *Revista Eletrônica de Direito Civil*. Nº 1, ano 4, 2015. Disponível em <http://civilistica.com>. Acesso em 15 de novembro de 2017.
104. RIBEIRO. Lauro Luiz Gomes. Direitos Humanos e a Dignidade da Pessoa com Deficiência. *Revista de Direito Social*. Porto Alegre, nº 21, ano VI, pp. 89-97, jan./mar. 2006, p. 90-91.
105. Segundo Joyceanne Menezes, a Convenção da ONU teve como principal efeito a denúncia do modelo discriminatório e patrimonialista, presente no sistema tradicional da capacidade civil (MENEZES, Joyceanne Bezerra de. A capacidade dos incapazes: o diálogo entre a Convenção da ONU sobre os direitos das pessoas com deficiência e o Código Civil Brasileiro. Op. cit., p. 59). Com isso, é fácil perceber a razão pela qual se afirma que o EPD ingressa no ordenamento jurídico brasileiro com viés inclusivo e humanista.
106. RIBEIRO, Moacyr Petrocelli de Ávila. *Estatuto da Pessoa com Deficiência: a revisão da teoria das incapacidades e os reflexos jurídicos na ótica do notário e do registrador*. Op. cit. STOLZE, Pablo. O Estatuto da Pessoa com Deficiência e o Sistema Jurídico Brasileiro de Incapacidade Civil. *Revista Síntese direito previdenciário*. São Paulo, ano XVI, nº 78, pp. 17-21, maio/jun. 2017, p. 17.

impedimentos mentais ou intelectuais que acarrete na redução da autonomia.[107]

O EPD ingressa no ordenamento jurídico brasileiro com o propósito de tentar ultrapassar as consequências das privações sofridas pelas pessoas com deficiência, com a perspectiva de reduzir a vulnerabilidade do grupo, como também com a intenção de garantir, da forma mais ampla possível, a autonomia individual da pessoa com deficiência a partir da percepção das particularidades de cada indivíduo.

A intenção do Estatuto foi também garantir a independência da pessoa com deficiência sobre sua vida, demonstrando que a pessoa com deficiência intelectual ou mental também possui autonomia, apesar de eventualmente necessitar de auxílio para prática de determinados atos. Essa assistência passa a ser "válida como uma medida instrumental para promover relativa independência ou, pelo menos, um mínimo de independência nos casos mais extremos de deficiência mental ou cognitiva".[108]

Percebe-se que houve uma preocupação, por parte do legislador, em evitar que a condição de vulnerabilidade sujeite o indivíduo a um nível de controle que o isole da sociedade. Esse isolamento só o tornaria ainda mais vulnerável, "diante a impossibilidade de desenvolvimento da experiência".[109]

4.2.2. A nova redação dos artigos 3º e 4º do Código Civil

Até a entrada em vigor do Estatuto, o Código Civil apresentava o regramento das incapacidades prevendo a incapacidade das pessoas com deficiência em decorrência de impedimentos/limitações mentais e intelectuais, como se pode verificar nos itens anteriores. As alterações dos artigos 3º e 4º do CC instituídas pelo EPD garantem a essas

---

107. A redução da autonomia pode decorrer de razões de ordem biológica (como no caso de pessoas hospitalizadas), social (pessoas que pertencem a ordens religiosas de clausura, membros das Forças Armadas, prisioneiros) ou política (caso dos imigrantes ilegais, refugiados políticos) (GUIMARÃES, Maria Carolina S. NOVAES, Sylvia Caiuby. Autonomia reduzida e Vulnerabilidade: Liberdade de Decisão, Diferença e Desigualdade. *Revista de Bioética*. Vol. 7, nº 1. Disponível em <http://revistabioetica.cfm.org.br>. Acesso em 23 de outubro de 2017).
108. BARBOSA-FOHRMANN, Ana Paula. Algumas reflexões sobre os fundamentos dos discursos de direitos humanos e de justiça social para pessoas com deficiência mental ou cognitiva severa ou extrema. *Revista Direitos Fundamentais & Justiça*. Porto Alegre, no. 22, pp. 80-97, jan./mar. 2013, p. 91.
109. REQUIÃO, Maurício. *Estatuto da Pessoa com Deficiência, Incapacidade e Interdição*. Salvador: Juspodivm, 2016, p. 133.

pessoas uma nova condição no mundo jurídico,[110] além de garantir um novo olhar ao tema. Os artigos referidos passaram a vigorar com a seguinte redação:

> Art. 3º São absolutamente incapazes de exercer pessoalmente os atos da vida civil os menores de 16 (dezesseis) anos.[111]
>
> Art. 4º São incapazes, relativamente a certos atos ou à maneira de os exercer:
> I - os maiores de dezesseis e menores de dezoito anos;
> II - os ébrios habituais e os viciados em tóxico;
> III - aqueles que, por causa transitória ou permanente, não puderem exprimir sua vontade;
> IV - os pródigos.
> Parágrafo único. A capacidade dos indígenas será regulada por legislação especial.

A mudança do sistema é paradigmática e tem como base a Convenção sobre os Direitos das Pessoas com Deficiência que em seu art. 12º estabelece:

> Art. 12º:
> (...)
> 2 - Os Estados Partes reconhecem que as pessoas com deficiências têm capacidade jurídica, em condições de igualdade com as outras, em todos os aspectos da vida.
> 3 - Os Estados Partes tomam medidas apropriadas para providenciar acesso às pessoas com deficiência ao apoio que possam necessitar no exercício da sua capacidade jurídica.
> (...)

---

110. Além das alterações nos arts. 3º e 4º do CC, o EPD traz expressamente no art. 6º a capacidade plena da pessoa com deficiência, conforme ainda se comentará.
111. Comentando a incapacidade absoluta dos menores de 16 anos, Moacyr Petrocelli de Ávila Ribeiro chama atenção para a supressão pelo sistema da ação de interdição absoluta, já que os menores de idades não estão sujeitos à ação de interdição e não há mais hipótese de maiores de idade absolutamente incapazes (RIBEIRO, Moacyr Petrocelli de Ávila. Estatuto da pessoa com deficiência: a revisão da teoria das incapacidades e os reflexos jurídicos na ótica do notário e do registrador. *Colégio Notarial do Brasil – Conselho Federal*. Disponível em <www.notariado.org.br>. Acesso em 17 de maio de 2018).

Percebe-se que, pelo texto dos novos artigos do CC, a partir da entrada do Estatuto, há uma desvinculação entre deficiência e incapacidade.[112] Com as novas redações deixa-se de associar deficiência como causa justificante para ausência, redução ou incompletude de discernimento, visto que se passa a vislumbrar "que, a despeito da deficiência, a pessoa poderia ostentar alguma capacidade para exercer os atos da vida civil".[113] Assim, as pessoas com transtorno mental, por exemplo, deixaram de figurar no rol dos incapazes,[114] com exceção dos ébrios habituais, viciados em tóxicos e pródigos diagnosticados com transtornos.

Além das alterações promovidas pelo EPD nos arts. 3º e 4º, o Estatuto reconhece a capacidade das pessoas com deficiência no art. 6º[115] e no *caput* do art. 84[116], estipulando que "A pessoa com deficiên-

---

112. CORREIA, Átala. Estatuto da pessoa com deficiência traz inovações e dúvidas. *Revista Síntese direito previdenciário*. São Paulo, ano XVI, nº 78, pp. 22-16, maio/jun. 2017, p. 23. Ainda nesse sentido: DANELUZZI, Maria Helena Marques Braceiro e MATHIAS, Maria Ligia Coelho. Repercussão do Estatuto da Pessoa com Deficiência (Lei 13.146/2015), nas legislações civil e processual civil. *Revista de Direito Privado*. São Paulo, vol. 66, pp. 57-82, abril/jun. 2016; BASILE, Felipe. Capacidade Civil e o Estatuto da Pessoa com deficiência. *In Boletim do Legislativo nº 40*. Disponível em <www12.senado.leg.br>. Acesso em 21 de maio de 2018; ARAUJO, Luiz Alberto David e COSTA FILHO, Waldir Macieira da. O Estatuto da Pessoa com Deficiência – EPCD (Lei 13.146, de 06.07.2015): Algumas novidades. *Revista dos Tribunais*. São Paulo, vol. 962, pp. 65-80, dez. 2015. Disponível em <www.mppa.mp.br>. Acesso em 31 de maio de 2018; FARIAS, Cristiano Chaves; CUNHA, Rogério Sanches e PINTO, Ronaldo Batista. *Estatuto da pessoa com deficiência comentado artigo por artigo*. 2ª ed. Salvador: Juspodivm, 2016, p. 241; BERLINI, Luciana e AMARAL, Paloma Francielly do. Os impactos do Estatuto da Pessoa com Deficiência no direito protetivo pátrio e sua antinomia com o novo código de processo civil. *Revista da Escola Superior da Magistratura do Estado do Ceará*. Fortaleza, vol. 15, nº 2. 2017. Disponível em <http://revistathemis.tjce.jus.br>. Acesso em 12 de julho de 2018; FARIAS, Cristiano Chaves de e ROSENVALD, Nelson. *Curso de direito civil*: parte geral e LINDB. 14ª ed. Salvador: Juspodivm, 2016, p. 323.
113. MENEZES, Joyceanne Bezerra de. O risco de retrocesso: uma análise sobre a proposta de harmonização dos dispositivos do Código Civil, do CPC, do EPD e da CDPD a partir da alteração da Lei nº 13.146 de 06 de julho de 2015. *Revista Brasileira de Direito Civil*. Belo Horizonte, vol. 12, pp. 137-171, abril/jun. 2017. Disponível em <www.ibdcivil.org.br>. Acesso em 01 de agosto de 2018.
114. REQUIÃO, Maurício. As mudanças na capacidade e a inclusão da tomada de decisão apoiada a partir do Estatuto da pessoa com deficiência. *Revista de Direito Contemporâneo*. São Paulo, vol. 6, ano 3, pp. 37-54, jan./mar. 2016, p. 46. Disponível em <http://www.egov.ufsc.br>. Acesso em 15 de novembro de 2017; FARIAS, Cristiano Chaves; CUNHA, Rogério Sanches e PINTO, Ronaldo Batista. *Estatuto da pessoa com deficiência comentado artigo por artigo*. Op. cit., p. 313; OLIVEIRA, Leonardo Alves de. O Estatuto da Pessoa com Deficiência (Lei n. 13.146/2015), seus direitos e o novo paradigma da capacidade civil. *Revista Síntese direito previdenciário*. São Paulo, ano XVI, nº 78, pp. 50-61, maio/jun. 2017, pp. 59-60; VIEGAS, Cláudia Mara de Almeida Rabelo. As alterações da teoria das incapacidades, à luz do Estatuto da Pessoa com Deficiência. Op. cit., pp. 11-12; MACHADO, Diego Carvalho. Capacidade de agir e direitos da personalidade no ordenamento jurídico brasileiro: o caso do direito à privacidade. *Revista Brasileira de Direito Civil*. Belo Horizonte, vol. 8, nº 2, pp. 47-80, abr./jun. 2016, p. 58.
115. Segundo o art. 6º: "A deficiência não afeta a plena capacidade civil da pessoa, inclusive para: I - casar-se e constituir união estável; II - exercer direitos sexuais e reprodutivos; III - exercer o direito de decidir sobre o número de filhos e de ter acesso a informações adequadas sobre reprodução e planejamento familiar; IV - conservar sua fertilidade, sendo vedada a esterilização compulsória; V - exercer o direito à família e à convivência familiar e comunitária; e VI - exercer o direito à guarda,

cia tem assegurado o direito ao exercício de sua capacidade legal em igualdade de condições com as demais pessoas".

Ademais, como consequência do reconhecimento da capacidade da pessoa com deficiência e das alterações promovidas nos arts. 3º e 4º, o EPD altera a disciplina do art. 1.767 do CC. Esse diploma, regulando a curatela dos incapazes, antes da alteração promovida pelo Estatuto, estabelecia que se sujeitavam à curatela:

> I - aqueles que, por enfermidade ou deficiência mental, não tiverem o necessário discernimento para os atos da vida civil; II - aqueles que, por outra causa duradoura, não puderem exprimir a sua vontade; III - os deficientes mentais, os ébrios habituais e os viciados em tóxicos; IV - os excepcionais sem completo desenvolvimento mental.

Após a mudança, passou a vigorar da seguinte maneira:

> Estão sujeitos a curatela: I - aqueles que, por causa transitória ou permanente, não puderem exprimir sua vontade; II - (Revogado); III - os ébrios habituais e os viciados em tóxico; IV - (Revogado); V - os pródigos.[117]

à tutela, à curatela e à adoção, como adotante ou adotando, em igualdade de oportunidades com as demais pessoas".

116. O Des. Renato Dresch, da 4ª Câmara Cível, na apelação nº 1.0000.16.086894-9/001, no Tribunal de Justiça de Minas Gerais declarou incidentalmente a constitucionalidade dos artigos 84, *caput* e seu §3º e art. 85, §§1º e 2º da Lei nº 13.146/2015 e do art. 4º, inciso III do Código Civil. A apelação foi interposta pelo Ministério Público do Estado de Minas Gerais contra sentença do magistrado que estabelecia a curatela exclusivamente para prática de atos com natureza patrimonial e negocial e teve como fundamento a alegação de inconstitucionalidade dos dispositivos citados (BRASIL. Tribunal de Justiça de Minas Gerais [4ª Câmara Cível]. Apelação nº 1.0000.16.086894-9/001. Relator Desembargador Renato Dresch. Data do Julgamento 25 de julho de 2017. Data da Publicação: 27 de julho de 2017. Disponível em <https://tj-mg.jusbrasil.com.br/jurisprudencia/507452337/apelacao-civel-ac-10133150029006001-mg/inteiro-teor-507452449>. Acesso em 27 de novembro de 2017). A 3ª Câmara de Direito Privado do Tribunal de Justiça de São Paulo negou provimento ao recurso de apelação interposto pelo Ministério Público contra sentença que declarou a incapacidade absoluta do curatelado. Neste recurso, o MPSP sustentou a constitucionalidade do Estatuto da Pessoa com Deficiência e o regramento limitativo da interdição. O Des. Fábio Henrique Podestá entendeu que é possível instituir curatela relativa a todos os atos da vida civil, em razão da incapacidade absoluta atestada no processo (BRASIL. Tribunal de Justiça de São Paulo [5ª Câmara de Direito Privado]. Apelação Cível 1007607-79.2015.8.26.0565. Relator Desembargador Fábio Henrique Podestá. Data do Julgamento: 27 de junho de 2017. Disponível em <esaj.tjsp.jus.br>. Acesso em 28 de novembro de 2017).

117. No Projeto de Lei nº 757/2015 foi proposta a revogação da alteração promovida pelo EPD no art. 1.767. Porém, no texto apresentado pela Comissão de Constituição, Justiça e Cidadania foi mantida a alteração promovida pelo Estatuto.

As alterações são louváveis. Ora, se a deficiência possui um componente social (ou seja, é composta pela limitação intelectual/mental + fatores ambientais), essas barreiras externas devem ser eliminadas, para que, no caso concreto, aquelas pessoas com deficiência que possuam condições para se autodeterminar, assim o façam sem limitações, mesmo que, eventualmente necessitem de algum tipo de suporte para a prática de alguns atos.[118]

Ao tratar sobre o surgimento do Estatuto, no item anterior, observou-se que uma de suas funções foi justamente reduzir a vulnerabilidade das pessoas com deficiência, para tentar ultrapassar as consequências das privações sofridas por elas ao longo das codificações brasileiras.

Sem dúvidas, a desvinculação entre deficiência e incapacidade é o maior símbolo dessa nova tentativa do legislador. Pode-se dizer que ela é fruto do estágio[119] de proteção a esse grupo de vulneráveis pelo direito brasileiro que envolve: promover a proteção com respeito às diferenças, com base no que a doutrina alemã denominou de *solidarprivatrecht,* ou seja, um direito privado solidário[120], que simboliza uma "perspectiva mais solidária e fraterna do direito privado nacional".[121]

As pessoas com impedimentos mentais ou intelectuais e, especificamente, as pessoas com transtornos mentais apresentam determinadas características que as diferenciam das outras pessoas, fragilizando-as,

---

118. MACHADO, Diego Carvalho. Capacidade de agir e direitos da personalidade no ordenamento jurídico brasileiro: o caso do direito à privacidade. *Revista Brasileira de Direito Civil.* Belo Horizonte, vol. 8, nº 2, pp. 47-80, abr./jun. 2016, pp. 59-60.
119. Trata-se do segundo estágio de proteção. O primeiro estágio foi o de combate à discriminação dos sujeitos considerados diferentes, momento em que se buscou a proteção dos vulneráveis ainda que tal proteção acarretasse a instauração de medidas com algum grau de segregação (REQUIÃO, Maurício. *Estatuto da Pessoa com Deficiência, Incapacidade e Interdição.* Salvador: Juspodivm, 2016, p. 147). Sobre o primeiro estágio, Maurício Requião apresenta o exemplo trazido por Cláudia Marques e Bruno Miragem: a educação em escolas especiais para crianças surdas-mudas. Segundo esses últimos autores, "Com o espírito protetivo, por exemplo, políticas públicas mais antigas determinavam a segregação das crianças surdo-mudas em escolas especiais. Assim, para "proteger e tratar diferentemente os diferentes" eram excluídas estas crianças "diferentes" (surdas) do convívio das outras crianças (...)" (MARQUES, Cláudia Lima. MIRAGEM, Bruno. *O novo direito privado e a proteção dos vulneráveis.* São Paulo: Editora Revista dos tribunais, 2012, p. 111).
120. Não se quer neste trabalho defender que o sistema jurídico brasileiro apresenta um direito privado solidário, mas apenas ressaltar que alguns institutos vêm caminhando para essa direção e tem como base essa doutrina. Para uma análise mais aprofundada sobre o conceito de direito privado solidário, bem como a aproximação entre a realidade brasileira ver: MARQUES, Cláudia Lima. MIRAGEM, Bruno. *O novo direito privado e a proteção dos vulneráveis.* Op. cit., pp. 24-31.
121. Id., Ibid., p. 28.

mas são, sem sombra de dúvidas, "seres humanos completos"[122] e que merecem esse reconhecimento e respeito no tratamento jurídico que lhes é dado.

Além disso, é importante destacar que o desenvolvimento dos transtornos mentais é uma tendência crescente,[123] não só no sentido do aumento das pessoas que os desenvolvem, mas, também, no crescimento das características que passam a ser categorizadas como transtorno mental.[124] Com essa nova realidade, a desvinculação entre a presença de um transtorno e a imediata categorização de incapacidade passa a ser uma forma de reconhecimento do direito brasileiro da complexidade do tema, aceitando a realidade de que os transtornos mentais não são, necessariamente, incapacitantes, garantindo assim a participação efetiva das pessoas na sociedade.

Cumpre deixar claro que, apesar de desvincular deficiência e incapacidade, não se pode defender que não há mais possibilidade de uma pessoa com deficiência intelectual ou mental ser declarada incapaz com base no ordenamento jurídico brasileiro.

Explica-se.

A supressão realizada pelo EPD no CC retirou as hipóteses de limitação à capacidade de agir que versavam sobre ausência (ou redução) de discernimento,[125-126] que antes eram vinculadas à presença de uma deficiência, além de suprimir a hipótese de incapacidade dos excepcionais, sem desenvolvimento mental completo. Contudo, manteve no sistema, a incapacidade daqueles que não puderem exprimir vontade, que acaba por envolver o discernimento daquele que a

---

122. REQUIÃO. Maurício. *Estatuto da Pessoa com Deficiência, Incapacidade e Interdição*. Op. cit., p. 147.
123. REQUIÃO, Maurício. *Estatuto da Pessoa com Deficiência, Incapacidade e Interdição*. Op. cit., p. 148.
124. Críticas severas foram feitas ao sistema classificatório DSM-5 por ampliar o rol dos transtornos mentais. (ARAÚJO, Álvaro Cabral. NETO LOTUFO, Francisco. A nova classificação Americana para os Transtornos Mentais – o DSM 5. *Revista brasileira de terapia comportamental e cognitiva*. Vol. 16, nº 1, abril 2014, disponível em <www.scielo.br>. Acesso em 05 de maio de 2018).
125. Mesmo não estando no texto expresso, Joyceanne Menezes afirma que não é a deficiência que retira a capacidade de exercício, mas a ausência de discernimento, de capacidade de querer e de entender os efeitos da escolha. Por essa razão, ela defende, conforme se verá adiante, novas redações aos arts. 3º e 4º do CC (MENEZES, Joyceanne Bezerra de. O risco de retrocesso: uma análise sobre a proposta de harmonização dos dispositivos do Código Civil, do CPC, do EPD e da CDPD a partir da alteração da Lei nº 13.146 de 06 de julho de 2015. Op. cit.).
126. O antigo inciso II do art. 4º tinha a seguinte redação: "II - os ébrios habituais, os viciados em tóxicos, e os que, por deficiência mental, tenham o discernimento reduzido". E o antigo inciso I do art. 1.767: "I - aqueles que, por enfermidade ou deficiência mental, não tiverem o necessário discernimento para os atos da vida civil".

manifesta, visto que só se pode qualificar um ato volitivo como livre e consciente, se presente o discernimento.[127-128]

Com isso, nota-se que a opção legislativa de impossibilidade de exercício de determinados direitos (e, em consequência, de invalidade dos atos praticados pelos sujeitos discriminados) agora está (e para frisar, somente agora, pós-reforma) associada às hipóteses em que se encontra uma inaptidão para expressar vontade validamente, de forma consciente. Isto porque, como já apresentado, a declaração de vontade, ou seja, a efetiva exteriorização da vontade humana[129] é o elemento nuclear do suporte fático dos atos jurídicos *stricto sensu* e dos negócios jurídicos, fatos jurídicos que hão de passar pelo plano da validade.[130]

No caso das pessoas com deficiência, a pressuposição de que suas vontades estariam viciadas em razão de um transtorno mental, por exemplo, foi afastada com a evolução da pesquisa nas áreas de psiquiatria e psicologia. Porém, essa evolução ocorrida nas áreas citadas, somente agora (pós-EPD) foi efetivamente integrada ao ordenamento jurídico.

Se não for o caso de impossibilidade de expressão de vontade, frisa-se, novamente, as pessoas com deficiência são capazes. Contudo, merece ser destacado que o reconhecimento da condição de capaz não implica uma total aptidão fática de realização pessoal de quaisquer atos[131], já que existem mecanismos a disposição das pessoas com

---

127. Ao tratar sobre a validade dos negócios jurídicos Antônio Junqueira de Azevedo afirma que a declaração de vontade deve ser resultante de um processo volitivo, com plena consciência da realidade (AZEVEDO, Antônio Junqueira de. *Negócio Jurídico. Existência, Validade e Eficácia*. 4ª ed. São Paulo: Saraiva, 2002, p. 43).
128. Alves, Brust-Renck, Ávila e Fernandes defendem que o discernimento é elemento necessário ao ato volitivo (ALVES, Rainer Grigolo de Oliveira; BRUST-RENCK, Priscila Goergen e ÁVILA, Ana Paula de Oliveira. FERNANDES, Márcia Santana. O discernimento no direito civil brasileiro e o Estatuto da Pessoa com Deficiência. In *XII Semana de Extensão, Pesquisa e Pós-Graduação - SEPesq Centro Universitário Ritter dos Reis*. Disponível em <www.uniritter.edu.br>. Acesso 04 de junho de 2018).
129. Conforme já dissemos anteriormente, Menezes Cordeiro afirma que a declaração é o elemento central para a formação do negócio jurídico. Esta declaração é a "effectiva exteriorização da vontade humana" (MENEZES CORDEIRO, Antônio. *Tratado de direito civil português*. Parte geral. 2ª ed. Coimbra: Almedina, 2000, t. I, p. 339).
130. Apenas para recordar o que já foi dito: os demais fatos jurídicos lícitos, em que a vontade não é dado do suporte fático, como o fatos jurídicos *stricto sensu* e os atos-fatos jurídicos e os fatos ilícitos *lato sensu* (incluindo os atos ilícitos) não estão sujeitos a transitar pelo plano da validade, pois não serão considerados nulos ou anuláveis (MELLO, Marcos Bernardes. *Teoria do fato jurídico: Plano da existência*. 13ª ed. São Paulo: Saraiva, 2007, p. 100).
131. Mencionamos anteriormente a distinção que pode ser feita entre incapacidade e restrição à capacidade. Conforme ensina Oliveira Ascensão, toda incapacidade gera restrição à capacidade, porém

deficiência para auxiliá-las na prática de determinados atos. Elas, a depender da deficiência, (e da maneira com que essa deficiência impacta nas suas vidas), podendo expressar suas vontades, têm total autonomia para gerir suas vidas e suas deficiências, inclusive para verificar se necessitam ou não de apoio e requerer a instauração de medidas criadas pelo EPD.

4.2.3. A proteção da pessoa com deficiência após o EPD: os institutos protetivos e as críticas ao novo regime

4.2.3.1. Os institutos protetivos

Diante da possibilidade de se verificar pessoas com deficiência capazes e pessoas com deficiência incapazes é essencial entender a proteção jurídica fornecida pelo ordenamento a ambas após a entrada em vigor do EPD. Para isso, aponta-se o surgimento de dois novos institutos: a tomada de decisão apoiada e a curatela de apoio, ambos que servirão às pessoas com deficiência capazes. Contudo, esta última (curatela de apoio) convive com a curatela dos incapazes, instaurando um duplo regime curatelar no sistema jurídico brasileiro.

4.2.3.1.1. Duplo regime curatelar

A curatela pode ser entendida como um instituto[132] pelo qual o curador fica responsável, após o processo de interdição,[133] por admi-

---

nem toda restrição está vinculada à incapacidade. (ASCENSÃO, José de Oliveira. *Direito Civil: Teoria Geral. Introdução. As pessoas. Os bens.* 3ª ed. São Paulo: Saraiva, 2010, vol. 1, p. 140)

132. Joyceane Bezerra Menezes, ao fazer referência à curatela, afirma que ela seria um ônus. Porém, com a devida *vênia* ao entendimento da autora, a nosso ver, a curatela é, na realidade, um instituto que impõe um plexo de deveres, já que o dever jurídico, diferentemente do ônus, há de ser compulsoriamente cumprido, sob pena de uma sanção jurídica. A lei impõe um ônus como condição para a obtenção ou conservação, pelo próprio sujeito, de um interesse seu. Sobre a diferença entre ônus e dever, v. GRAU, Eros Roberto. Nota sobre a distinção entre obrigação, dever e ônus. *Revista da Faculdade de Direito da Universidade de São Paulo*. São Paulo, vol. 77. Disponível em <www.revistas.usp.br>. Acesso em 03 de janeiro de 2018.

133. Uma observação é importante acerca da terminologia interdição. É sabido que o regime do CPC não oferece nítida compatibilização com as normas e diretrizes trazidas pelo Estatuto da Pessoa com Deficiência. A manutenção do termo "interdição", na seção IX, do Capítulo XV (Dos procedimentos de jurisdição voluntária), é apenas um exemplo. Não à toa, o Projeto de Lei nº 757 de 2015, ao menos no texto aprovado no Senado, visa alterar o título da Seção IX para "Da Tomada de Decisão Apoiada e da Curatela". Sobre o tema, Fredie Didier Jr. comenta que o EPD já havia promovido no Código Civil uma mudança no *nomen iuris* do procedimento, já que, onde pronunciava interdição, o legislador passou a referir "processo que define os termos da curatela". Para o autor "Há, claramente, uma tentativa de diminuir o impacto simbólico do termo 'interdição'." (DIDIER JR. Fredie. Da interdição.

nistrar tanto os bens, como a pessoa do curatelado.[134] O instituto era, tradicionalmente, voltado ao maior considerado incapaz,[135] buscando, além de proteger o tráfico jurídico e terceiros, a proteção desses adultos para auxiliá-los na prática de determinados atos.[136] A curatela está prevista, no ordenamento jurídico do Brasil, desde os tempos coloniais - originariamente nas Ordenações Filipinas - e nele se mantém até os dias atuais.[137]

Após o EPD, o instituto passou a atender novas finalidades. É fundamental compreender, assim, o âmbito de funcionamento dele diante da nova disciplina.

Apesar da alteração mencionada no art. 1.767 do CC, permanece, evidentemente, no sistema jurídico, a curatela dos incapazes, já denominada pela doutrina de curatela interditiva[138], imposta aos sujeitos descritos nos incisos desse artigo, que tem correspondência com o que dispõe o art. 4º do CC. Essa curatela será aplicável aos incapazes, inclusive às pessoas com deficiência incapazes, assim consideradas, não por serem pessoas com deficiência, mas pela impossibilidade de manifestar vontade, por serem ébrias habitual, viciadas em tóxicos ou pródigas.

Em linhas gerais, o procedimento de curatela interditiva pode ser promovido pelos legitimados no CPC, art. 747, devendo o autor, segundo art. 749, "especificar os fatos que demonstram a incapacidade do interditando para administrar seus bens e, se for o caso, para praticar atos da vida civil, bem como o momento em que a incapacidade

---

In WAMBIER, Teresa Arruda Alvim; DIDIER JR. Fredie; TALAMINI, Eduardo; DANTAS, Bruno. (coords.). *Breves Comentários ao Novo Código de Processo Civil*. 3ª ed. São Paulo: Revista dos Tribunais, 2016, p. 1.930).

134. MENEZES, Joyceane Bezerra de e CORREIA NETO. Jader de Figueiredo. Interdição e curatela no NOVO CPC à luz da dignidade da pessoa humana e do direito civil constitucional. In *Relações Privadas e Democracia*. Conpedi, 2014. Disponível em <www.publicadireito.com.br>. Acesso em 27 de outubro de 2017.

135. REQUIÃO. Maurício. *Estatuto da Pessoa com Deficiência, Incapacidade e Interdição*. Salvador: Juspodivm, 2016, p. 164.

136. No direito português, falava-se em incapacidade por interdição e no direito francês de *incapacité de protection* (RIBEIRO, Geraldo Rocha. *A protecção do incapaz adulto no direito português*. Coimbra: Coimbra Editora, 2010, p. 85).

137. Sobre os antecedentes históricos da curatela, v. MENEZES, Joyceane Bezerra de e CORREIA NETO. Jader de Figueiredo. Interdição e curatela no NOVO CPC à luz da dignidade da pessoa humana e do direito civil constitucional. Op. cit.

138. A denominação utilizada no trabalho é a apontada por Diego Carvalho Machado (Capacidade de agir e direitos da personalidade no ordenamento jurídico brasileiro: o caso do direito à privacidade. *Revista Brasileira de Direito Civil*. Belo Horizonte, vol. 8, nº 2, pp. 47-80, abr./jun. 2016. p. 57).

se revelou". Tem o autor, ainda, o dever de juntar laudo médico para provar tais alegações.[139]

Após instauração do processo de interdição, o juiz deve realizar a entrevista[140] do interditando, podendo tal entrevista ser acompanhada por especialista (art. 751, §2º do CPC),[141] além de poder requerer a oitiva de parentes e de pessoas próximas (§4º do mesmo dispositivo)[142]. Essa entrevista serve para o que juiz tome ciência da "vida, negócios, bens, vontades, preferências e laços familiares e afetivos e sobre o que mais lhe parecer necessário para convencimento" quanto à capacidade do interditando para praticar atos da vida civil. O interditando, caso não tenha requerido a medida, tem prazo de 15 dias[143] para impugnar o pedido e continua sendo autorizado, pelo §2º do art. 752, a constituir advogado[144].

Após o prazo para impugnação, far-se-á a produção de prova pericial, a fim de avaliar a capacidade do interditando para a prática dos atos da vida civil, devendo o laudo indicar os atos para os quais haverá necessidade de curatela.[145] Em momento seguinte, o juiz proferirá sentença em que decretará a instauração da medida, nomeará curador e fixará os limites da curatela.[146]

O artigo 755 do CPC estabelece que, na sentença de interdição, o juiz, além de nomear o curador, "fixará os limites da

---

139. Conforme disciplina o art. 750 do CPC: "O requerente deverá juntar laudo médico para fazer prova de suas alegações ou informar a impossibilidade de fazê-lo".
140. No CPC/73 utilizava-se a terminologia interrogatório: "Art. 1.181. O interditando será citado para, em dia designado, comparecer perante o juiz, que o examinará, interrogando-o minuciosamente acerca de sua vida, negócios, bens e do mais que lhe parecer necessário para ajuizar do seu estado mental, reduzidas a auto as perguntas e respostas".
141. Art. 751 § 2º A entrevista poderá ser acompanhada por especialista.
142. § 4º A critério do juiz, poderá ser requisitada a oitiva de parentes e de pessoas próximas.
143. Art. 752. Dentro do prazo de 15 (quinze) dias contado da entrevista, o interditando poderá impugnar o pedido. Prazo maior do que o Código anterior: CPC/73 - Art. 1.182. Dentro do prazo de 5 (cinco) dias contados da audiência de interrogatório, poderá o interditando impugnar o pedido. Segundo Amanda Barbosa e Antonio Lago Jr., o prazo ainda poderá ser dilatado pelo magistrado (BARBOSA, Amanda Souza e LAGO JUNIOR, Antônio. Primeiras análises sobre o sistema de (in)capacidades, interdição e curatela pós estatuto da pessoa com deficiência e Código de Processo Civil. *Revista de Direito Civil Contemporâneo*. São Paulo, vol. 8, pp. 91-114, 2016, p. 103).
144. A constituição de advogado já era disciplinada pelo código anterior: Art. 1.182 § 2º "Poderá o interditando constituir advogado para defender-se". No atual CPC: art. 752 § 2º "O interditando poderá constituir advogado, e, caso não o faça, deverá ser nomeado curador especial".
145. Art. 753: "Decorrido o prazo previsto no art. 752, o juiz determinará a produção de prova pericial para avaliação da capacidade do interditando para praticar atos da vida civil". § 2º "O laudo pericial indicará especificadamente, se for o caso, os atos para os quais haverá necessidade de curatela".
146. REQUIÃO. Maurício. *Estatuto da Pessoa com Deficiência, Incapacidade e Interdição*. Salvador: Juspodivm, 2016, p. 180.

curatela, segundo o estado e o desenvolvimento mental do interdito" e, para tanto, deve considerar "as características pessoais do interdito, observando suas potencialidades, habilidades, vontades e preferências".[147]

Apesar de a redação do *caput* do art. 755 do CPC afirmar que a sentença decreta a interdição, a eficácia da sentença de interdição é tema que gera divergência na doutrina. Maurício Requião entende que "a sentença declara a interdição" e "embora sujeita a recurso, produz efeito desde logo" tendo "qualquer recurso contra sentença que declara a interdição (...) somente efeito devolutivo".[148-149] Barbosa Moreira afirma sobre o tema:

> (...) a causa da incapacidade é a alienação mental, não a sentença de interdição. (...) Corretissimamente se dirá, portanto que a incapacidade não é gerada, mas apenas reconhecida pela sentença; (...) Daí não se infere, todavia, que a decretação da interdição seja ato meramente declaratório. Interditar uma pessoa não se reduz, em absoluto, a proclamar-lhe, pura e simplesmente a incapacidade.
>
> (...)
>
> Vistas as coisas por tal prisma, não se pode deixar de perceber no ato feição constitutiva.[150]

Percebe-se, então, que para o autor a sentença de interdição contém eficácia constitutiva[151], ao decretar a interdição. Apesar de ter

---

147. Art. 755 "Na sentença que decretar a interdição, o juiz": "I - nomeará curador, que poderá ser o requerente da interdição, e fixará os limites da curatela, segundo o estado e o desenvolvimento mental do interdito; II - considerará as características pessoais do interdito, observando suas potencialidades, habilidades, vontades e preferências".
148. REQUIÃO. Maurício. *Estatuto da Pessoa com Deficiência, Incapacidade e Interdição*. Op. cit., p. 180.
149. Em sentido diverso, Leonardo Schenk afirma que "a sentença de interdição tem natureza preponderantemente constitutiva na medida que, a partir e em razão dela, a situação jurídica do interdito é modificada (...)" (SCHENK, Leonardo Faria. Notas sobre a interdição no Código de Processo civil de 2015. *Revista Eletrônica de Direito Processual –REDP*. Vol. 15, jan./jun. 2015. Periódico Semestral da Pós-Graduação Stricto Sensu em Direito Processual da UERJ. Disponível em <www.e-publicacoes.uerj.br>. Acesso em 29 de novembro de 2017)
150. BARBOSA MOREIRA, José Carlos. Eficácia da Sentença de Interdição por Alienação Mental. *Revista de Processo*. São Paulo, nº 43, ano 11, jul./set. 1986, p. 14.
151. Robson Godinho constata que a interdição é ação constitutiva (GODINHO, Robson Renault. *Comentários ao Código de Processo Civil - Dos procedimentos de jurisdição voluntária*. GOUVEA, José Roberto e outros (coord.). São Paulo: Saraiva Educação, 2018, p. 345).

eficácia constitutiva, a projeção dos efeitos ocorre *ex nunc*[152-153]. O efeito primordial da sentença, que é a sujeição do interdito à curatela, não é passível de se projetar ao passado, "a retroeficácia de que se cogita precisamente consistiria na invalidação de atos praticados, antes da interdição, pelo incapaz".[154]

Barbosa Moreira explica que se já existia alienação mental os atos praticados seriam nulos e, para ele, poderiam ser declarados nulos *incidenter tantum*.[155] Porém, a época de sua obra, as pessoas com deficiência ainda estavam sob o manto da legislação que as poderia declarar absolutamente incapazes, tornando a nulidade de seus atos defensável.

Com a mudança no regime das incapacidades, é o caso de reconhecer que a interdição não invalida automaticamente os atos praticados antes da decisão, constituindo-se apenas material probatório para possível ação anulatória. Apesar de no projeto do CPC tal entendimento tenha sido concretizado no §5º do art. 755, o dispositivo não permaneceu em vigor.[156]

Após a constituição da curatela aos incapazes, e, com isso, após a declaração da incapacidade, os atos contidos na sentença de instituição da curatela como atos que necessitam de curador para serem praticados serão inválidos se praticados sem o curador, visto que, conforme art. 171 do Código Civil: "Além dos casos expressamente declarados na lei, é anulável o negócio jurídico: I - por incapacidade relativa do agente".

---

152. Explica Pontes de Miranda, comentando o CPC 1939, "O que contratou com o incapaz, antes da interdição, pode alegar a capacidade, prová-la, e obter, em processo diferente, que se julgue; porém, depois da interdição, pela força da sentença constitutiva, a sentença de validade seria contra a sentença de constituição da incapacidade, isto é, contra o que se publicou." (PONTES DE MIRANDA, Francisco Cavalcanti. *Comentários ao Código de Processo Civil*. 2ª ed. São Paulo: Forense, 1959, t. VIII, p. 35).
153. O STJ já se manifestou acerca da projeção de efeitos *ex nunc* da sentença de interdição. Por todos ver os seguintes julgamentos: BRASIL. Superior Tribunal de Justiça (quarta turma). Recurso Especial 1694984 MS 2017/0012081-0; Relator Ministro LUIS FELIPE SALOMÃO, Data de Julgamento: 14/11/2017, Data de Publicação: DJe 01/02/2018 e BRASIL. Superior Tribunal de Justiça (terceira turma). Recurso Especial 1251728 PE 2011/0094947-5, Relator Ministro PAULO DE TARSO SANSEVERINO, Data de Julgamento: 14/05/2013, Data de Publicação: DJe 23/05/2013.
154. BARBOSA MOREIRA, José Carlos. Eficácia da Sentença de Interdição por Alienação Mental. Op. cit., p. 15.
155. Id., Ibid., pp. 15-16.
156. REQUIÃO. Maurício. *Estatuto da Pessoa com Deficiência, Incapacidade e Interdição*. Op. cit., p. 180, nota 490.

Ao lado da curatela dos incapazes, apresentada acima, o EPD enuncia no art. 84, §1º, que "Quando necessário, a pessoa com deficiência será submetida à curatela, conforme a lei". Antes, como se viu, em seu *caput*, o legislador esclarece que as pessoas com deficiência são capazes em igualdade de condições com as demais pessoas.

Percebe-se, então, que o Estatuto, além de alterar o art. 4º e o art. 1.767 do Código Civil, revogando qualquer menção, nesses dispositivos, à incapacidade das pessoas com deficiência em razão especificamente da deficiência, atribui-lhes expressamente plena capacidade (*caput* do art. 84). Nada obstante, aponta a possibilidade de submetê-las à curatela.

Nesse novo quadro, então, a curatela deixa de ser instrumento apenas voltado a suprir incapacidade, para ser utilizada também em favor de sujeitos capazes – no que interessa a este trabalho, pessoas com deficiência mental ou intelectual – que estejam necessitando de uma proteção eventual.[157] Pode-se dizer, assim, que, com o EPD, cria-se um novo tipo de curatela:[158] a curatela das pessoas com deficiência capazes, que possam expressar vontade e não sejam ébrias habituais, viciadas em tóxicos ou pródigas, e que, eventualmente, julgam necessitar de apoio para a prática de determinados atos. Por essas razões, a curatela prevista no §1º do EPD vem recebendo da doutrina o nome de curatela de apoio.[159]

Trata-se, portanto, de um regime jurídico especial de instituição de curatela em favor da pessoa capaz com deficiência. Interessa, pois, apontar quais são as características desse regime especial, buscando apresentar um quadro comparativo entre ela e a curatela interditiva.

a) *O regime jurídico especial disciplinador da curatela de apoio*

A locução "conforme a lei", utilizada na parte final do §1º do art. 84, diz respeito à atração do regime geral de curatela dos incapazes, do Código Civil, no que for compatível ao alcance das finalidades da curatela das pessoas com deficiência, reconhecidas pelo *caput* como

---

157. REQUIÃO, Maurício. *Estatuto da Pessoa com Deficiência, Incapacidade e Interdição*. Op. cit., p. 152.
158. Pablo Stolze e Rodolfo Pamplona Filho admitem que, ao lado da curatela dos incapazes, o EPD inaugura, "em face dos sujeitos alcançados por este microssistema," uma curatela com "uma nova estrutura e configuração" (*Novo curso de direito civil*. Parte Geral. 14ª ed. E-book. São Paulo: Saraiva, 2012, vol. 1, p. 1.348).
159. MACHADO, Diego Carvalho. Capacidade de agir e direitos da personalidade no ordenamento jurídico brasileiro: o caso do direito à privacidade. Op. cit., p. 57.

capazes, ou seja, a curatela de apoio. Conforme adiantado acima, ao lado da curatela de apoio, permanece em pleno funcionamento no regime jurídico brasileiro a curatela interditiva. Os sujeitos que podem ser submetidos a esse tipo de curatela (curatela interditiva) são os que estão descritos no art. 1.767 do Código Civil, observadas ressalvas feitas pela lei, como é o caso da limitação de conteúdo imposta à curatela do pródigo.

Constata-se, assim, diante da análise do Código Civil e do EPD, a coexistência de dois regimes jurídicos de curatela no direito brasileiro: de um lado, um regime geral de curatela, regulado pelo Código Civil e procedimentalmente pelo Código de Processo Civil, construído tendo por premissa a proteção dos sujeitos incapazes, anterior ao advento do EPD e, de outro, um regime especial de curatela destinado a oferecer instrumentos de exercício de autonomia às pessoas com deficiência capazes. As normas do regime geral serão aplicáveis ao regime especial, desde que omissa a legislação especial e diante da compatibilidade das normas gerais com as especificidades estipuladas pelo regime especial. Assim, normas do EPD indicam o regime jurídico da curatela de apoio, enquanto as normas do CPC e do Código Civil alimentam a curatela dos incapazes e dos capazes com deficiência, no que com essa última função forem compatíveis e desde que, no regramento do EPD, não exista regra específica.

b) *Requisito do regime especial: necessidade da curatela de apoio*

O Estatuto, ao determinar, após o reconhecimento da capacidade plena das pessoas com deficiência, que elas serão submetidas à curatela "quando necessário", não apresenta quais critérios preencherão esse conceito indeterminado. Agiu corretamente.

Explica-se.

Se não são mais incapazes, as pessoas com deficiência deverão se submeter à curatela quando entenderem ser necessária a medida. Elas, possuidoras de capacidade plena, e, por isso, aptas a manifestar vontade, devem gerir sua deficiência e a eventual necessidade de auxílio para prática de atos.

Então, o juiz estará limitado à análise do apoio requerido pela pessoa com deficiência na petição inicial ou por quem o faça, com sua anuência, não podendo, na sentença, constituir curador para atos que não foram requeridos.

Desse modo, não parece ser compatível com o regime especial alguns dispositivos do regime geral. Por exemplo, o art. 755 do CPC que indica que o juiz fixará os limites da curatela, de acordo com "o estado e o desenvolvimento mental do interdito", não pode ser aplicado à curatela de apoio. Com isso, o magistrado deve se limitar a avaliar as alegações e provas da necessidade de auxílio e a compatibilidade delas com os atos descritos pelo requerente como necessários.

c) *A limitação da curatela de apoio aos atos de natureza patrimonial ou negocial*

Também importa destacar uma característica essencial da curatela de apoio: a limitação ao seu conteúdo.

Desde o Código Beviláqua, até o advento do EPD, a curatela detinha um caráter patrimonial, ou seja, a preocupação do legislador se voltava à tutela e à administração dos bens do curatelado. Entretanto, a instauração da curatela possibilitava uma quase completa mitigação da personalidade do interditado[160], porque a lei não estipulava que a medida era limitada aos atos de natureza patrimonial.[161]

Contudo, no § 3º[162] do art. 84 do EPD, o legislador previu expressamente que a curatela de pessoa com deficiência é medida protetiva extraordinária e que deverá ser proporcional às necessidades e às circunstâncias de cada caso, durante o menor tempo possível. Confirmou-se, então, a curatela como medida *in extremis*, que somente poderá ser utilizada nos limites da necessidade do curatelado.[163]

---

160. MENEZES, Joyceane Bezerra de e CORREIA NETO. Jader de Figueiredo. Interdição e curatela no NOVO CPC à luz da dignidade da pessoa humana e do direito civil constitucional. Op. cit.; REQUIÃO. Maurício. *Estatuto da Pessoa com Deficiência, Incapacidade e Interdição*. Op. cit., pp. 164-165; BARBOSA, Amanda Souza e LAGO JUNIOR. Antônio. Primeiras análises sobre o sistema de (in)capacidades, interdição e curatela pós estatuto da pessoa com deficiência e Código de Processo Civil. Op. cit., p. 94.
161. A exceção desta regra seria, antes do EPD, o art. 1.782 do Código Civil, que versa sobre a interdição do pródigo. "Art. 1.782. A interdição do pródigo só o privará de, sem curador, emprestar, transigir, dar quitação, alienar, hipotecar, demandar ou ser demandado, e praticar, em geral, os atos que não sejam de mera administração".
162. Art. 84 "§ 3º A definição de curatela de pessoa com deficiência constitui medida protetiva extraordinária, proporcional às necessidades e às circunstâncias de cada caso, e durará o menor tempo possível".
163. MENEZES, Joyceane Bezerra de. O direito protetivo no Brasil após a convenção sobre a proteção da pessoa com deficiência: impactos do novo CPC e do Estatuto da Pessoa com Deficiência. *Revista Eletrônica de Direito Civil*. Nº 1, ano 4, 2015. Disponível em <http://civilistica.com>. Acesso em 15 de novembro de 2017; SANTOS, Ivana Assis Cruz dos. O Estatuto da Pessoa com Deficiência e as Alterações no Código Civil de 2002. *Revista Síntese direito previdenciário*. São Paulo, nº 78, ano XVI, pp. 27-36, maio./jun. 2017, p. 32; CABRAL, Ana Clara. Estatuto da pessoa com deficiência e seu impacto no código civil. *Revista Síntese direito previdenciário*. São Paulo, nº 78, ano XVI, pp. 47-48, maio./jun.

Mas, além de expressamente firmar a temporariedade e o caráter excepcional da medida curatelar da pessoa com deficiência, o EPD apresentou uma limitação ao seu conteúdo. No art. 85[164] estabeleceu limites, de modo que a curatela da pessoa com deficiência somente afetará a prática de atos relacionados aos direitos de natureza patrimonial e negocial, preservando, assim, a autonomia referente ao exercício dos direitos existenciais.[165] Com isso, não há mais que se vincular a curatela à substituição de vontade.

Ademais, o Estatuto enumera, no parágrafo 1º do art. 85, exemplificadamente, direitos cuja administração a curatela não alcançará, como "o direito ao próprio corpo, à sexualidade, ao matrimônio, à privacidade, à educação, à saúde, ao trabalho e ao voto".[166]

Posterior ao EPD, o Projeto de Lei nº 757 de 2015[167], dos senadores Antônio Carlos Valadares, Paulo Paim e outros, no texto inicial, propôs alteração à redação do Art. 85 do EPD e a inserção de um quarto parágrafo. Segundo a proposta o dispositivo enunciaria que:

2017, p. 47; MARTINS, Silvia Portes Rocha. O Estatuto da pessoa com deficiência e as alterações jurídicas relevantes no âmbito da capacidade civil. *Revista dos Tribunais*. São Paulo, vol. 105, nº 974, pp. 225-243, dez. 2016, p. 231; BARBOZA, Heloisa Helena. A importância do CPC para o novo regime de capacidade civil. *Revista da Escola da Magistratura do Estado do Rio de Janeiro*. Rio de Janeiro, vol. 20, nº 1, pp. 209-223, jan./abril. 2018, p. 216. GODINHO, Robson Renault. *Comentários ao Código de Processo Civil - Dos procedimentos de jurisdição voluntária*. GOUVEA, José Roberto e outros (coord.). São Paulo: Saraiva Educação, 2018, p. 343.

164. "Art. 85. A curatela afetará tão somente os atos relacionados aos direitos de natureza patrimonial e negocial".

165. A 7ª Câmara Cível do Tribunal de Justiça de Minas Gerais, no julgamento da apelação 1.0427.13.001117-9/001, reconheceu a curatela apenas para prática de atos de natureza patrimonial e negocial mesmo em caso de graves problemas psiquiátricos. (BRASIL. Tribunal de Justiça de Minas Gerais (7ª Câmara Cível). Apelação Cível 1.0427.13.001117-9/001. Relator(a): Des.(a) Wilson Benevides. julgamento em 25/04/2017, publicado 05/05/2017) (Disponível em https://tj-mg.jusbrasil.com.br/jurisprudencia/455383371/apelacao-civel-ac-10427130011179001-mg. Acesso 27 de novembro de 2017). A mesma Câmara Cível, sob a relatoria da Des.(a) Alice Birchal, no julgamento da apelação cível 1.0245.13.011494-6/001, em fevereiro de 2017, entendeu que o inciso I do art. 755, que ainda será abordado neste trabalho, possibilita a ampliação dos poderes do curador para atos de natureza não patrimonial ou negocial (BRASIL. TJMG [7ª Câmara Cível]. Apelação cível 1.0245.13.011494-6/001, Relatora Desembargadora Alice Birchal. Julgamento em 14/02/2017, publicação 21/02/2017). Disponível em https://tj-mg.jusbrasil.com.br/jurisprudencia/432893401/apelacao-civel-ac-10245130114946001-mg. Acesso 27 de novembro de 2017.

166. Art. 85 § 1º "A definição da curatela não alcança o direito ao próprio corpo, à sexualidade, ao matrimônio, à privacidade, à educação, à saúde, ao trabalho e ao voto".

167. O Projeto de Lei nº 757 ainda se encontra em tramitação. O texto inicial apresentado pelos Senadores Antônio Carlos Valadares (PSB/SE), Paulo Paim (PT/RS) e outros sofreu alterações substanciais, algumas delas que serão comentadas ao longo deste trabalho. No dia 29 de novembro de 2018, o projeto foi remetido à Câmara dos Deputados, recebido sob o número 11.091/2018. Atualmente, encontra-se na Comissão de Defesa dos Direitos das Pessoas com Deficiência. Para toda tramitação: <http://www.camara.gov.br/proposicoesWeb/fichadetramitacao?idProposicao=2187924>. Acesso em 30 de março de 2019.

> Art. 85. A curatela das pessoas com deficiência será limitada aos aspectos considerados estritamente necessários para a defesa e a promoção de seus interesses, preferencialmente limitando-se aos atos e negócios jurídicos de natureza patrimonial, respeitada a maior esfera possível de autonomia para os atos da vida civil.
> (...)
> § 4º As limitações previstas no § 1º deste artigo não se aplicam nas hipóteses excepcionalíssimas do art. 1.772 da Lei nº 10.406, de 10 de janeiro de 2002.[168]

Percebe-se que a tentativa dos senadores foi de não mais limitar a curatela aos atos patrimoniais, mas apenas preferencialmente aos atos dessa natureza. Tal iniciativa se manteve no substitutivo proposto pela Comissão de Direitos Humanos e Legislação Participativa sob a relatoria do Senador Telmário Mota.[169] Entretanto, a Comissão de Constituição, Justiça e Cidadania, sob a relatoria da senadora Lídice da Mata, rejeitou as alterações propostas, conservando o texto original do Estatuto.

Nesse sentido, preserva-se ao curatelado capaz a sua autonomia privada em relação aos direitos de personalidade, não sendo possível limitar o exercício de situações subjetivas personalíssimas.

Assim, o curador da pessoa com deficiência capaz deve atuar com a finalidade de

> facilitar a compreensão e prestar o adequado auxílio ao curatelado, seja, por exemplo, declarando a vontade deste a terceiros, traduzindo informações de maior grau de complexidade em linguagem simples e compreensível, ou, de modo mais ativo, formulando proposições sugestivas ao curatelado a fim de ajudá-lo em certas escolhas – v. g., concluir contrato de locação de imóvel residencial –, promovendo, enfim, na maior medida possível o discernimento do deficiente para a prática de atos da vida negocial.[170]

Percebe-se, então, uma alteração substancial da forma como o curador se mostra na relação entre ele e o curatelado. Especialmente

---

168. Disponível em <https://www25.senado.leg.br>. Acesso em 18 de julho de 2018.
169. Disponível em <https://www25.senado.leg.br>. Acesso em 18 de julho de 2018.
170. MACHADO, Diego Carvalho. Capacidade de agir e direitos da personalidade no ordenamento jurídico brasileiro: o caso do direito à privacidade. Op. cit., pp. 59-60.

na curatela da pessoa com deficiência, ele passa a prestar um auxílio ao curatelado para o melhor entendimento das questões.

Sem mencionar o tipo de curatela, Heloisa Barboza assegura que a possibilidade de interdição no âmbito dos direitos existenciais permanece no sistema de forma excepcional, mediante decisão judicial. Tal medida, segundo a autora, pode vir a ser instaurada para a proteção ou benefício da pessoa com deficiência ou para a proteção de terceiro. A defesa da hipótese se dá pela convicção de que a "plena capacidade das pessoas com deficiência não se pode dar com sacrifício de sua proteção e dignidade".[171]

Em sentido semelhante, o Desembargador Francisco Loureiro, da 1º Câmara de Direito Privado do TJSP, no julgamento da apelação cível 0307037-84.2009.8.26.0100, afirmou que:

> leitura rápida e superficial pode levar à conclusão de que todas as pessoas com enfermidade ou deficiência mental e que não tiverem condições de exprimir sua vontade por causa transitória ou permanente, antes consideradas absolutamente incapazes, a partir do Estatuto da Pessoa com Deficiência deixaram de sê-lo, e não mais se sujeitam à interdição, cujo procedimento deixou de ter previsão legal expressa no Código Civil.[172]

No mesmo voto, o desembargador se manifestou acerca dos atos sobre os quais pode recair a curatela:

> Se a capacidade de entendimento e autodeterminação da pessoa com deficiência for, porém, reduzida em maior ou menor grau, afigura-se perfeitamente possível a recomendável a instituição de curatela ou do procedimento de tomada de decisão apoiada para a consecução de determinados atos, especialmente aqueles de ordem patrimonial. Ressalte-se que mesmo a curatela poderá ser parcial ou total, dependendo do grau de comprometimento das faculdades mentais do interessado, a ser avaliado por meio de perícia.

---

171. BARBOZA, Heloisa Helena. A importância do CPC para o novo regime de capacidade civil. Op. cit., p. 217.
172. BRASIL. Tribunal de Justiça de São Paulo (1ª Câmara de Direito Privado), Apelação Cível 0307037-84.2009.8.26.0100, Relator Des. Francisco Loureiro, voto 29.643. Disponível em http://arpenbrasil.org.br. Acesso 07 de junho de 2018.

(...)

Em suma, uma interpretação sistemática e teleológica do Estatuto da Pessoa com Deficiência impõe a conclusão de que as pessoas que não consigam exprimir sua vontade por causa transitória ou permanente – por exemplo, doença mental que reduza seu discernimento –, devem ser consideradas relativamente incapazes, pois em geral conservam sua autonomia para a prática de atos de natureza existencial, relacionados aos direitos da personalidade, a exemplo dos direitos sexuais e reprodutivos, e aqueles relacionados ao planejamento familiar.

Todavia, dependendo do grau de comprometimento das faculdades mentais da pessoa, poderá ela submeter-se à curatela total ou parcial, que abrangerá eminentemente os atos de natureza patrimonial e negocial, ou então optar pelo processo de tomada de decisão apoiada para a prática de atos diversos.[173]

É indispensável observar que o desembargador faz uso de expressões indicativas de que qualquer curatela deve "preferencialmente" incidir sobre atos patrimoniais, não sendo impossível, entretanto encontrar situações em que a curatela (mas, nesse caso, somente a curatela interditiva, reservada aos incapazes) possa abranger atos relativos a outros tipos de direitos.

Observa-se, então, que a manutenção da hipótese de incapacidade para aqueles que, por causa transitória ou permanente, não puderem exprimir sua vontade implica dizer que: se em decorrência de qualquer circunstância, entre elas a deficiência mental ou intelectual,[174] a pessoa não consiga expressar sua vontade ela será considerada relativamente incapaz,[175] e, será submetida à curatela interditiva com possibilidade de sofrer restrição para prática de atos de natureza patrimonial ou não-patrimonial.[176]

---

173. Idem.
174. Nesse sentido, Stella Camlot Reicher afirma que "a impossibilidade de expressão da vontade por causa transitória ou permanente ainda deixe margem para que pessoas com deficiência com dificuldades de expressar sua vontade sejam colocadas em situação de curatela." (*A capacidade legal das pessoas com deficiência*. Disponível em <www.apaesp.org.br>. Acesso em 05 de junho de 2018).
175. FARIAS, Cristiano Chaves. CUNHA, Rogério Sanches. PINTO, Ronaldo Batista. *Estatuto da pessoa com deficiência comentado artigo por artigo*. Op. cit., pp. 313.314; FARIAS, Cristiano Chaves de. ROSENVALD, Nelson. *Curso de direito civil*: parte geral e LINDB. Op. cit., p. 335. Átala Correia afirma que tal hipótese abarcaria os casos de deficiência mental severa (CORREIA, Átala. Estatuto da pessoa com deficiência traz inovações e dúvidas. *Revista Síntese direito previdenciário*. São Paulo, nº 78, ano XVI, pp. 22-26, maio/jun. 2017, p. 24).
176. Com mesmo entendimento: BERLINI, Luciana; AMARAL, Paloma Francielly do. Os impactos do Estatuto da Pessoa com Deficiência no direito protetivo pátrio e sua antinomia com o novo código de

Esse entendimento advém não só pelo fato de o EPD ter apontado uma restrição de instituição de curatela apenas à curatela das pessoas com deficiência, mas também pelos textos dos arts. 749 e 751 do CPC, trazidos acima, que mencionam expressamente a necessidade de análise da viabilidade do interditando para prática de atos da vida civil, sem, em momento algum, limitá-los aos atos negociais ou patrimoniais.

d) *A legitimidade para requerer a curatela de apoio*

Ao tratar acima da curatela interditiva, mencionou-se que o CPC/15 estabelece, no art. 747[177], a legitimidade ativa para a ação de interdição. Esse dispositivo possui um rol maior que o CPC anterior, pois este não possibilitava a propositura pelo representante da entidade em que o interditando se encontra abrigado,[178] sendo a legitimidade desses entes extraordinária, podendo atuar em conjunto ou isoladamente.[179]

É importante mencionar, no tocante à legitimidade, a discussão acerca da autointerdição. O EPD, em seu art. 114, que alterou o Código Civil, incluiu no art. 1.768,[180] rol de legitimados para promover a curatela, o inciso IV, que define o próprio interessado como apto a requerê-la.[181] Porém, o CPC não elencou no art. 747 o interditando como legitimado, e mais, revogou o art. 1.768,[182] após a entrada em

---

processo civil. *Revista da Escola Superior da Magistratura do Estado do Ceará*. Fortaleza, vol. 15, nº 2, 2017. Disponível em <http://revistathemis.tjce.jus.br>. Acesso em 12 de julho de 2018. Porém, em sentido diverso, FARIAS, CUNHA e PINTO afirmam que "Mesmo que a pessoa com deficiência não possa exprimir a sua vontade plenamente e, por conta disso, esteja em situação de curatela, está assegurada a sua autonomia existencial" (FARIAS, Cristiano Chaves de. CUNHA, Rogério Sanches. PINTO, Ronaldo Batista. *Estatuto da pessoa com deficiência comentado artigo por artigo*. Op. cit., p. 64).Para nós, porém, como dito, não há como se preservar autonomia de exercício amplo de direitos a alguém que não possa expressar sua vontade.

177. Art. 747. A interdição pode ser promovida: I - pelo cônjuge ou companheiro; II - pelos parentes ou tutores; III - pelo representante da entidade em que se encontra abrigado o interditando; IV - pelo Ministério Público.

178. Maurício Requião, ao tratar sobre o tema, faz referência à necessidade de regulamentação acerca dos requisitos que as instituições devem cumprir para serem aptas a propor a ação. (REQUIÃO. Maurício. *Estatuto da Pessoa com Deficiência, Incapacidade e Interdição*. Op. cit., p. 171). No Projeto de lei 757/2015 já mencionado, tenta-se solucionar essa e outras questões de direito intertemporal. Disponível em <https://www25.senado.leg.br>. Acesso em 28 de novembro de 2017.

179. SCHENK, Leonardo Faria. Notas sobre a interdição no Código de Processo Civil de 2015. Op. cit.

180. Art. 1.768. O processo que define os termos da curatela deve ser promovido: IV - pela própria pessoa.

181. Trata-se, em verdade, de antiga sugestão doutrinária promovida por Alcides de Mendonça Lima que afirmou, apesar de o Código que o autor comentava não conter a hipótese expressamente, que "ninguém velará mais por si mesmo do que o próprio interessado." (LIMA, Alcides Mendonça. *Comentários ao Código de Processo Civil*. São Paulo: RT, 1982, vol. VII, p. 436).

182. O dispositivo 1.072, II, do CPC, revogou o art. 1.678: Art. 1.072: "Revogam-se: II - os arts. 227, caput, 229, 230, 456, 1.482, 1.483 e 1.768 a 1.773 da Lei no 10.406, de 10 de janeiro de 2002 (Código Civil)".

vigor do Estatuto, sem observar a inserção feita no artigo revogado. Desse modo, num primeiro momento, se poderia assumir que a pessoa com deficiência só pode exercer a autointerdição no lapso temporal entre a entrada em vigor do Estatuto e a entrada em vigor do CPC.[183] Fredie Didier Jr. defende que a revogação feita pelo CPC considerou a legislação civil da época, não sendo possível revogar o item que inseria a pessoa com deficiência como promovedora da curatela. Com isso, para o autor, mantem-se no sistema a possibilidade de autointerdição.[184] Entretanto, mesmo sem o posicionamento de revogação parcial do art. 1.768, é plausível sustentar a autointerdição, com fundamento na Convenção sobre os Direitos da Pessoa com Deficiência.[185] Assim, defende-se que de fato há no sistema a viabilidade do processo instituidor da curatela ser ajuizado pelo próprio beneficiário.[186]

Com essa premissa, passa-se a análise da seguinte questão: a curatela de apoio pode ser requerida pelos mesmos legitimados do art. 747 do CPC?

Como já dito, no *caput* do art. 84, ficou fixada a capacidade plena da pessoa com deficiência. Já no §1º menciona-se que quando necessário, "a pessoa com deficiência será submetida à curatela, conforme a lei" e, continua no §2º, estatuindo que para a curatela do

---

183. REQUIÃO, Maurício. *Estatuto da Pessoa com Deficiência, Incapacidade e Interdição.* Op. cit., pp. 171-172.
184. DIDIER JR. Fredie. *Estatuto da pessoa com deficiência, código de processo civil de 2015 e código civil: uma primeira reflexão.* Disponível em http://www.frediedidier.com.br/. Acesso 27 de novembro de 2017. No sentido de reconhecer a legitimidade ativa do interditando: MENEZES, Joyceane Bezerra de. O direito protetivo no Brasil após a convenção sobre a proteção da pessoa com deficiência: impactos do novo CPC e do Estatuto da Pessoa com Deficiência. Op. cit.; ARAUJO, Luiz Alberto David. COSTA FILHO, Waldir Macieira da. O Estatuto da Pessoa com Deficiência – EPCD (Lei 13.146, de 06.07.2015): Algumas novidades. *Revista dos Tribunais,* São Paulo, vol. 962, pp. 65-80, dez./2015. Disponível em <www.mppa.mp.br>. Acesso em 31 de maio de 2018. E, ainda, REQUIÃO, Maurício. *Estatuto da Pessoa com Deficiência, Incapacidade e Interdição.* Op. cit. Este autor defende que o ideal seria a propositura de um projeto de lei que determinasse a inserção de um novo inciso no art. 747 do CPC.
185. Esse é o entendimento de BARBOSA, Amanda Souza e LAGO JUNIOR. Antônio. Primeiras análises sobre o sistema de (in)capacidades, interdição e curatela pós estatuto da pessoa com deficiência e Código de Processo Civil. Op. cit., p. 98. Aderimos a ele, de modo que defendemos que é possível extrair a possibilidade de autointerdição pela interpretação sistemática do EPD com a Convenção sobre Direitos Humanos das Pessoas com Deficiência. O Fórum Permanente de Processualistas Civis, versando sobre a autointerdição, editou o enunciado 680, *in verbis* "Admite-se pedido de autointerdição e de levantamento da própria interdição a partir da vigência do Estatuto da Pessoa com Deficiência".
186. Sobre o tema, Rosa Nery entende que "o comando do EPD de especificamente alterar o texto de artigos revogados implicaria repristinação deles e, por isso, as alterações que operou em artigos já revogados não se consideram escritas" (NERY, Rosa Maria Barreto Borriello de Andrade. O Estatuto da Pessoa com Deficiência (L. 13146, de 6.7.2015 – EPD) (Notícia do Novo Sistema Jurídico Brasileiro). *Revista Jurídica Luso-Brasileira.* Ano 2, nº 1, pp. 1541-1561, 2016. Disponível em <www.cidp.pt>. Acesso em 12 de julho de 2018).

§1º, tem-se como alternativa a tomada de decisão apoiada, instituto a ser analisado adiante.

Apesar de o texto do §1º do art. 84 mencionar que "a pessoa com deficiência será submetida à curatela", não faz sentido, diante da capacidade da pessoa com deficiência, vislumbrar hipótese de terceiros requererem a constituição de curatela, sem a anuência da pessoa com deficiência. Dessa forma, só será possível o deferimento da constituição da curatela de apoio por outro legitimado que não a própria pessoa com deficiência, se ela, sendo intimada no processo de constituição da curatela intentado por um dos legitimados do art. 747 do CPC, não impugnar o pedido nos termos do art. 752 do diploma processual, ou declarar expressamente a sua concordância.[187] Isto porque, apesar da deficiência, o reconhecimento da capacidade garante o direito de se autogerir, inclusive para escolher qual a medida de apoio é mais adequada.

Se, contudo, se verificar que não se trata de pessoa com deficiência capaz, mas sim de incapacidade segue-se a regra do regime geral, com os legitimados especificados no art. 747 do CPC, incluindo o próprio interditando como legitimado.[188]

Com a premissa de que a legitimidade para requerer a constituição de curatela de apoio é da pessoa com deficiência, não se aplicará a essa curatela o disposto no art. 748 do CPC, que cuida da legitimidade do Ministério Público para promover a interdição.[189]

---

187. Trata-se aqui de entendimento que muito se assemelha com a figura da curatela-mandato do revogado art. 1.780 do CC. Nessa curatela, criada para o enfermo e pessoa com deficiência física, logo não destinada a um incapaz, cabia ao próprio interessado requerê-la ou, como afirmou Maria Berenice Dias, a qualquer das pessoas legitimadas, desde que com a concordância do curatelado. A autora ainda explica que a curatela-mandato possuía a vantagem, em relação à procuração, pois nessa última perdia-se a eficácia caso o outorgante incidisse em alguma das causas de interdição (DIAS, Maria Berenice. *Manual de Direito das Famílias*. São Paulo: Revista dos Tribunais, 2015. pp. 691-692).

188. Robson Godinho, ao tratar sobre a autointerdição, afirma que se a pessoa admitir que necessita de interdição por ser incapaz é necessária uma regularização procedimental, devendo ser nomeado curador provisório para assistir o autor (GODINHO, Robson Renault. *Comentários ao Código de Processo Civil - Dos procedimentos de jurisdição voluntária*. Op. cit., p. 368).

189. Acerca da legitimidade do Ministério Público, que, como dissemos, serve apenas a curatela do regime geral, também é possível apontar problemas de direito intertemporal. O EPD alterou o art. 1.769 do Código Civil, de modo que o MP poderá promover o processo nos casos de deficiência decorrente de impedimentos intelectuais ou mentais, se a interdição não for promovida por algum dos legitimados ou se forem menores ou incapazes as pessoas legitimadas. Porém, posterior à alteração do Estatuto, o CPC revogou o art. 1.769 do CC e regulamentou a legitimação do MP no art. 748: "Art. 748. O Ministério Público só promoverá interdição em caso de doença mental grave: I - se as pessoas designadas nos incisos I, II e III do art. 747 não existirem ou não promoverem a

e) **Validade dos atos praticados sem curador**

Assim como na curatela interditiva, na curatela de apoio, com a instauração da medida, tornar-se necessária a presença do curador/apoiador para prática dos atos descritos na sentença de curatela. Evidentemente a invalidade dos atos praticados pela pessoa com deficiência capaz sem o curador não terá o mesmo fundamento da invalidade dos atos dos incapazes, qual seja, o art. 171 do Código Civil.

É certo que o juiz, na sentença de constituição da curatela de apoio, considerará, apesar da deficiência da parte, a sua capacidade de autogestão. Entretanto, declarará a necessidade, apresentada pela própria pessoa com deficiência ou com sua anuência, de auxílio para prática de certos atos negociais ou patrimoniais. Com isso, estabelecerá restrições à capacidade que servem como proteção não só à pessoa com deficiência, mas também ao terceiro que com ela negocia. Trata-se de um requisito formal de validade dos negócios celebrados pela pessoa com deficiência capaz curatelada, que tem por consequência a presunção de validade dos atos praticados pela pessoa com deficiência, com auxílio de seu curador.

Ocorre que, como afirmado, o Código Civil, no art. 171[190], não traz essa hipótese de anulabilidade dos negócios jurídicos. Ao que parece, o referido dispositivo não foi compatibilizado com a nova sistemática do EPD, visto que a sentença que constitui a curatela, mesmo tratando-se da curatela de apoio, impõe a necessidade de auxílio para prática de determinados atos. Assim, após a prolação da sentença, nada mais protetivo do que impor a presença do curador/apoiador para os atos descritos. A aplicabilidade do art. 171 a esses casos, contudo, trata-se de uma proposta *de lege ferenda*.

---

interdição; II - se, existindo, forem incapazes as pessoas mencionadas nos incisos I e II do art. 747". Com a devida *vênia* ao entendimento apresentado por Fredie Didier Jr. no sentido de que haveria revogação tácita do CPC, se segue, aqui, o entendimento de que se encontra em vigor o Código de Processo Civil. Sendo assim, a legitimidade do MP é subsidiária e só ocorre em caso de doença mental grave, ou segundo o que se analisou anteriormente, transtorno mental grave, e se se verificar (e se comprovar) a inexistência ou inércia das pessoas designadas nos incisos I, II e III do art. 747 ou a incapacidade daquelas indicadas nos seus incisos I e II. (MENEZES, Joyceane Bezerra de. O direito protetivo no Brasil após a convenção sobre a proteção da pessoa com deficiência: impactos do novo CPC e do Estatuto da Pessoa com Deficiência. Op. cit.).Também abordam a legitimidade do Ministério Público: REQUIÃO. Maurício. *Estatuto da Pessoa com Deficiência, Incapacidade e Interdição*. Op. cit., p. 172. SCHENK, Leonardo Faria. Notas sobre a interdição no Código de Processo civil de 2015. Op. cit.

190. "Art. 171. Além dos casos expressamente declarados na lei, é anulável o negócio jurídico: I - por incapacidade relativa do agente; II - por vício resultante de erro, dolo, coação, estado de perigo, lesão ou fraude contra credores".

4.2.3.1.2. Tomada de Decisão Apoiada

A Tomada de Decisão Apoiada pode ser entendida como um modelo alternativo ao alcance das finalidades da curatela,[191-192] em que a pessoa com deficiência capaz[193] elege duas pessoas para "construir em torno de si uma rede de sujeitos baseada na confiança que neles tem, para lhe auxiliar nos atos da vida".[194] Não há aqui uma restrição ao exercício dos direitos da pessoa com deficiência;[195] preserva-se a autonomia da pessoa fornecendo-lhe proteção para a prática de certos atos patrimoniais ou que impactam na esfera não-patrimonial.[196]

Importante frisar que se trata de medida alternativa à curatela de apoio (mas não à curatela interditiva) que, além de garantir a capacidade de agir do sujeito, é ela mesma, "fruto da autonomia privada do apoiado e de seus apoiadores".[197-198]

Chaves, Cunha e Pinto, rejeitando a tese de que a tomada de decisão apoiada se trata da concretização de um modelo alternativo à curatela, afirmam que "A tomada de decisão apoiada não se confunde com a curatela, partindo de uma premissa diametralmente oposta: inexiste incapacidade, mas mera necessidade de apoio a uma

---

191. SANTOS, Ivana Assis Cruz dos. O Estatuto da Pessoa com Deficiência e as Alterações no Código Civil de 2002. Op. cit., p. 34; DANELUZZI, Maria Helena Marques Braceiro. MATHIAS, Maria Ligia Coelho. Repercussão do Estatuto da Pessoa com Deficiência (Lei 13.146/2015), nas legislações civil e processual civil. Op. cit., p. 69.
192. O TJRO, na Apelação nº 0001370-73.2015.822.0010, de relatoria do Des. Alexandre Miguel, em abril de 2016, entendeu pela possibilidade de conversão da interdição, com o processo em curso na entrada em vigor do EPD, em tomada de decisão apoiada (BRASIL. Tribunal de Justiça de Rondônia (2ª Câmara Cível). Apelação nº 0001370-73.2015.822.0010, Relator Desembargador Alexandre Miguel. Data do julgamento: 28 de abril de 2016. Data da Publicação: 04 de maio de 2016. Disponível em <https://tj-ro.jusbrasil.com.br>. Acesso em 27 de novembro de 2017).
193. FARIAS, Cristiano Chaves de. CUNHA, Rogério Sanches. PINTO, Ronaldo Batista. *Estatuto da pessoa com deficiência comentado artigo por artigo*. Op. cit., p. 341.
194. REQUIÃO, Maurício. As mudanças na capacidade e a inclusão da tomada de decisão apoiada a partir do estatuto da pessoa com deficiência. Op. cit.; REQUIÃO. Maurício. *Estatuto da Pessoa com Deficiência, Incapacidade e Interdição*. Op. cit., p. 182.
195. ARAUJO, Luiz Alberto David. COSTA FILHO, Waldir Macieira da. O Estatuto da Pessoa com Deficiência – EPCD (Lei 13.146 de 06.07.2015): algumas novidades. *Revista dos Tribunais*. São Paulo, vol. 962, pp. 65-80, dez. 2015.
196. MENEZES, Joyceane Bezerra de. O direito protetivo no Brasil após a convenção sobre a proteção da pessoa com deficiência: impactos do novo CPC e do Estatuto da Pessoa com Deficiência. Op. cit. E nesse mesmo sentido, FARIAS, Cristiano Chaves de. CUNHA, Rogério Sanches. PINTO, Ronaldo Batista. *Estatuto da pessoa com deficiência comentado artigo por artigo*. Op. cit., p. 343.
197. MACHADO, Diego Carvalho. Capacidade de agir e direitos da personalidade no ordenamento jurídico brasileiro: o caso do direito à privacidade. Op. cit., p. 59.
198. FARIAS, Cristiano Chaves. CUNHA, Rogério Sanches. PINTO, Ronaldo Batista. *Estatuto da pessoa com deficiência comentado artigo por artigo*. Op. cit., p. 243.

pessoa humana".[199] No mesmo sentido dos autores, o Desembargador Francisco Loureiro, em julgamento, afirmou que "O processo de tomada de decisão apoiada, por sua vez, seria aplicável às pessoas com deficiência que, embora capazes, necessitem de auxílio de outrem para decidir sobre determinadas questões".[200] O que os autores e o Desembargador defendem é que qualquer curatela possui como pré-requisito a incapacidade, posição, conforme se viu no item anterior, rechaçada neste trabalho.

Em outro sentido, Rolf Madaleno[201] e Thais Câmara Coelho[202] afirmam que a tomada de decisão apoiada serve para aquelas pessoas com deficiência que tenham discernimento reduzido, enquanto a incapacidade ficaria reservada aquelas que não externam vontade.

Não parece ser esse o melhor entendimento, porque a tomada de decisão apoiada é negócio jurídico celebrado entre apoiado e apoiadores, não sendo, pois, instrumento apto à restrição de direitos, mas sim de mero apoio a atos que a própria pessoa com deficiência indique. O discernimento reduzido é elemento da exteriorização de vontade, ou seja, sem discernimento não há expressão válida de vontade, sendo, pois, caso de incapacidade relativa e, para a legislação em vigor, para os incapazes a medida a ser instaurada é a curatela interditiva.

Concorda-se, porém, com a autora acerca da utilização da tomada de decisão apoiada para pessoas com impossibilidade física, sensorial ou psíquica,[203] desde que possuam discernimento e, assim, capacidade de fato para celebrar negócios jurídicos.[204]

---

199. Id., Ibid., p. 243.
200. BRASIL. Tribunal de Justiça de São Paulo (1ª Câmara de Direito Privado). Apelação Cível 0307037-84.2009.8.26.0100. Relator Desembargador Francisco Loureiro. Disponível em <http://www.anoreg.org.br/index.php?option=com_content&view=article&id=27348:tj-sp-curatela-corretamente-instituida-em-favor-da-requerida-nos-termos-do-codigo-civil-e-do-estatuto-da-pessoa-com-deficiencia&catid=64&Itemid=184>. Acesso em 07 de junho de 2018.
201. MADALENO, Rolf. *Curso de direito de família*. Op. cit., p. 1596.
202. A autora afirma sobre os beneficiários da tomada de decisão apoiada: "os maiores favorecidos serão os deficientes com impossibilidade física, sensorial ou psíquica, mas que tenham discernimento ainda que reduzido e capacidade de fato para expressar sua vontade. Assim os tetraplégicos, obesos mórbidos, pessoa portadora da síndrome de Down, cegos, sequelados de AVC e portadores de outras enfermidades (...) poderão utilizar a tomada de decisão apoiada." (COELHO, Thais Câmara Maia Fernandes. *Autocuratela*. 2ª tiragem. Rio de Janeiro: Lumen Juris, 2016, p. 42).
203. Id., Ibid., p. 42.
204. Robson Godinho sobre o tema aponta que: "a TDA é uma possibilidade facultada à pessoa com deficiência plenamente capaz" (GODINHO, Robson Renault. *Comentários ao Código de Processo Civil - Dos procedimentos de jurisdição voluntária*. Op. cit., p. 355).

Pode-se vislumbrar, por exemplo, a tomada de decisão apoiada para uma pessoa com o transtorno de aprendizagem denominado de "transtorno da linguagem escrita" (dislexia[205]) que, por não se sentir segura para celebrar negócios jurídicos sem apoio, opte por se submeter à medida.[206] Não se trata de ausência de discernimento, mas de mera dificuldade que pode ensejar barreiras para praticar atos específicos.

Se a sistemática de apoio às pessoas com deficiência obedecesse a uma correspondência binária, tal como defendida pelos autores, (tomada de decisão apoiada aos capazes x curatela aos incapazes), certas pessoas com deficiência estariam desprotegidas, sobretudo aquelas que não preenchem os requisitos da TDA, como, por exemplo, não dispor de duas pessoas idôneas para celebrar o termo de apoio.

Diante desse quadro, a alternativa vislumbrada até o presente momento, é a seguinte: se a pessoa com deficiência, que possa expressar sua vontade, e, por isso, capaz, preencher todos os requisitos para a tomada de decisão apoiada, ingressar com o pedido de homologação do termo, prescindirá da medida da curatela de apoio. Esse é, sem dúvidas, o cenário ideal: haveria aqui auxílio à pessoa com deficiência com total respeito à sua autonomia. Se, por outro lado, os requisitos não forem preenchidos, cabe instauração da curatela de apoio a seu requerimento que, como já visto, tem maior impacto na esfera jurídica por impor a presença do curador para prática dos atos estipulados na sentença.

A inclusão da TDA no sistema brasileiro teve inspiração em institutos presentes em legislação estrangeira.

Na Itália, a *amministratore di sostegno* é um deles. O instituto foi introduzido no direito italiano com a Lei nº 6/2004 e é discipli-

---

205. Segundo Rotta e Pedroso, a definição da *World Federation of Neurology*, relatada por Critchley, em 1970, aduz que a dislexia "é um transtorno manifestado por dificuldade na aprendizagem na leitura, independentemente de instrução convencional, inteligência adequada e oportunidade sociocultural". Pelo DSM-5, explicam os autores, dislexia é um termo alternativo que se refere às seguintes dificuldades: precisão na leitura, velocidade ou fluência na leitura, compreensão da leitura (ROTTA, Newra Tellechea e PEDROSO, Fleming Salvador. Transtorno da linguagem escrita – dislexia. *In* ROTTA, Newra Tellechea e outros (orgs.). *Transtorno da aprendizagem*. 2ª ed. Porto Alegre: Artmed, 2016, pp. 133-147).
206. Não se está apontando a dislexia como deficiência, já foi visto que o conceito de deficiência implica na ocorrência de fatores que obstruam a participação da pessoa na sociedade. Ela (a dislexia) pode ou não, a depender de outros critérios, ser considerada deficiência. Assim sendo, poderá dar ensejo à tomada de decisão apoiada ou não. Repita-se, a intenção foi meramente exemplificar uma hipótese em que pode ser utilizado o instituto.

nado pelos arts. 404 a 413 do Código Civil. Trata-se de uma figura inovadora no sistema que difere da *interdizione* italiana.[207] Mas há diferenças em relação ao regime brasileiro: a lei italiana permite que outros, além da pessoa com deficiência, requeiram a medida[208]. Além disso, o decreto de instituição do *amministratore*, que deve ser judicial, depende do preenchimento de alguns requisitos.[209] Há mais diferenças: a possibilidade de haver a administração por tempo indeterminado. Apesar disso, a base principiológica de fornecer maior autonomia àquele que se beneficia da medida é similar nos dois ordenamentos.

No direito argentino, o Código Civil de 2014 introduziu no ordenamento as denominadas *medidas de apoyo* que, segundo o art. 43, têm como função promover a autonomia e facilitar a comunicação, a compreensão e a manifestação de vontade da pessoa para o exercício dos seus direitos.[210] A medida, no direito argentino, pode ser judicial ou extrajudicial. Possibilita-se que a pessoa indique ao juiz uma ou mais pessoas para apoiá-la, devendo o juiz determinar os alcances da designação de apoio e proteger a pessoa de eventuais conflitos de interesses ou de influências indevidas.[211] Como se verá adiante, a

---

207. PERRA, Lívio. *L'amministrazione di sostegno, l'interdizione e l'inabilitazione: criteri di scelta tra i tre strumenti*. Disponível em <https://www.filodiritto.com>. Acesso em 15 de novembro de 2017.
208. Segundo o *Ministero della Giustizia*," Il ricorso può essere proposto: dallo stesso soggetto beneficiario, anche se minore, interdetto o inabilitato; dal coniuge; dalla persona stabilmente convivente; dai parenti entro il quarto grado; dagli affini entro il secondo grado; dal tutore o curatore; e dal pubblico ministero." Disponível em <https://www.giustizia.it>. Acesso em 15 de novembro de 2017.
209. Codice Civile, Articolo 405: "Il decreto di nomina dell'amministratore di sostegno deve contenere l'indicazione: delle generalità della persona beneficiaria e dell'amministratore di sostegno; della durata dell'incarico, che può essere anche a tempo indeterminat; dell'oggetto dell'incarico e degli atti che l'amministratore di sostegno ha il potere di compiere in nome e per conto del beneficiário; degli atti che il beneficiario può compiere solo con l'assistenza dell'amministratore di sostegno; -dei limiti, anche periodici, delle spese che l'amministratore di sostegno può sostenere con utilizzo delle somme di cui il beneficiario ha o può avere la disponibilità; della periodicità con cui l'amministratore di sostegno deve riferire al giudice circa l'attività svolta e le condizioni di vita personale e sociale del beneficiário". (Disponível em <https://www.giustizia.it>. Acesso em 15 de novembro de 2017). Em nossa tradução: O decreto de nomeação deve conter a indicação do beneficiário e seu administrador; a duração da cessão, que também pode ser indefinida; o assunto da cessão e os atos que o administrador tem o poder de realizar no nome e em nome do beneficiário; dos atos que o beneficiário só pode realizar com a assistência do administrador; dos limites, incluindo periódicos, das despesas que o administrador pode suportar com o uso das somas que o beneficiário tem ou pode ter disponibilidade; a frequência com que o Administrador deve informar ao Juiz sobre as atividades realizadas e as condições pessoais e sociais do beneficiário.
210. Articulo 43."(...) Las medidas de apoyo tienen como función la de promover la autonomía y facilitar la comunicación, la comprensión y la manifestación de voluntad de la persona para el ejercicio de sus derechos.(...)" (Disponível em <http://www.notarfor.com.ar/>. Acesso em 15 de novembro de 2017).
211. Articulo 43 "(...) El interesado puede proponer al juez la designación de una o más personas de su confianza para que le presten apoyo. El juez debe evaluar los alcances de la designación y procurar la protección de la persona respecto de eventuales conflictos de intereses o influencia indebida. La resolución debe

proteção do magistrado e o cuidado com a delimitação da medida também estão presentes na TDA brasileira.

Ainda é possível encontrar outros modelos alternativos de apoio à pessoa com deficiência como a *Sachwalterschaft* austríaca[212], o *Beltreungsrecht*[213] alemã, o *Sauvegarde* francês[214], a autotutela espanhola,[215]

---

establecer la condición y la calidad de las medidas de apoyo y, de ser necesario, ser inscripta en el Registro de Estado Civil y Capacidad de las Personas." (Disponível em <http://www.notarfor.com.ar/>. Acesso em 15 de novembro de 2017).

212. A *Sachwalterschaft* instituída pelo Ministério da Justiça Austríaco visa garantir representação às pessoas internadas compulsoriamente e, a partir de 2005, às pessoas que vivem em lares e instituições para pessoas com deficiência. É um instituto que leva em consideração as necessidades individuais da pessoa e limita atuação aos cuidados jurídicos relativos à capacidade negocial. Os assistentes podem ser escolhidos entre pessoas próximas da pessoa com deficiência, que para este regime serão apenas as pessoas com deficiência ou doença psíquica, e, em segundo lugar, profissionais. Assim como no Brasil, a *Sachwalterschaft* é designada através de um processo de jurisdição voluntária. Todavia, na Áustria a instauração pode se dar por iniciativa da pessoa com deficiência, de ofício e também pode ser sugerido por terceiros que não detém legitimidade para instauração. As possibilidades de assistência são amplas: tem-se a assistência para apenas um assunto, para um círculo de tarefas ou para todos os assuntos. Os negócios das pessoas submetidas à *Sachwalterschaft* são válidos, precisando para a produção de efeitos dos assistentes. RIBEIRO, Geraldo Rocha. *A protecção do incapaz adulto no direito português*. Coimbra: Coimbra Editora, 2010, pp. 291-296.

213. O sistema alemão foi influenciado pela *Sachwalterschaft* austríaca, entrou em vigor em 1992, sendo reformado logo após em 1998, e, em seguida, em 2005 e 2008. Não se encontram muitas proximidades entre este sistema e o brasileiro. Na Alemanha, consagrando-se o princípio da necessidade *(erforderlichkeitsgrundsatz)* e garantindo a autodeterminação e autonomia das pessoas com deficiência, houve a extinção da tutela e da curatela, existindo no ordenamento alemão apenas o *Betreuung* que se caracteriza por ser flexível e adaptável às necessidades da pessoa e não gera os efeitos automáticos da incapacidade para agir. Podem ser beneficiados pelo sistema todos os adultos com deficiência psíquica ou física, mesmo que a deficiência não tenha afetado a possibilidade de manifestação de vontade. A instauração da medida é feita pelo próprio beneficiário. Geraldo Rocha Ribeiro entende que se trata de uma medida subsidiária, não só pelo fato de não existir no sistema alemão mecanismos alternativos, mas porque no país é facultada a emissão de declarações de vontade antecipada através da nomeação de representante por procuração e estabelecimento de seus poderes funcionais. O *betreuer* (aquele que detém os poderes de atuação) não só cuidará dos interesses patrimoniais do *betreuten*, mas também cuidará e assistirá os assuntos e a esfera pessoal, porém, para estes últimos, a lei alemã impõe, em muitos casos, a intervenção conjunta o *betreuer* e do tribunal. Só poderão ser designadas como *betreuer* pessoas singulares de modo que a atuação é eminentemente pessoal *(persönliche betreuung)* e a determinação do âmbito de atuação relaciona-se com a apreciação individual da situação do *betreuen*. A pessoa submetida ao regime, ainda que detenha capacidade negocial, será considerada, pelo ordenamento alemão, como incapaz. RIBEIRO, Geraldo Rocha, *A protecção do incapaz adulto no direito português*. Op. cit., pp. 296-314. Também nesse sentido, PINHEIRO, Jorge Duarte. As pessoas com deficiência como sujeitos de direitos e deveres. Incapacidades e suprimento – A visão do jurista. *Separata da Revista O Direito*. Coimbra, ano 142, no III, 2010, p. 477; NEVES, Alexandra Chícharo das. Críticas ao regime da capacidade de exercício da pessoa com deficiência mental ou intelectual – a nova concepção da pessoa com deficiência. *Revista do Ministério Público*. Coimbra, nº 140, ano 35, pp. 79-120, 2014, p. 81.

214. Em 2009, entrou em vigor a Lei nº 2007-308 que alterou substancialmente a proteção dos adultos na França, introduziu-se no sistema jurídico a medida de cuidado denominada *sauvagarde de justice*. Segundo a lei francesa, podem ser submetidas à proteção pessoas maiores ou emancipadas que apresentem alterações psíquicas ou físicas, seja por motivos de doenças ou deficiência, seja pela idade com comprometimento para a realização de atos da vida civil. Assim como Brasil, a *sauva-

na lei sobre Acordos de Representação. Além disso, no Canadá também se encontra uma alternativa à curatela[216], na República Tcheca instituíram-se dois mecanismos de decisão apoiada: a representação e

> garde de justice direciona-se às pessoas que têm limitações e não necessariamente incapacidade. Há, todavia, uma grande peculiaridade no sistema francês: a possibilidade de que a *sauvagarde* seja instaurada tanto pelo juiz, como por declaração médica. Então, um adulto pode se submeter à proteção apenas por uma declaração médica que ateste a impossibilidade de se autogerir, sem ser necessário qualquer tipo de pronunciamento judicial, trata-se da *sauvagarde médicale*, ou pode ser decretada a *sauvagarde* judicialmente como uma medida cautelar pelo juiz quando se está na pendência de uma ação de tutela ou curatela. Na *sauvagarde médicale*, o parecer médico, juntamente com um parecer técnico de um médico especialista em psiquiatria, é encaminhado ao Ministério Público. O MP notifica o *Directeur départemental de l´action sanitaire et sociale* e se procederá a inscrição da declaração em registro para seja feita a publicização da decisão, que só produz efeitos a partir desta data. A *sauvagarde judicial* tem procedimento diverso. Ela está disciplinada no art. 433 do *Code Civil* que enuncia: *Le juge peut placer sous sauvegarde de justice la personne qui, pour l'une des causes prévues à l'article 425, a besoin d'une protection juridique temporaire ou d'être représentée pour l'accomplissement de certains actes déterminés. Cette mesure peut aussi être prononcée par le juge, saisi d'une procédure de curatelle ou de tutelle, pour la durée de l'instance.* Segundo o disposto no Code Civil, o juiz pode submeter a pessoa à proteção desde que precise de proteção legal temporária ou representação para a execução de determinados atos específicos, sendo possível a medida na pendência do procedimento de tutela ou curatela. A *sauvagarde judicial* é estabelecida temporariamente: 01 ano, podendo ser renovada por mais 1 ano, art. 439, al.1, Côde Civil *Sous peine de caducité, la mesure de sauvegarde de justice ne peut excéder un an, renouvelable une fois (...).* Porém, se a medida for decretada no curso de um processo de tutela ou curatela não há prazo estabelecido, já que dependerá da finalização do procedimento. (RIBEIRO, Geraldo Rocha. *A protecção do incapaz adulto no direito português.* Op. cit., pp. 315-328).

215. A autotutela espanhola é uma espécie de declaração de vontade antecipada em que é facultada à pessoa, na previsão de vir a ser declarada judicialmente incapaz, a possibilidade de decidir questões relativas à sua pessoa e aos seus bens, bem como designar seu representante ou assistente e organizar a sua tutela. A validade da declaração depende da individualização do caso concreto, em que se deve analisar o contexto em que a declaração foi emitida. Tais declarações devem ser feitas por escritura pública, sendo devidamente averbada no registro de nascimento. (RIBEIRO, Geraldo Rocha. *A protecção do incapaz adulto no direito português.* Op. cit., pp. 340-353). A Profa. Ana Isabel Berrocal Lanzarot explica a importância desta medida: "*Un enfermo con una demencia progresiva de tipo alzheimer o parkinson, que puede determinar su incapacidad, sigue siendo persona, aun teniendo lugar ésta, y debe ser tratado con respeto a su dignidad. Lo que se traduce en su libertad individual para la toma de decisiones sobre su persona y patrimonio, antes de llegar al estadio final de su demencia. Una libertad que determina una capacidad de pensar y decidir de forma independiente.*" (LANZAROT, Ana Isabel Berrocal. *Protección jurídica de las personas mayores ante su eventual incapacitación en la Ley 41/2003, de 18 de noviembre. La institución de la autotutela.* In *Anuario de Derechos Humanos. Nueva Época. Vol. 9.* 2008 (15-141). p. 64). Há, ainda, no direito espanhol, duas figuras denominadas: *guarda de hecho* e a constituição de patrimônio protegido. A *guarda de hecho* é instituto que intervém nos casos em que a autoridade judicial tem conhecimento de uma pessoa que pratica atos como tutor, sem ser de direito um tutor, sendo denominado de *guardador de hecho.* O objetivo da medida, então, é validar os atos praticados por ele. Já o patrimônio protegido é uma reserva, prevista na lei nº 41/2003, de parcela (superior a 33%) do patrimônio da pessoa com deficiência física ou psíquica com o objetivo de prover as suas necessidades. (NEVES, Alexandra Chícharo das. *Críticas ao regime da capacidade de exercício da pessoa com deficiência mental ou intelectual – a nova concepção da pessoa com deficiência. Revista do Ministério Público.* Coimbra, nº 140, ano 35, pp. 79-120, 2014, pp. 82-83).

216. Na lei canadense permite-se nomear e autorizar um ou mais assistentes para auxiliar a pessoa com deficiência a administrar interesses econômicos, pessoais ou patrimoniais. (MENEZES, Joyceane Bezerra de. *O direito protetivo no Brasil após a convenção sobre a proteção da pessoa com deficiência: impactos do novo CPC e do Estatuto da Pessoa com Deficiência.* Op. cit.).

o contrato de apoio[217] e o acompanhamento instaurado recentemente em Portugal.[218]

No Brasil, o Estatuto da Pessoa com Deficiência menciona o instituto no art. 84, § 2º[219], mas insere, através do art. 116, no Código Civil, o regramento específico no art. 1.783-A.

A competência para apreciar o pedido de homologação TDA é das varas de família e o procedimento tem natureza de jurisdição voluntária.[220] A legitimidade ativa é da própria pessoa com deficiência,[221-222]

---

217. Id., Ibid.
218. Em 2018, a Lei nº 49 alterou o sistema jurídico português. Excluíram-se as figuras da inabilitação e interdição, instaurando o instituto do acompanhamento. Segundo esta lei, que alterou, entre outras leis, o Código Civil: "O maior impossibilitado, por razões de saúde, deficiência, ou pelo seu comportamento, de exercer, plena, pessoal e conscientemente, os seus direitos ou de, nos mesmos termos, cumprir os seus deveres, beneficia das medidas de acompanhamento previstas neste Código". O acompanhamento é medida judicial que pode ser requerida pelo próprio ou, mediante autorização deste, pelo cônjuge, pelo unido de fato, por qualquer parente sucessivo ou, independentemente de autorização, pelo Ministério Público, sendo a autorização do beneficiário suprida quando "em face das circunstâncias, este não a possa livre e conscientemente dar, ou quando para tal considere existir um fundamento atendível" (texto do artigo 141 do Código Civil, alterado pela nova lei). Fixa ainda a nova lei que "São pessoais, entre outros, os direitos de casar ou de constituir situações de união, de procriar, de perfilhar ou de adotar, de cuidar e de educar os filhos ou os adotados, de escolher profissão, de se deslocar no país ou no estrangeiro, de fixar domicílio e residência, de estabelecer relações com quem entender e de testar" (texto do artigo 147, 2 do Código Civil). Observa-se que se trata de medida parecida com a tomada de decisão apoiada brasileira, porém com regramento mais amplo, visto que assegura que outras pessoas, além do beneficiário, possam requerer o auxílio, especialmente se aquele não puder realizar o pleito. Deve-se frisar uma diferença substancial entre o acompanhamento e a tomada de decisão apoiada, pois naquela "os atos praticados pelo maior acompanhado que não observem as medidas de acompanhamento decretadas ou a decretar são anuláveis: quando posteriores ao registro do acompanhamento; quando praticados depois de anunciado o início do processo, mas apenas após a decisão final e caso se mostrem prejudiciais ao acompanhado", eis nova regra do artigo 154 do Código Civil Português. A lei portuguesa está disponível em <https://dre.pt>. Acesso em 30 de agosto de 2018.
219. "§ 2o É facultado à pessoa com deficiência a adoção de processo de tomada de decisão apoiada".
220. Carreira Alvim afirma não se deveria falar em processo, pois não haveria neste caso exercício da jurisdição, para o autor, tem-se um "mero procedimento entre pessoas interessadas (não partes) e o Estado juiz, encarregado de fazer o papel de verdadeiro administrador judicial em assunto de interesse privado." (CARREIRA ALVIM, J.E. Tomada de decisão apoiada. *Revista Brasileira de Direito Processual*. Belo Horizonte, no. 92, ano 23, pp. 83-96 out./dez. 2015, p. 86).
221. Importante ressaltar que há quem defenda que a Tomada de Decisão Apoiada pode ser instaurada também pelos legitimados à curatela: familiares e Ministério Público (FARIAS, Cristiano Chaves de. ROSENVALD, Nelson. *Curso de direito civil*: parte geral e LINDB. 14ª ed. Salvador: Juspodivm, 2016, p. 341). Ao menos, num primeiro momento, não apoiamos essa interpretação, em razão de ser o EPD uma lei especial para o tratamento das pessoas com deficiência, sendo incompatível a interpretação analógica do texto do Código Civil referente à curatela, já que há, na lei especial, disciplina específica.
222. A 8ª Câmara Cível do Tribunal de Justiça do Rio Grande do Sul na apelação cível nº 70072156904, relator des. Ricardo Moreira Lins Pastl, em março de 2017, julgou improcedente o pedido feito pelo apelante para constituir a curatela ou designar entrevista com o curatelando a fim de realizar oferta de tomada de decisão apoiada. No que se refere ao pedido de oferta de tomada de decisão apoiada, o desembargador adotou o posicionamento de que não seria possível, tendo em vista o regramento acerca da legitimidade ativa da tomada de decisão apoiada. Integra do voto disponível em <https://www.tjrs.jus.br>. Acesso em 27 de novembro de 2017.

que, no pedido, deve indicar as pessoas a serem suas apoiadoras e apresentar termo, elaborado entre ela e os apoiadores, que constem os limites do apoio, os compromissos dos apoiadores, o prazo do acordo e o respeito à vontade, aos interesses e aos direitos do apoiado.[223]

O prazo de duração do termo favorece a fiscalização da medida[224] e da atividade dos apoiadores, findo o prazo pode-se requerer judicialmente uma renovação da TDA.

Segundo o §3º do art. 1.783-A é dever do magistrado, assistido por equipe multidisciplinar, antes de homologar a instituição da TDA, ouvir o requerente, os apoiadores e o Ministério Público.[225] A decisão do magistrado é requisito de validade do acordo firmado entre o apoiado e os apoiadores que tem natureza jurídica de negócio jurídico.

É importante observar que a instituição da TDA, assim como a curatela de apoio, não implica a perda de capacidade do sujeito. Trata-se, tão apenas, no caso da TDA, como já dito, de um negócio jurídico celebrado entre a pessoa com deficiência e os apoiadores, homologado judicialmente. O juiz, apesar de não declarar a incapacidade da pessoa com deficiência, poderá deixar de homologar o acordo se, no processo de instituição da tomada de decisão apoiada, deparar-se com pessoa com deficiência que preencha uma das hipóteses de incapacidade relativa (art. 4º do Código Civil), haja vista que apenas as pessoas com deficiência capazes que necessitem de apoio para atos específicos são aptas a celebrar uma tomada de decisão apoiada.

Há de se ressaltar, contudo, uma diferença substancial entre a curatela de apoio e a tomada de decisão apoiada: diferentemente do que se apresentou na curatela de apoio, a pessoa com deficiência, mesmo sob regime da tomada de decisão apoiada, poderá praticar atos sem seus apoiadores, sem serem, tais atos, inválidos.

---

223. BARBOSA, Amanda Souza e LAGO JUNIOR. Antônio. Primeiras análises sobre o sistema de (in)capacidades, interdição e curatela pós estatuto da pessoa com deficiência e Código de Processo Civil. Op. cit., p. 94. No mesmo sentido, MENEZES, Joyceane Bezerra de. O direito protetivo no Brasil após a convenção sobre a proteção da pessoa com deficiência: impactos do novo CPC e do Estatuto da Pessoa com Deficiência. Op. cit.
224. REQUIÃO, Mauricio. As mudanças na capacidade e a inclusão da tomada de decisão apoiada a partir do estatuto da pessoa com deficiência. *Revista de Direito Civil Contemporâneo*. São Paulo, vol. 6, pp. 37-54, jan./mar. 2016. Disponível em <http://www.egov.ufsc.br>. Acesso em 15 de novembro de 2017. REQUIÃO. Maurício. *Estatuto da Pessoa com Deficiência, Incapacidade e Interdição*. Op. cit., 184.
225. MENEZES, Joyceane Bezerra de. O direito protetivo no Brasil após a convenção sobre a proteção da pessoa com deficiência: impactos do novo CPC e do Estatuto da Pessoa com Deficiência. Op. cit.

Para homologar o termo de TDA, o juiz esteve obrigado a analisar a capacidade da pessoa com deficiência, visto que, caso contrário, não poderia proceder à homologação. Com isso, afasta-se qualquer fundamento que dê suporte à invalidação do ato pela incapacidade do agente nos negócios celebrados pela pessoa com deficiência, mesmo que sem os apoiadores.

Ressalta-se que, de acordo com o §5º do art. 1.783-A, o terceiro com quem se firmará o negócio poderá "solicitar que os apoiadores contra-assinem o contrato ou acordo, especificando, por escrito, sua função em relação ao apoiado". Observa-se que a contra-assinatura poderá ser requerida pela parte que negocia com a pessoa com deficiência, mas não será requisito de validade do acordo. Trata-se, aqui, de um problema de eficácia do acordo e não de validade.

O §6º do art. 1783-A determina que se a celebração do negócio puder trazer risco ou prejuízo relevante, caso haja divergência entre o apoiado e um dos apoiadores, deverá o magistrado, após a oitiva do Ministério Público, decidir a questão. O dispositivo não menciona a participação do juiz em casos com consequências menos gravosas, de modo que, a partir de uma interpretação sistêmica das normas e da observância do amplo respeito à autonomia da pessoa com deficiência, nesses casos é a vontade dela que deve prevalecer,[226] devendo o juiz decidir apenas nos casos em que a própria pessoa com deficiência requeira a sua decisão.

São disciplinadas pelo Código Civil possibilidades de destituição dos apoiadores. Segundo o diploma, se o apoiador agir com negligência ou exerça pressão indevida sobre o apoiado ou haja denúncia fundada, feita por qualquer pessoa, ao juiz ou ao MP, destituir-se-á o apoiador.[227]

Além disso, frisa-se que a TDA pode encerrar-se a qualquer momento, por vontade do apoiado, independentemente da atuação

---

226. REQUIÃO, Mauricio. As mudanças na capacidade e a inclusão da tomada de decisão apoiada a partir do estatuto da pessoa com deficiência. Op. cit. REQUIÃO. Maurício. *Estatuto da Pessoa com Deficiência, Incapacidade e Interdição*. Op. cit., p. 186. Defendendo a desnecessidade de unanimidade caso não haja risco de prejuízo relevante tem-se RIZZARDO, Arnaldo. *Os deficientes e a tomada de decisão apoiada*. Disponível em <http://genjuridico.com.br/>. Acesso em 15 de novembro de 2017.

227. REQUIÃO, Mauricio. As mudanças na capacidade e a inclusão da tomada de decisão apoiada a partir do estatuto da pessoa com deficiência. Op. cit.; REQUIÃO. Maurício. *Estatuto da Pessoa com Deficiência, Incapacidade e Interdição*. Op., cit., p. 186. MENEZES, Joyceane Bezerra de. O direito protetivo no Brasil após a convenção sobre a proteção da pessoa com deficiência: impactos do novo CPC e do Estatuto da Pessoa com Deficiência. Op. cit.

dos apoiadores e também pode ser encerrado por vontade de um ou dos dois apoiadores. Caso apenas um deles queira se eximir da atividade, o magistrado deve ouvir o apoiado, para querendo substituir o apoiador. Se a pessoa com deficiência optar por não indicar novo apoiador será extinta a tomada de decisão apoiada, já que a lei requer a presença de dois apoiadores.[228]

4.2.3.1.3. Outras formas de proteção

Conforme visto, o reconhecimento da capacidade das pessoas com deficiência não implicará necessariamente ausência de restrição para a prática de certos atos, porque no sistema se mantém a possibilidade de instauração da curatela de apoio que impõe requisito objetivo, estipulado judicialmente, para a validade dos negócios jurídicos celebrados. "O que se afasta, repise-se, é a sua condição de incapaz".[229] Além disso, viu-se que a pessoa com deficiência pode se valer de auxílio mediante a instituição de Tomada de Decisão Apoiada.

Além desses institutos trazidos pelo EPD, reservados à pessoa com deficiência capaz, existem outros instrumentos voltados à efetivação da autonomia da pessoa com deficiência. É o caso da outorga de mandato permanente ou procuração preventiva, denominados por Maria Berenice Dias de autotutela[230] ou autocuratela.[231] É verdade que os mandatos tornam-se ineficazes com a incapacidade do mandante, contudo, sendo capaz o sujeito, nada impede que a pessoa com deficiência, em caráter preventivo, eleja uma pessoa de sua confiança para administrar seu patrimônio, caso venha ocorrer a incapacidade.[232] Trata-se de medida de exercício da autonomia privada que assegura o direito de autogestão da pessoa com deficiência. Porém, frisa Maria Berenice Dias que a procuração estaria sujeita à condição suspensiva, já que para ser eficaz, necessariamente tem que sobrevir a incapacidade.[233]

---

228. REQUIÃO, Mauricio. As mudanças na capacidade e a inclusão da tomada de decisão apoiada a partir do estatuto da pessoa com deficiência. *Revista de Direito Civil Contemporâneo*. Op. cit. REQUIÃO, Maurício. *Estatuto da Pessoa com Deficiência, Incapacidade e Interdição*. Op. cit., p. 186.
229. REQUIÃO, Mauricio. As mudanças na capacidade e a inclusão da tomada de decisão apoiada a partir do Estatuto da pessoa com deficiência. *Revista de Direito Contemporâneo*. Op. cit., p. 47.
230. DIAS, Maria Berenice. *Manual de direito das famílias*. São Paulo: Revista dos Tribunais, 2015. p. 699.
231. COELHO, Thais Câmara Maia Fernandes. *Autocuratela*. Op. cit., p. 68. MADALENO, Rolf. *Curso de direito de família*. Op. cit., p. 1601.
232. DIAS, Maria Berenice. *Manual de direito das famílias*. Op. cit., p. 699.
233. Id. Ibid., p. 699.

Na seara processual, tem-se a possibilidade, em alguns casos, de nomeação de curador especial que também pode servir à proteção da pessoa com deficiência.

O curador especial é um representante processual nomeado pelo magistrado para a proteção de pessoas que preenchem determinadas circunstâncias legais.[234] Não se trata de instituto voltado ao suprimento da incapacidade material da parte; sendo assim, sua função se restringe ao processo.[235] Para Pontes de Miranda não se pode pensar sequer em suprimento de incapacidade processual como função do instituto, visto que nem o revel, nem o preso são incapazes processualmente, segundo o autor: "nada falta à parte; o que ocorre devido às circunstâncias, apenas dá ensejo à proteção".[236]

Nomeia-se um curador especial quando há uma parte no processo que necessita de proteção, como na ausência de representante legal ou se os seus interesses colidirem com os de seu representante legal, enquanto durar a incapacidade ou nos casos de réu preso revel, bem como ao réu revel citado por edital ou com hora certa, enquanto não for constituído advogado.[237]

Cumpre ressaltar que com CPC/15 a curadoria especial foi atribuída à Defensoria Pública "como função institucional atípica e exclusiva"[238] desse órgão.

Pelo texto do art. 72 do CPC, não se poderia, à primeira vista, vislumbrar a relação necessária entre a curadoria especial e a pessoa com deficiência mental ou intelectual, na linguagem no Estatuto, já que ela (a pessoa com deficiência) é reconhecidamente capaz.

---

234. PONTES DE MIRANDA, Francisco Cavalcanti. *Comentários ao Código de processo civil*. 2ª ed. Rio de Janeiro: Forense, 1979, t. I, p. 328. E, ainda, sobre a figura do curador especial: ASSIS, Araken de. *Suprimento da incapacidade processual e da incapacidade postulatória*. Disponível em <www.mpsp.mp.br>. Acesso em 15 de outubro de 2018.
235. DIDIER JR, Fredie. *Curso de direito processual civil*. 17ª ed. Salvador: Juspodivm, 2015, vol. 1, p. 329.
236. PONTES DE MIRANDA, Francisco Cavalcanti. *Comentários ao Código de processo civil*. Op. cit., p. 328.
237. Esta é a disciplina do art. 72 do CPC: "O juiz nomeará curador especial ao: I - incapaz, se não tiver representante legal ou se os interesses deste colidirem com os daquele, enquanto durar a incapacidade; II - réu preso revel, bem como ao réu revel citado por edital ou com hora certa, enquanto não for constituído advogado".
238. ESTEVES, Diogo e SILVA, Franklyn Roger Alves. A curadoria especial no novo código de processo civil. In SOUSA, José Augusto Garcia. (org.). *Repercussões do novo CPC – Defensoria Pública*. Salvador: Juspodivm, 2015, pp. 129-165. Nesse mesmo sentido, BUENO, Cassio Scarpinella. *Novo código de processo civil anotado*. São Paulo: Saraiva, 2015, p. 87.

Contudo, existem hipóteses em que parece ser a nomeação de um curador especial a melhor solução. É o caso, por exemplo, de uma pessoa com um transtorno mental capaz, mas curatelada (por curatela de apoio) para prática de atos negociais ou patrimoniais, que ingresse com uma ação para discutir um contrato e o magistrado se depare com um conflito de interesses entre o curatelado e o curador/apoiador.

4.2.3.2. Críticas ao novo sistema

Já foi dito anteriormente que um sujeito com transtorno mental que não possa expressar sua vontade será considerado relativamente incapaz, por força da disciplina do inciso III, do art. 4º, do CC. Todavia, a hipótese do referido inciso figurava, antes da reforma do CC, no rol dos absolutamente incapazes. Essa alteração passou a ser alvo de críticas pela doutrina civilista.[239] Eis o que se pretende demonstrar.

a) Como o relativamente incapaz é assistido, e não representado, o ato teria de ser praticado pelo próprio sujeito, com assistência de outra pessoa; contudo, neste caso, não pode ser praticado, já que não haveria manifestação de vontade. "Cria-se então situação em que o ato deveria ser praticado pelo assistente, agindo de modo que seria adequado a um representante?"[240]

Esse panorama, segundo Maurício Requião[241] e Átala Correia[242], deveria ser revisto pelo legislador. Contudo, sem a referida solução, de alteração legislativa, a problemática está posta e precisa ser enfrentada.[243]

---

239. REQUIÃO. Maurício. *Estatuto da Pessoa com Deficiência, Incapacidade e Interdição*. Op. cit., p. 162. No mesmo sentido: CORREIA, Átala. Estatuto da pessoa com deficiência traz inovações e dúvidas. *Revista Síntese direito previdenciário*. São Paulo, nº 78, ano XVI, pp. 22-26, maio/jun. 2017, p. 24; CORREIA, Lorena Dias Rodrigues e LARA, Mariana Alves. O Estatuto da Pessoa com Deficiência e seus reflexos na teoria das incapacidades. In COSTA, Beatriz Souza e outros (coord.). *Seminário Nacional de formação de pesquisadores e iniciação científica em direito do FEPODI*. pp. 1087-1093. Belo Horizonte: ESDH, 2017, p. 1091; BERLINI, Luciana e AMARAL, Paloma Franciely do. Os impactos do Estatuto da Pessoa com Deficiência no direito protetivo pátrio e sua antinomia com o novo código de processo civil. *Revista da Escola Superior da Magistratura do Estado do Ceará*. Fortaleza, vol. 15, nº 2, 2017. Disponível em <http://revistathemis.tjce.jus.br>. Acesso em 12 de julho de 2018.
240. REQUIÃO. Maurício. *Estatuto da Pessoa com Deficiência, Incapacidade e Interdição*. Op. cit., p. 162. No mesmo sentido: CORREIA, Átala. Estatuto da pessoa com deficiência traz inovações e dúvidas. Op. cit., p. 24.
241. REQUIÃO. Maurício. *Estatuto da Pessoa com Deficiência, Incapacidade e Interdição*. Op. cit., p. 162.
242. CORREIA, Átala. Estatuto da pessoa com deficiência traz inovações e dúvidas. Op. cit., p. 23.
243. Pelo que foi apresentado no item anterior

Ainda para os autores citados[244] instaurou-se um modelo híbrido entre a assistência e a representação e, talvez, seja essa a resposta para o caso. Ou seja, deve-se entender que, após a entrada em vigor do EPD, diversos institutos (tais como a curatela, a assistência e a representação) precisam ter seus limites revistos. O assistente, por exemplo, em alguns casos, ante a impossibilidade de expressão de vontade do assistido, deverá praticar atos como representante,[245] ou, talvez, a nova sistemática tenha inaugurado a representação dos relativamente incapazes.

O caráter fungível da utilização dos institutos, tal como proposto, implica que caberá ao juiz determinar a maneira com que os atos devem ser praticados ante a incapacidade relativa por ausência de manifestação de vontade, se com a presença do curatelado ou não. Assim, uma pessoa que não possa expressar sua vontade, por estar em coma, por exemplo, apesar de ser considerada relativamente incapaz pelo sistema jurídico, obviamente, não praticará os atos em conjunto com seu assistente. Esse assistente, então, apesar de assistente, praticará atos se como representante fosse.

b) Átala Correia pondera que tal problemática acaba por se desdobrar em outra: na situação de representação do relativamente incapaz, os atos praticados sem o curador estariam sujeitos à nulidade ou anulabilidade? O regime de incapacidade relativa levaria a resposta pela anulabilidade. Porém, para o autor, deveria prevalecer o regime da nulidade, em virtude da impossibilidade de expressão de vontade, por ser, tal regramento, mais benéfico ao vulnerável.[246]

c) Além da problemática acerca do inciso III, art. 4º do CC, outras críticas foram apontadas pela doutrina. É o caso da prescrição e decadência, já que ao ser considerado capaz, aquele que possui um transtorno mental terá contra si a prescrição e decadência, o que antes não ocorria por força do art. 198 e 208 do Código Civil.[247-248]

---

244. REQUIÃO. Maurício. *Estatuto da Pessoa com Deficiência, Incapacidade e Interdição*. Op. cit., p. 162. CORREIA, Átala. Estatuto da pessoa com deficiência traz inovações e dúvidas. Op. cit., p. 23.
245. Nesse sentido, Diego Machado defende que, não havendo possibilidade de qualquer expressão de vontade, torna-se necessária a curatela interditiva que deve ser moldada pelo magistrado. MACHADO, Diego Carvalho. Capacidade de agir e direitos da personalidade no ordenamento jurídico brasileiro: o caso do direito à privacidade. *Revista Brasileira de Direito Civil*. Op. cit., p. 62.
246. CORREIA, Átala. Estatuto da pessoa com deficiência traz inovações e dúvidas. Op. cit., p. 25.
247. Art. 198. Também não corre a prescrição: I - contra os incapazes de que trata o art. 3º. Art. 208. Aplica-se à decadência o disposto nos arts. 195 e 198, inciso I.

d) Questões relativas à responsabilidade civil da pessoa com deficiência também foram levantadas. Segundo o art. 928 do CC,

> O incapaz responde pelos prejuízos que causar, se as pessoas por ele responsáveis não tiverem obrigação de fazê-lo ou não dispuserem de meios suficientes.
>
> Parágrafo único. A indenização prevista neste artigo, que deverá ser eqüitativa, não terá lugar se privar do necessário o incapaz ou as pessoas que dele dependem.

Se não é mais incapaz, a pessoa com deficiência terá responsabilidade direta, e não mais subsidiária pelos atos praticados.[249] Porém, é importante mencionar que, apesar de não ser incapaz, a pessoa com deficiência poderá ser submetida à curatela, e, com isso, atribui-se responsabilidade objetiva ao curador, por força do art. 932, II do CC.

4.2.3.3. Comentários ao PL nº 757/2015 no que concerne ao regime de incapacidades

Convém, antes de prosseguir, retornar a comentar pontos do PL nº 757/2015, considerando que o seu texto propôs importantes mudanças também no âmbito das incapacidades.

A proposta inicial do Projeto, por exemplo, traria de volta ao sistema jurídico as redações revogadas dos arts. 3º e 4º do Código Civil, porém com algumas alterações. O inciso II, do art. 3º do CC disciplinaria que seriam absolutamente incapazes: "os que, por qualquer motivo, não tiverem o necessário discernimento para a

---

248. REQUIÃO. Maurício. *Estatuto da Pessoa com Deficiência, Incapacidade e Interdição*. Op. cit., p. 187; RIBEIRO, Moacyr Petrocelli de Ávila. Estatuto da pessoa com deficiência: a revisão da teoria das incapacidades e os reflexos jurídicos na ótica do notário e do registrador. Op. cit. SANTOS, Ivana Assis Cruz dos. O Estatuto da Pessoa com Deficiência e as Alterações no Código Civil de 2002. Op. cit., p. 31; DANELUZZI, Maria Helena Marques Braceiro e MATHIAS, Maria Ligia Coelho. Repercussão do Estatuto da Pessoa com Deficiência (Lei 13.146/2015), nas legislações civil e processual civil. Op. cit., p. 61.

249. Sobre o tema, Maurício Requião defende que o ideal seria "que houvesse mudança legislativa para considerar estendida a proteção do parágrafo único, do art. 928, ao sujeito protegido pelo Estatuto, a fim de evitar que o dever de pagar indenização de valor excessivo, venha a lhe privar do mínimo existencial." (REQUIÃO. Maurício. *Estatuto da Pessoa com Deficiência, Incapacidade e Interdição*. Op. cit., p. 188). No mesmo sentido, SANTOS, Ivana Assis Cruz dos. O Estatuto da Pessoa com Deficiência e as Alterações no Código Civil de 2002. Op. cit., p. 31; RIBEIRO, Moacyr Petrocelli de Ávila. Estatuto da pessoa com deficiência: a revisão da teoria das incapacidades e os reflexos jurídicos na ótica do notário e do registrador. Op. cit.

prática desses atos" e o inciso II do art. 4º que seriam absolutamente incapazes: "os ébrios habituais, os viciados em tóxicos e os que, por qualquer causa, tenham o discernimento severamente reduzido". Já o inciso III, que indica como relativamente incapazes "aqueles que, por causa transitória ou permanente, não puderem exprimir sua vontade", seria revogado.

Eis o esquema comparativo:

Redação atual do Código Civil	Redação proposta pelo texto inicial do PL nº 757/2015
Art. 3º São absolutamente incapazes de exercer pessoalmente os atos da vida civil os menores de 16 (dezesseis) anos.	Art. 3º São absolutamente incapazes de exercer pessoalmente os atos da vida civil: I – os menores de dezesseis anos; II – os que, por qualquer motivo, não tiverem o necessário discernimento para a prática desses atos; III – os que, mesmo por causa transitória, não puderem exprimir sua vontade.
Art. 4º São incapazes, relativamente a certos atos, ou à maneira de os exercer: I – os maiores de dezesseis e menores de dezoito anos; II – os ébrios habituais e os viciados em tóxico; III – aqueles que, por causa transitória ou permanente, não puderem exprimir sua vontade; IV – os pródigos.	Art. 4º São incapazes, relativamente a certos atos, ou à maneira de os exercer: I – os maiores de dezesseis e menores de dezoito anos; II – os ébrios habituais, os viciados em tóxicos e os que, por qualquer causa, tenham o discernimento severamente reduzido; III – revogado. IV – os pródigos.

Ao passar para análise da Comissão de Direitos Humanos e Legislação Participativa, sob a relatoria do Senador Telmário Mota, propôs-se que os art. 3º e 4º passassem a vigorar com as seguintes redações.

> Art. 3º São absolutamente incapazes de exercer pessoalmente os atos da vida civil:
>
> IV – os menores de dezesseis anos;
>
> V – os que não tenham qualquer discernimento para a prática desses atos, conforme decisão judicial que leve em conta a avaliação biopsicossocial;

VI – os que, mesmo por causa transitória, não puderem exprimir sua vontade.²⁵⁰

Art. 4º São incapazes, relativamente a certos atos, ou à maneira de os exercer:

I – os maiores de dezesseis e menores de dezoito anos;

II – os ébrios habituais, os viciados em tóxicos e os que tenham o discernimento reduzido de forma relevante, conforme decisão judicial que leve em conta a avaliação biopsicossocial;

III – revogado.

IV – os pródigos.

Ainda no texto inicial, referendado no substitutivo do Senador Telmário Mota, o art. 85 do Estatuto da Pessoa com Deficiência passaria a conter a seguinte redação:

Art. 85. A curatela das pessoas com deficiência será limitada aos aspectos considerados estritamente necessários para a defesa e a promoção de seus interesses, preferencialmente limitando-se aos atos e negócios jurídicos de natureza patrimonial, respeitada a maior esfera possível de autonomia para os atos da vida civil.

Além dessas, outra alteração proposta que merece ser frisada: a inserção do §13º do art. 1.783-A do Código Civil, sobre a possibilidade de não ser devida a tomada de decisão apoiada quando a situação exigisse a adoção da curatela.²⁵¹

Em parecer sobre o projeto, comentando tanto o texto inicial quanto as propostas do substitutivo do Senador Telmário Mota, Flávio Tartuce²⁵² considerou válidas as propostas realizadas no âmbito dos arts. 3º e 4º do Código Civil.²⁵³ Para ele, houve um equívoco na elaboração

---

250. Parece ter havido um equívoco por parte do senador ao inserir os incisos dos dispositivos. Desse modo, onde lê-se IV, V, VI deve-se entender I, II e III.

251. O texto do dispositivo era o seguinte: § 13º "Excepcionalmente, não será devida a tomada de decisão apoiada quando a situação da pessoa exigir a adoção da curatela". Disponível em <http://legis.senado.leg.br>. Acesso em 19 de julho de 2018.

252. Flávio Tartuce teceu breves comentários sobre o projeto em sua obra. TARTUCE, Flávio. *Direito Civil. Lei de Introdução e Parte Geral*. 13ª ed. Rio de Janeiro: Forense, 2017, vol. 1, p. 141.

253. Além de Flávio Tartuce, Joyceanne Bezerra de Menezes se posicionou favorável às alterações dos arts. 3º e 4º propostas. Contudo sugeriu algumas alterações. O inciso V, do art. 3º passaria a ter a seguinte redação: "os que não tenham qualquer discernimento para a prática de nenhum ato, conforme decisão judicial que leve em conta a avaliação biopsicossocial realizada por equipe multidisciplinar

do Estatuto, já que nele "pensou-se na pessoa com deficiência, mas foram esquecidas muitas outras situações, que não são propriamente de deficientes, mas de outros sujeitos que não têm qualquer condição de exprimir a vontade".[254]

Esclarece o parecerista que as alterações propostas no PL n° 757/2015 não retiravam da condição de capaz as pessoas com deficiência, porém em casos graves, em que não há a mínima condição de exprimir vontade, elas deveriam ser consideradas como absolutamente incapazes.[255]

Flávio Tartuce afere que as alterações não impunham condição de incapaz, *a priori*, à pessoa com deficiência. Já que fora mantida, tanto no texto inicial, quanto no substitutivo proposto pelo senador Telmário Mota, a exclusão a qualquer menção a enfermos e doentes mentais. O parecerista, sobre o tema, afirma que "A menção apenas à falta de discernimento é mais técnica e resolve os problemas criados pela emergência do Estatuto da Pessoa com Deficiência".[256]

Comentando o inciso II do art. 4°, Flávio Tartuce aponta que o texto do substitutivo do senador poderia causar confusão com o EPD de modo que o texto inicial do projeto seria mais adequado.[257]

A alteração proposta no art. 85 do EPD é igualmente combatida por Flávio Tartuce por entrar em conflito com o art. 6° do EPD e com normas da Convenção de Nova York. Com isso, afirma que o art. 85 do EPD não deveria sofrer qualquer alteração, permanecendo, assim, a limitação da curatela aos atos de natureza negocial e patrimonial.[258]

O autor faz referência, porém, à necessidade de criação de uma norma que solucionasse "o problema da pessoa com deficiência que não

---

e os seguintes dispositivos do art. 4°; "II - os ébrios habituais, os viciados em tóxicos, conforme decisão judicial que leve em conta a avaliação biopsicossocial realizada por equipe multidisciplinar"; [...] V – "os que não tenham qualquer discernimento para a prática de determinados e específicos atos civis, conforme decisão judicial que leve em conta a avaliação biopsicossocial, realizada por equipe multidisciplinar"(MENEZES, Joyceanne Bezerra de. O risco de retrocesso: uma análise sobre a proposta de harmonização dos dispositivos do Código Civil, do CPC, do EPD e da CDPD a partir da alteração da Lei n° 13.146 de 06 de julho de 2015. *Revista Brasileira de Direito Civil*. Belo Horizonte, vol. 12, pp. 137-171, abril/jun. 2017. Disponível em <www.ibdcivil.org.br>. Acesso em 01 de agosto de 2018).

254. TARTUCE, Flávio. *Parecer do projeto de lei do Senado Federal n° 757/2015*. Disponível em <https://legis.senado.leg.br>. Acesso em 19 de julho de 2018.
255. Id., Ibid.
256. Id., Ibid.
257. Id., Ibid.
258. Id., Ibid.

tenha qualquer condição de exprimir vontade para os atos existenciais familiares".[259] Para ele, somente se o projeto fosse aprovado como estava, essas pessoas poderiam ser consideradas absolutamente incapazes.[260]

Sobre a proposta de inclusão do §13º no art. 1.783-A, acerca da tomada de decisão apoiada, o parecerista acredita que a norma seria até desnecessária, já que curatela e TDA não poderiam conviver, pois são medidas concorrentes e não cumulativas.[261]

A Federação Brasileira das Associações de Síndrome de Down (FBASD), analisando o texto inicial do projeto e o substitutivo comentado, afirmou que ambos "reinauguram o tratamento da pessoa com deficiência como civilmente incapaz".[262]

Segundo a FBASD, o critério da ausência ou da insuficiência de discernimento em detrimento da impossibilidade de manifestação de vontade é um grave retrocesso. A Federação defendeu que o discernimento de algumas pessoas com deficiência pode ser diferente ou questionável diante dos padrões considerados comuns pela sociedade, porém isso não implica que o discernimento não exista ou que a vontade não deve ser levada em consideração.[263]

A Federação apresentou um projeto substitutivo do texto inicial apresentado no Senado. Nele os incisos dos artigos 3º e 4º do Código Civil permaneceriam com a mesma redação em vigor:

> Art. 3º São absolutamente incapazes de exercer pessoalmente os atos da vida civil os menores de 16 (dezesseis) anos.
>
> Art. 4º São incapazes, relativamente a certos atos, ou à maneira de os exercer:
>
> I – os maiores de dezesseis e menores de dezoito anos;
>
> II – os ébrios habituais e os viciados em tóxico;
>
> III – aqueles que, por causa transitória ou permanente, não puderem exprimir sua vontade;
>
> IV – os pródigos.
>
> (...)

---

259. Id., Ibid.
260. Id., Ibid.
261. Id., Ibid.
262. Federação Brasileira das Associações de Síndrome de Down – FBASD. *Proposta de substitutivo ao PL nº 757/2015*. Disponível em <https://www25.senado.leg.br>. Acesso em 23 de julho de 2018.
263. Id., Ibid.

A Procuradoria Federal dos Direitos do Cidadão elaborou a Nota Técnica nº 01/2016 para analisar, entre outros temas, as iniciativas legislativas. Segundo a nota, o discernimento de alguém não pode ser avaliado por nenhum ser humano, já que para essa avalição seria necessário valorá-lo, "considerando que o seu é superior ao de outro que livremente manifesta sua vontade".[264]

A nota ainda aponta algumas medidas ou orientações, entre elas:

> (...)
>
> que os pedidos de interdição e curatela sejam deferidos apenas para as pessoas em situação de comprometimentos muito severos (em razão ou não de deficiência – coma, autismo muito grave, entre outros) que as impeçam de exprimir sua vontade;
>
> (...)
>
> que nos casos de impossibilidade de manifestação da vontade, nos termos do art. 85, § 2º, da LBI, a interdição seja medida extraordinária e deva ser revista periodicamente, em prazo razoável, com vistas a uma eventual extinção ou conversão em Tomada de Decisão Apoiada.[265]

As críticas realizadas sobre a proposta de inserir, no âmbito das incapacidades, a ausência (ou redução) de discernimento se mostram pertinentes em certos aspectos. Isto porque, talvez, a inserção apenas do discernimento como causa de incapacidade, sem vinculá-lo a algo mais (que seria a impossibilidade de expressão de vontade) poderia configurar um retrocesso. Porém, não se pode deixar de reafirmar ponto já defendido anteriormente: a avaliação do discernimento está contida na possibilidade de expressão de vontade, mas deve depender da ausência dela para ser causa de incapacidade.

O que se quer dizer é que de nada adianta, para fins de validade da expressão de vontade, a ausência de discernimento. O entendimento do que se quer, em certo grau, é essencial para que possa existir a expressão de vontade válida.

Assim, por exemplo, uma pessoa com deficiência que consiga se comunicar verbalmente ou de qualquer outra forma, mas que

---

264. MORAES, Fabiano. *Nota técnica nº 01/2016*. Procuradoria Federal dos Direitos do Cidadão. Disponível em <pfdc.pgr.mpf.br>. Acesso em 23 de julho de 2018.
265. Id., Ibid.

possua uma idade mental extremamente reduzida a ponto de não compreender seus atos, ou sequer o que lhe é perguntado, não pode ser considerada capaz. Ela deve ser considerada incapaz com base na impossibilidade de manifestação de vontade, sendo que tal categorização se deu com base na ausência de discernimento, ou seja, na sua impossibilidade de escolher e não na impossibilidade de comunicação.

Ainda no texto final aprovado pelo Senado merece destaque a proposta do art. 1.781-A[266] que regulamentaria a curatela daqueles descritos no art. 1.767. Com breve leitura do art. 1.781-A, seria possível aferir que a intenção do legislador é pôr fim à curatela dos capazes, deixando o instituto reservado apenas às restritas hipóteses do art. 4º que têm correspondência com o art. 1.767. O mesmo ocorre com a proposta de inclusão do inciso I, §2º, art. 4º[267], do projeto que estatui que "a curatela, regulada pelos artigos 1.781 e seguintes deste Código, poderá ser utilizada para as pessoas com deficiência apenas quando apresentarem as condições previstas nos incisos II, III e IV do *caput* deste artigo" e no inciso II do mesmo dispositivo: "a presença de deficiência mental ou intelectual ou deficiência grave, por si só, não configura a hipótese prevista no inciso III do *caput* deste artigo, sendo facultada a essas pessoas a tomada de decisão apoiada regulada nos artigos 1.783-A e seguintes deste Código" e, ainda, com o texto do art. 751-A, §3º proposto: "Em se tratando de pessoa com deficiência, a curatela não será deferida em caso de impugnação ou em caso de possibilidade de manifestação de vontade, por qualquer meio ou recurso".

---

266. O texto do dispositivo: "A curatela das pessoas previstas no art. 1.767: I- constitui medida extraordinária, devendo constar da sentença as razões e motivações de sua definição, preservados os interesses da pessoa sujeita à curatela e aplicada, sempre que possível, a tomada de decisão apoiada; II- deve ser proporcional às necessidades e às circunstâncias de cada caso e durará o menor tempo possível; III- obriga os curadores a prestar, anualmente, contas de sua administração ao juiz, apresentando o balanço do respectivo ano, bem como a motivação dos atos praticados de maneira a demonstrar que estão alinhados com a vontade potencial da pessoa sujeita à curatela; IV- afeta tão somente os atos relacionados aos direitos de natureza patrimonial e negocial, nesses abrangidos os pactos antenupciais e o regime de bens, não alcançando direitos ao próprio corpo, à sexualidade, ao matrimônio ou união estável, à privacidade, à educação, à saúde, ao trabalho e ao voto; V- não pode ser exigida para a emissão de documentos oficiais ou não. Parágrafo único. A curatela só é aplicável a pessoas com deficiência caso apresentem alguma das condições previstas nos incisos I, III ou V do art. 1.767."
267. Art. 4º, §2º, I é a mesma redação do art. 4º, §1º, a do substitutivo da FBASD: "a curatela, regulada pelos artigos 1.781 e seguintes deste Código, poderá ser utilizada para as pessoas com deficiência apenas quando apresentarem as condições previstas nos incisos II, III e IV deste artigo".

Se esse for o caso, o cenário para as pessoas com deficiência será o seguinte: a) pessoa com deficiência que não pode expressar sua vontade, que seja ébria habitual, viciada em tóxicos ou pródiga será declarada incapaz, submetida à curatela, podendo nos três últimos casos (ou seja, exceto na impossibilidade de expressão de vontade) optar pela tomada de decisão apoiada; b) já a pessoa com deficiência que pode expressar sua vontade apenas poderá optar pela tomada de decisão apoiada.

O esquema abaixo favorece a compreensão:

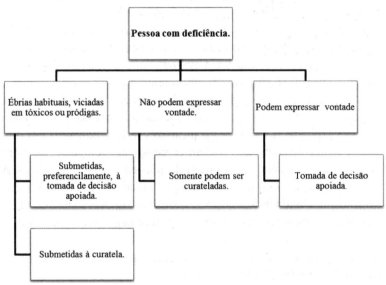

Entretanto, se esse for o regime jurídico instaurado, algumas pessoas com deficiência poderão ficar desassistidas. É o caso, por exemplo, da pessoa com deficiência que pode expressar sua vontade, mas que possua algumas limitações, porém que não opte pela tomada de decisão apoiada seja por não possuir duas pessoas de confiança ou por preferir o regime legal da curatela.

Contudo, se, ao analisar a parte inicial da redação do art. 4º, §2º, I, perceber-se que o dispositivo esclarece que apenas a curatela do art. 1.781,[268] ou seja, aquela aplicável às pessoas elencadas no art. 1.767 (aqueles que, por causa transitória ou permanente, não puderem

---

268. Parece-nos que aqui houve um erro na redação, onde se lê 1.781, deve-se ler Art. 1.781-A.

exprimir sua vontade, os ébrios habituais e os viciados em tóxico e os pródigos) deve ser aplicada às pessoas com deficiência apenas diante da configuração de umas das razões do art. 1.767, mas que o dispositivo não exclui a possibilidade de aplicação de outra curatela às pessoas com deficiência (que possam expressar sua vontade e não sejam ébrias habituais, viciadas em tóxicos ou pródigas), o problema apresentado na primeira interpretação desaparece.

A tese apresentada pode ser corroborada pelo fato de que o projeto não propôs a revogação de nenhum dispositivo do EPD que versa sobre a curatela das pessoas com deficiência.

Percebe-se que, com o que foi proposto, continuariam a coexistir no sistema dois tipos de curatela para as pessoas com deficiência, tal como hoje o sistema se mostra: a curatela das pessoas com deficiência capazes (que não se enquadram em nenhuma hipótese do art. 1.767) e a curatela das pessoas com deficiência incapazes, além da tomada de decisão apoiada que passaria a servir também aos incapazes que podem expressar vontade. A curatela dos incapazes seria subdividida em dois tipos: a das pessoas que não podem expressar sua vontade e, de outro lado, a curatela dos ébrios habituais, viciados em tóxicos e pródigos. A primeira, curatela dos que não expressam vontade, seria a única em que existiria a possibilidade de ingerência nos direitos de personalidade, todas as demais estariam restritas a atos de natureza negocial ou patrimonial.

4.2.3.4. *Observações complementares sobre a plena capacidade no âmbito dos direitos de personalidade*

Para as pessoas com deficiência em decorrência de impedimentos mentais ou intelectuais, até o momento, são esses os cenários, relativos à capacidade de fato, possíveis: a) pessoa com deficiência que não possa expressar sua vontade – considerada relativamente incapaz, por força do art. 4º, inciso III. Esta pessoa é submetida à curatela interditiva[269] e pode ter restrição para a prática de atos de natureza patrimonial ou não-patrimonial, havendo possibilidade inclusive de ser representada (especialmente ante a impossibilidade de expressão de vontade); b) pessoa com deficiência que possa expressar sua vontade capaz; b.1.) pode optar pelo regime de curatela de apoio, apenas para atos de

---

269. Importante lembrar que não incidem na curatela interditiva as regras de limitação à curatela impostas pelo Estatuto da Pessoa com Deficiência, presentes no art. 85 do EPD.

natureza negocial ou patrimonial;[270] b.2) pode optar pela tomada de decisão apoiada, como medida alternativa à curatela de apoio; b.3) apta a praticar quaisquer atos que versem sobre direitos de personalidade.[271]

Eis o esquema que sugere o sistema atual de capacidades das pessoas com deficiência em decorrência de impedimentos mentais ou intelectuais:

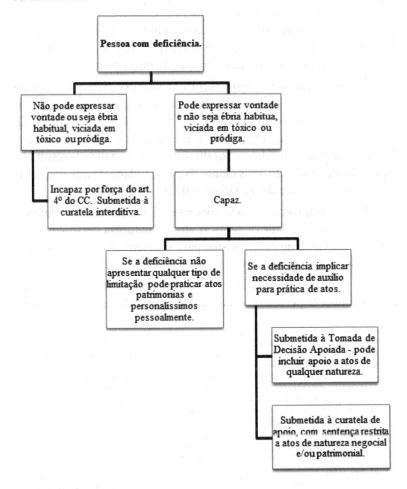

---

270. MACHADO, Diego Carvalho. Capacidade de agir e direitos da personalidade no ordenamento jurídico brasileiro: o caso do direito à privacidade. Op. cit., p. 59.
271. Em sentido diverso, Hugo Cremonez Sirena, em seu texto, afirma que: "os deficientes não mais estão peremptoriamente submetidos a qualquer condição de representação, exatamente por conta de galgarem o *status* da plena capacidade. No máximo, conforme indicado, debruçar-se-ão, em caráter

Uma das mais importantes características das situações subjetivas atinentes aos direitos de personalidade é a organicidade que elas possuem, ou seja, "são situações tão estreitamente ligadas ao titular, que têm exclusivamente neste liame a sua razão de ser, a sua função, constituindo-se, portanto, situações personalíssimas".[272] Com isso, ninguém, senão a própria pessoa, pode exercitá-las.

No âmbito do direito patrimonial é simples transferir o exercício dos direitos ao representante, tendo em vista que apesar da titularidade da situação subjetiva patrimonial ser do sujeito, o exercício ou é entregue, ou depende da participação de outra pessoa.

Podem-se encontrar algumas correntes doutrinárias que versaram sobre as implicações do reconhecimento da incapacidade de agir aos direitos de personalidade. Diego Carvalho Machado,[273] ao tratar do tema, sustenta que uma primeira corrente defendeu que a ausência de capacidade de agir relativa aos direitos de personalidade resulta na incapacidade de direito, pois diante da pessoalidade do ato, inaplicar-se-ia a possibilidade de suprimento de incapacidade.[274]

Em contraposição aquela corrente, Pietro Rescigno[275] defende que, sem a possibilidade de praticar atos de natureza personalíssima, tem-se a ausência de pressupostos para o desenvolvimento da capacidade de agir, mas não ausência de capacidade de direito.

De fato, a impossibilidade de suprir a incapacidade de agir, nos atos de natureza personalíssima, acaba, por vezes, vedando a prática

---

voluntário, ao apoio na tomada de decisão. Quanto aos sujeitos em estado de impossibilidade de expressão da vontade (mesmo que temporária), estes estarão submetidos à curatela." (SIRENA, Hugo Cremonez. *A incapacidade e a sistemática geral do direito civil sob a égide do novo estatuto das pessoas com deficiência (Lei 13.146/2015)*. Disponível em <www.civel.mppr.mp.br>. Acesso em 21/05/2018). Com a devida *vênia* ao entendimento do autor, não parece ser esse o *status* da pessoa com deficiência no novo diploma, não apenas as pessoas com deficiência que não possam expressar sua vontade estarão sujeitas à curatela, estas, serão consideradas relativamente incapazes, em virtude dessa impossibilidade e não da deficiência. Porém, é possível que, mesmo capaz, a pessoa com deficiência seja submetida ao regime curatelar, nos moldes já apresentados.

272. MACHADO, Diego Carvalho. Capacidade de agir e direitos da personalidade no ordenamento jurídico brasileiro: o caso do direito à privacidade. Op. cit., p. 66.

273. Id., Ibid., p. 66.

274. Francesco Santoro-Passarelli entendia nesse sentido. Para o autor, diante da incapacidade jurídica dos atos personalíssimos, não havia que se pensar em representação. Se não há possibilidade de praticar o ato, seria negada à pessoa a possibilidade de se tornar sujeito de direito. Nas palavras do autor: *"E'in questione la capacità giuridica negli atti detti personalissimi, quelli cioè per cui è esclusa la rappresentanza, perchè qui, con la possibilità della'atto, è negata alla persona la possibilità di diventare soggetto del potere o del dovere che risulterebbe dall'atto(...)"* (SANTORO-PASSARELLI, Francesco. *Dottrine generalli del diritto civile*. 9ª ed. Napoli: Casa Editrice Dott. Eugenio Jovene, 2012, p. 25).

275. PERLINGIERI, Pietro. *La personalità umana nell'ordinamento giuridico*. Nápoles: ESI, 1972, p. 210.

do ato pelos incapazes, mas não se pode transpor tal fato para o plano da capacidade jurídica.[276] "Ocorre que o instituto que supre a incapacidade de exercício não pode ser aplicado por causa da natureza do ato jurídico".[277]

O fato é que a separação entre capacidade jurídica e capacidade de exercício, facilmente justificável de existir na seara patrimonial, não é tão simplificada no exercício de direitos personalíssimos. Com isso, é possível apontar defensores[278] da impossibilidade de separação entre a titularidade e o exercício das situações jurídicas personalíssimas.[279] Alguns inclusive indicam a existência de uma terceira figura da capacidade de discernimento, definida como:

> a concreta possibilidade de tomada autônoma de decisão, tendo em vista o ambiente circundante ao específico ato existencial e as condições subjetivas do agente, de modo que a escolha seja adotada com o mesmo grau de consciência e maturidade (*rectius*, discernimento) que se pretende de uma pessoa adulta (capaz) em face de circunstância análoga.[280]

---

276. No sentido de negar a incapacidade jurídica pela incapacidade de fato, Angelo Fazeo afirma que "*Ma in questi casi la legge esclude gli estranei per la natura personalissima dell'atto, non per la natura della situazione giuridica.*" (*Capacità. In Enciclopedia del diritto*. VI. Vasere: Guiffrè Editore, 1960, p. 28). E, também, Giacomo Arena que aduz: "*Ne consegue che l'incapacità di agire non implica sempre e necessariamente l'incapacità giuridica.*" (*Incapacità. In Enciclopedia del diritto*. XX. Varese: Guiffrè Ed, 1970, p. 911).
277. MACHADO, Diego Carvalho. Capacidade de agir e direitos da personalidade no ordenamento jurídico brasileiro: o caso do direito à privacidade. Op. cit., p. 66.
278. Neste sentido, Pietro Perlingieri afirma que "*Entra, cosí, in crisi la distinzione tra capacità giuridica e capacità d'agire, perché, mentre da un lato si riconosce al soggetto la personalità per il solo fatto che ha la capacità giuridica, dall'altro lo si limita sotto il pro filo della capacità a 'agire.*" (PERLINGIERI, Pietro. *La personalità umana nell'ordinamento giuridico*. Op. cit., p. 210).
279. Nesse sentido Geraldo Rocha Ribeiro afirma que a distinção entre capacidade jurídica e capacidade de agir só se concebe no âmbito patrimonial da pessoa. E, ainda, defende que reconhecer a capacidade jurídica sem a capacidade de agir correspondente é uma negação do substracto da dignidade da pessoa humana (RIBEIRO, Geraldo Rocha. *A protecção do incapaz adulto no direito português*. Coimbra: Coimbra Editora, 2010, pp. 66-67). Também defendendo a impossibilidade de restrição ao exercício dos direitos existenciais MENEZES, Joyceanne Bezerra de. A capacidade dos incapazes: o diálogo entre a Convenção da ONU sobre os direitos das pessoas com deficiência e o Código Civil Brasileiro. *In* RUZYK, Carlos Eduardo Pianovski e outros (orgs.). *Direito civil Constitucional*. Florianópolis: Conceito, 2014, pag. 56. E, ainda, Ana Carolina B. Teixeira afirma que por ser intransferível o exercício dos direitos de personalidade, não há como separar a capacidade de direito da capacidade de fato. (TEIXEIRA, Ana Carolina Brochado. Deficiência psíquica e curatela: reflexões sob o viés da autonomia privada. *Revista Brasileira de Direito das famílias e sucessões*. Porto Alegre, nº 7, ano X, pp. 64-79, dez./jan.2008, p. 71).
280. MACHADO, Diego Carvalho. Capacidade de agir e direitos da personalidade no ordenamento jurídico brasileiro: o caso do direito à privacidade. Op. cit., p. 69. .

Todavia, a indistinção entre a capacidade jurídica e a capacidade de fato, bem como a existência de uma terceira espécie (capacidade de discernimento) não prosperam. Diego Machado aponta que se se aceitasse essa "indivisão", seria lógico (porém, absurdo) afirmar que onde não há exercício, não há titularidade. Ademais, a noção de capacidade de discernimento não se afasta tanto da capacidade de exercício, já que ambas buscam "assegurar juridicamente o exercício da autonomia privada na medida do discernimento da pessoa", sendo, pois, desnecessária uma nova figura.[281]

Em verdade, ainda sobre a capacidade de discernimento, é necessário frisar que ter ou não discernimento é uma questão de fato e não de direito, não há na legislação qualquer restrição ou reconhecimento de capacidade a partir da constatação ou ausência de discernimento, o que há, se sabe, é a incapacidade de exercício instaurada a partir da impossibilidade de expressão de vontade, esta que tem como base o fato de existir o discernimento de quem manifesta a vontade.

Aderindo a essas críticas, volta-se ao regime aplicável: há, independentemente do tipo de situações jurídicas (personalíssimas ou não), uma distinção entre a capacidade de direito e a capacidade de fato, porém, sendo caso de exercício de situações jurídicas relativas à personalidade, há um novo regime jurídico de capacidade de agir que tem como fundamento "a inseparabilidade entre o exercício e titularidade das situações existenciais".[282]

No que concerne às pessoas com deficiência capazes (que podem expressar suas vontades), e, também, em relação aos pródigos, há uma compatibilização com o que foi afirmado acima. Na seara existencial não há possibilidade de limitação de exercício de atos, sendo, pois, correto defender uma correspondência entre a capacidade de fato e a titularidade das situações jurídicas. Essa afirmação se coaduna com tudo já exposto acerca das características da curatela de apoio.

Porém, é importante relembrar, o Código Civil apresenta casos de incapacidades (como a incapacidade dos ébrios habituais, viciados em tóxicos e daqueles que não podem expressar sua vontade por

---

281. MACHADO, Diego Carvalho. Capacidade de agir e direitos da personalidade no ordenamento jurídico brasileiro: o caso do direito à privacidade. Op. cit., p. 70.
282. Id., Ibid., p. 70.

causa permanente ou provisória) em que é possível a restrição de exercício, ao menos pessoalmente, de situações existenciais.[283] Isto porque, em consonância com o defendido nesta obra, o art. 85 do EPD é somente aplicável à curatela de apoio (ou seja, a curatela dos capazes), não sendo óbice para a curatela interditiva à limitação para a prática, pessoalmente, de atos de natureza existencial.[284]

Nesses casos, em que um curatelado (no caso da curatela interdita) não possua qualquer competência volitiva ou se estiver sob tratamento médico e seja necessária a resolução de questão não-patrimonial, como, por exemplo, a decisão acerca de determinado tratamento, na hipótese em que não haja familiar para solucionar a questão, de uma forma geral, a doutrina civilista impõe o dever de o curador fazê-lo regido pelo princípio da beneficência[285] e seguindo padrões que respeitem a dignidade da pessoa humana e os direitos do curatelado, tentando atender as inclinações do curatelado e não as do representante.[286]

Aponta-se, então, para a necessidade de apuração dos valores que a "pessoa cultivava e do modo de vida que mantinha antes do comprometimento integral de seu sistema volitivo".[287]

---

283. Id., Ibid., p. 71-72.
284. Id., Ibid., p. 71-72.
285. *"La beneficência se refiere a una acción realizada en beneficio de otros; la benevolência se refiere al rasgo del carácter o a la virtud de estar dispuesto a actuar en beneficio de otros, y el principio de beneficência se refiere a la obligación moral de actuar en beneficio de otros. Muchos actos de beneficência no son obligatorios, pero un principio de beneficência, tal y como nosotros lo entendemos, impone una obligación de ayudar a otros a promover sus importantes y legítimos intereses."* (BEAUCHAMP, Tom L.; CHILDRESS, James F. *Princípios de ética biomédica*. Barcelona: Masson, S.A., 1999. p. 246).
286. MENEZES, Joyceanne Bezerra de. A capacidade dos incapazes: o diálogo entre a Convenção da ONU sobre os direitos das pessoas com deficiência e o Código Civil Brasileiro. Op. cit., p. 63.
287. Id., Ibid., p. 63.

5

A CAPACIDADE PROCESSUAL DAS PESSOAS COM DEFICIÊNCIAS PARA DEMANDAR EM JUÍZO

5.1. INTRODUÇÃO: O QUADRO DA ABORDAGEM DA DOUTRINA BRASILEIRA SOBRE A CAPACIDADE PROCESSUAL DA PESSOA COM DEFICIÊNCIA

Até aqui ficou assentado que a capacidade processual é a aptidão para prática de atos processuais e que está vinculada diretamente à capacidade de fato. De modo geral, todo aquele que possui capacidade de fato possui, automaticamente, capacidade processual.

Além disso, a ausência de capacidade processual é vício sanável, devendo o magistrado oportunizar prazo à parte para que a integre. De acordo com o art. 76 do CPC, ao verificar incapacidade processual ou irregularidade na representação, deverá o juiz suspender o processo, designando prazo razoável para que o vício seja sanado. Caso a determinação seja ignorada pelo autor, o processo será extinto, se estiver tramitando na instância originária. Se, por outro lado, a inércia for do réu, este será considerado revel. Sendo, porém, inobservada a determinação por um terceiro, a depender do polo em que se encontre, será excluído do processo ou considerado revel. Se o processo estiver em fase recursal e a providência couber ao recorrente, o relator não conhecerá do recurso. Contudo, se couber ao recorrido, o relator determinará o desentranhamento das contrarrazões ao recurso.

Importante frisar que a capacidade processual pode ser requisito de validade de todo o processo, como também pode ser requisito de validade para atos isolados,[1] caso da capacidade de testemunhar[2], capacidade de receber citação[3] e capacidade para celebrar negócios jurídicos processuais[4].

---

1. DIDIER JR. Fredie. *Pressupostos processuais e condições da ação*. São Paulo: Saraiva, 2005, p. 134. Também nesse sentido tem-se: GODINHO, Robson Renault. Da capacidade processual. *In* CABRAL, Antonio do Passo. CRAMER, Ronaldo. (coords.). *Comentários ao Novo Código de Processo Civil*. 2ª ed. Rio de Janeiro: Forense, 2016, p. 119.

2. Merece destaque questão relativa à possibilidade da pessoa com deficiência prestar depoimento na condição de testemunha. O art. 447 do CPC estipula que todas as pessoas podem depor como testemunhas, exceto as incapazes, impedidas ou suspeitas. Sobre as primeiras, estatui o §1º do mesmo artigo: "§ 1o São incapazes: I - o interdito por enfermidade ou deficiência mental; II - o que, acometido por enfermidade ou retardamento mental, ao tempo em que ocorreram os fatos, não podia discerni-los, ou, ao tempo em que deve depor, não está habilitado a transmitir as percepções; III - o que tiver menos de 16 (dezesseis) anos; IV - o cego e o surdo, quando a ciência do fato depender dos sentidos que lhes faltam". Observa-se que os incisos I e II não acompanharam a evolução da legislação de inclusão das pessoas com deficiência, especificamente o EPD, que, inclusive, revogou o dispositivo do Código Civil (art. 228) que veiculava norma semelhante ao art. 447 do CPC e inseriu o §2º no mesmo artigo estabelecendo que "A pessoa com deficiência poderá testemunhar em igualdade de condições com as demais pessoas, sendo-lhe assegurados todos os recursos de tecnologia assistiva". A solução dada para esse caso, por Diogo Esteves, Elisa Costa Cruz e Franklyn Roger Alves e Silva, é de interpretação sistemática da norma do CPC, levando em consideração a nova realidade das pessoas com deficiência, com a finalidade de possibilitar que essas pessoas possam atuar como testemunha. (ESTEVES, Diogo; CRUZ, Elisa Costa; SILVA, Franklyn Reger Alves. As consequências materiais e processuais da lei brasileira de inclusão da pessoa com deficiência e o papel da Defensoria Pública na assistência jurídica das pessoas com deficiência. *Revista de Processo*. São Paulo, vol. 258, ano 41, pp. 281-314, 2016, p. 289-290). Fredie Didier Jr., Paula Sarno Braga e Rafael Oliveira defendem que, com a entrada em vigor do EPD, houve revogação tácita dos incisos I, II e IV, do §1º do art. 447 do CPC. Afirmam que uma pessoa com Síndrome de Down ou Alzheimer, por exemplo, podem testemunhar. Para os autores, o órgão julgador deve, diante desse testemunho, levar "em consideração o seguinte: a) ao tempo em que ocorreram os fatos, se e em que medida poderia o depoente discerni-los; b) ao tempo em que deve depor, se e em que medida está ele habilitado a transmitir as percepções." (DIDIER JR. Fredie; BRAGA, Paula Sarno e OLIVEIRA, Rafael. *Curso de direito processual civil*. 11ª ed. Salvador: Juspodivm, 2016, vol. 2, p. 250). Apesar de os autores defenderem que houve a revogação tácita do inciso IV, do §1º do art. 447 do CPC apontam que "essa capacidade não autoriza a realização de um testemunho sobre fatos cuja ciência dependa do sentido que lhes falta." (DIDIER JR. Fredie; BRAGA, Paula Sarno e OLIVEIRA, Rafael. *Curso de direito processual civil*. Op. cit., p. 250). Aderimos ao entendimento da revogação tácita do art. 447, §1º, incisos I e II, mas defendemos que a manutenção no sistema do inciso IV é salutar, já que o próprio dispositivo faz a ressalva que o cego e o surdo são incapazes de testemunhar "quando a ciência do fato depender dos sentidos que lhes faltam". É necessário frisar ainda que o EPD, em seu artigo 80, traz previsão para atuação da pessoa com deficiência como testemunha, diz o dispositivo: "Devem ser oferecidos todos os recursos de tecnologia assistiva disponíveis para que a pessoa com deficiência tenha garantido o acesso à justiça, sempre que figure em um dos polos da ação ou atue como testemunha, partícipe da lide posta em juízo, advogado, defensor público, magistrado ou membro do Ministério Público". Percebe-se, então, que ter aptidão para prestar depoimento na condição de testemunha é, na verdade, um direito da pessoa com deficiência que não poderá apenas em virtude da deficiência ser considerada incapaz. Ver também sobre o tema: DANELUZZI, Maria Helena Marques Braceiro. MATHIAS, Maria Ligia Coelho. Repercussão do Estatuto da Pessoa com Deficiência (Lei 13.146/2015), nas legislações civil e processual civil. *Revista de Direito Privado*. São Paulo, vol. 66. pp. 57-82, abr./jun.2016.

3. É o caso do art. 245 que estabelece que "Não se fará citação quando se verificar que o citando é mentalmente incapaz ou está impossibilitado de recebê-la". A hipótese de incapacidade mental foi retirada do sistema de incapacidade civil, devendo, pois, ser igualmente retirada do sistema processual. (SALLES, Carlos Alberto. Da capacidade processual. *In* BUENO, Cassio Scarpinella (coord.). *Comentários ao Código de Processo civil*. São Paulo: Saraiva, 2017, vol. 1, p. 401). Ainda no que diz

Além desses pontos, é necessário salientar um aspecto fundamen-

---

respeito à citação, merece destaque o disposto no art. 247, II do CPC. Segundo o dispositivo, a citação deve ser realizada pelo correio para qualquer comarca do país, exceto: "II - quando o citando for incapaz". Para nós, tal garantia deve ser estendida às pessoas com deficiência capazes submetidas à curatela de apoio ou à tomada de decisão apoiada. Trata-se de uma sugestão *de lege ferenda*, com base no que parece ser a intenção do legislador, qual seja, a proteção dos incapazes que se baseia na vulnerabilidade. Essa vulnerabilidade, conforme já demonstrado, não é privativa dos incapazes. As pessoas com deficiência, apesar de ter capacidade reconhecida, não deixam de ser vulneráveis e merecerem tratamento especial.

4. É sabido que o CPC admitiu, expressamente no art. 190, a celebração de negócios processuais atípicos, sendo, porém, requisito para a sua validade que as partes sejam plenamente capazes. No parágrafo único do art. 190 encontra-se prevista a incapacidade negocial pela manifesta vulnerabilidade, que pode ser configurada quando houver desequilíbrio entre os sujeitos da relação jurídica deduzida. Do texto do art. 190, *caput*, extrai-se questão relevante a ser respondida: a capacidade de que trata o *caput* do art. 190 é a capacidade processual ou capacidade de fato? Porém, para avançar sobre tal questão, outra, prévia, deve ser respondida: o regime jurídico incidente no negócio jurídico processual é o regime dos negócios jurídicos materiais? Em linhas gerais, por ser espécie do gênero negócio jurídico, o negócio jurídico processual deve seguir, ao menos no que toca aos seus elementos constitutivos, o regime dos negócios jurídicos do Código Civil. Dessa forma, em regra, o regime jurídico a ser aplicado sobre ele não é que impõe capacidade processual ao celebrante, mas sim à capacidade civil. Para corroborar essa tese basta observar o que enuncia o art. 1º da Lei de Arbitragem (Lei nº 9.307/1996): "As pessoas capazes de contratar poderão valer-se da arbitragem para dirimir litígios relativos a direitos patrimoniais disponíveis". Ora, não há dúvidas que a lei está apontando um requisito para celebração de convenção de arbitragem, negócio jurídico tido como processual típico, a capacidade de contratar, que nada mais é do que expressão da capacidade de fato. Fixada a premissa de incidência do regime jurídico dos negócios jurídicos materiais, pode-se deduzir que, em geral, a capacidade, tratada no *caput* do art. 190, é a capacidade de fato. Não se quer afastar aqui a necessidade de capacidade processual para os negócios jurídicos processuais celebrados no curso de processo judicial. Porém, em regra, tratando-se de capacidade civil, outro problema emerge: saber se os limites do texto do art. 190 admitem o exercício dessa capacidade por incapazes representados ou assistidos. Flávio Yarshell, por exemplo, explica que a expressão "plenamente capazes", presente no texto do art. 190, indica a exclusão de incapazes, ainda que representados ou assistidos (YARSHELL, Flávio Luiz. Convenção das partes em matéria processual: rumo a uma nova era? *In* CABRAL, Antonio do Passo. NOGUEIRA, Pedro Henrique. Coleção grandes temas do Novo CPC. Negócios Processuais. pp. 63-81. SALVADOR: Juspodivm, 2015, vol. 1, pp. 73-75). Porém, seguimos entendimento de Pedro Henrique Nogueira, especificamente quando afirma que o relativamente incapaz que esteja assistido ou representado poderá figurar como parte de uma negociação processual, com a ressalva que este autor aponta que a capacidade, mencionada no art. 190, é a capacidade processual (NOGUEIRA, Pedro Henrique. Dos atos em geral. *In* WAMBIER, Teresa Arruda Alvim; DIDIER JR. Fredie; TALAMINI, Eduardo; DANTAS, Bruno. (coords.). *Breves Comentários ao Novo Código de Processo Civil*. 3ª ed. São Paulo: Revista dos Tribunais, 2016, p. 594). Fredie Didier Jr. também defende que os incapazes não podem celebrar sozinhos negócios processuais, mas que não há impedimento para celebrá-los devidamente representados. Para o autor, o requisito imposto no caput do art. 190, assim como para Pedro Henrique Nogueira, é de plena capacidade processual (DIDIER Jr. Fredie. *Curso de direito processual*. 17ª ed. Salvador: Juspodivm, 2015, vol.1, pp. 384-385). Convém ressaltar que a doutrina processualista, contudo, passou a vislumbrar possibilidade de validação de acordos processuais, mesmo que celebrados por incapazes, em hipóteses de benefício do próprio incapaz. A lógica é que não há razão para inviabilizar uma melhoria processual apenas pela incapacidade. Se a vedação de celebração de negócios processuais serve para a proteção do incapaz, não sendo ele prejudicado, mas sim beneficiado, não se deve invalidar o ato. Com esse entendimento doutrinário foi editado o enunciado 16 do Fórum Permanente de Processualistas Civis, que adverte: "O controle dos requisitos objetivos e subjetivos de validade da convenção de procedimento deve ser conjugado com a regra segundo a qual não há invalidade do ato sem prejuízo". Ao analisarmos as hipóteses de capacidade processual da pessoa com deficiência, a capacidade de celebrar negócios processuais será objeto de nossos comentários. Defendendo a possibilidade de a pessoa com deficiência celebrar negócios jurídicos processuais: ESTEVES, Diogo; CRUZ, Elisa Costa;

tal em relação à capacidade de fato: não é possível estabelecer entre ela e a capacidade processual uma correspondência absoluta,[5] visto que a capacidade processual revela-se mais extensa do que a capacidade de fato.[6] Com isso, quer-se dizer que é possível encontrar hipóteses em que está presente a capacidade processual, mas não a capacidade de fato. É o caso do incapaz para o exercício de situações jurídicas materiais, sem representante, que possui capacidade processual para requerer a designação de um curador especial[7] ou do interdito que tem capacidade processual para pedir o levantamento da interdição.[8-9]

No âmbito da capacidade processual, assim como da capacidade de fato civil, existem gradações: tem-se a plena capacidade processual, em que a parte pode praticar todos os atos processuais sem assistência ou representação; têm-se as hipóteses de incapacidade (absoluta e relativa) em que, para prática de atos processuais é essencial a presença do representante/assistente[10]; e, além dessas hipóteses, é possível vislumbrar situações em que a lei, apesar de reconhecer capacidade processual à parte, exige uma integração protetiva.[11]

As gradações citadas na seara processual, em regra, são reguladas pelo direito material, já que, conforme disciplina o art. 71 do

---

SILVA, Franklyn Reger Alves. As consequências materiais e processuais da lei brasileira de inclusão da pessoa com deficiência e o papel da Defensoria Pública na assistência jurídica das pessoas com deficiência. *Revista de Processo*. São Paulo, vol. 258, ano 41, pp. 281-314, 2016.

5. Fredie Didier Jr. aponta que apesar da estreita relação entre a capacidade processual e a capacidade material de exercício elas são capacidades distintas e autônomas. Com isso, "O sujeito pode ser processualmente capaz e materialmente incapaz ou processualmente incapaz e materialmente capaz". DIDIER Jr. Fredie. *Curso de direito processual civil*. Op. cit., p. 357. Nesse mesmo sentido, GODINHO, Robson Renault. Da capacidade processual. *In* CABRAL, Antonio do Passo. CRAMER, Ronaldo. (coords.). *Comentários ao Novo Código de Processo Civil*. 2ª ed. Rio de Janeiro: Forense, 2016, p. 121. PEIXOTO, Ravi. Da capacidade processual. *In* STRECK, Lênio Luiz; NUNES, Dierle. CUNHA, Leonardo Carneiro da. (orgs.). *Comentários ao Código de Processo Civil*. 2ª ed. São Paulo: Saraiva, 2017, p. 134.
6. ASSIS, Araken de. *Processo civil brasileiro. Parte Geral*. São Paulo: Revista dos Tribunais, 2015, t. I, vol. II, p. 109.
7. Essa possibilidade está prevista no art. 72, I do CPC: "O juiz nomeará curador especial ao: I - incapaz, se não tiver representante legal ou se os interesses deste colidirem com os daquele, enquanto durar a incapacidade".
8. Trata-se de hipótese prevista no art. 756, § 1º do CPC: "Levantar-se-á a curatela quando cessar a causa que a determinou". "§ 1o O pedido de levantamento da curatela poderá ser feito pelo interdito, pelo curador ou pelo Ministério Público e será apensado aos autos da interdição".
9. DIDIER Jr. Fredie. *Curso de direito processual civil*. Op. cit., pp. 357-358.
10. A representação aqui citada é a representação para suprimento da incapacidade processual, ou seja, a representação da parte ou da pessoa jurídica (e entes despersonalizados) que difere da representação técnica do advogado que compõe a capacidade postulatória. (ASSIS, Araken de. *Suprimento da incapacidade processual e da incapacidade postulatória*. Disponível em <www.mpsp.mp.br>. Acesso em 15 de outubro de 2018).
11. Id., Ibid.

CPC, o incapaz será representado ou assistido no processo na forma da lei. Há, porém, que se frisar que algumas integrações protetivas são determinadas pelo próprio CPC, como a prevista no art. 73 que estabelece a necessidade de consentimento do cônjuge para propor ação que verse sobre direito real imobiliário, salvo se casados no regime de separação absoluta de bens.

No tratamento da capacidade processual das pessoas com deficiência, conforme se verá nos itens a seguir, poderá haver uma desconexão entre a capacidade de fato e a capacidade processual, não sendo, porém, essa a regra geral. Isso porque se admite que uma pessoa com deficiência que seja incapaz, por alguma das razões instituídas no art. 4º do Código Civil, possua, apesar da ausência de capacidade de fato, capacidade processual para, por exemplo, requerer a curatela. Por outro lado, pode-se vislumbrar uma pessoa com deficiência que, apesar de ser capaz, tenha restrição para ajuizar ações relativas a determinados direitos de natureza patrimonial e negocial, em virtude de curatela de apoio, caracterizando, com isso, restrição à sua capacidade processual.

É necessário frisar ainda, sobre a capacidade processual das pessoas com deficiência, que não houve, por parte do legislador, a preocupação de compatibilizar a capacidade processual dessas pessoas, no CPC/2015[12], com as regras instituídas pelo EPD. Com isso há um verdadeiro descompasso entre as legislações e, consequentemente, é possível encontrar, na doutrina processualista, autores que não analisam as diversas nuances em que a capacidade processual das pessoas com deficiência se apresenta no direito brasileiro.

Humberto Theodoro Jr., por exemplo, apenas afirma que "não tem capacidade processual quem não dispõe de aptidão civil para praticar atos jurídicos materiais, como os menores e os alienados mentais"[13], sem apresentar um conceito para o que denomina alie-

---

12. De maneira diversa agiu o legislador português que, com a Lei nº 49/2018, além de alterar o Código Civil, promoveu mudanças no CPC. Pela norma sistemática da capacidade processual "Os maiores acompanhados que não estejam sujeitos a representação podem intervir em todas as ações em que sejam partes e devem ser citados quando tiverem a posição de réus, sob pena de se verificar a nulidade correspondente à falta de citação, ainda que tenha sido citado o acompanhante" (texto do novo art. 19, 1 do CPC), e, mais, "A intervenção do maior acompanhado quanto a atos sujeitos a autorização fica subordinada à orientação do acompanhante, que prevalece em caso de divergência"(Art. 19, 2 do CPC). Lei disponível em https://dre.pt/. Acesso 30 de agosto de 2018.
13. THEODORO JR., Humberto. *Curso de Direito Processual Civil*. 58ª ed. Rio de Janeiro: Forense, 2017, vol.1, p. 275.

nados mentais. Nessa linha, Rogéria Dotti aponta que "os menores, loucos e interditados podem ser parte, mas, para a prática de atos processuais, deverão estar assistidos (menores púberes) ou representados (demais)".[14] E, por fim, Alexandre Câmara que afirma de forma resumida que "Pessoas naturais incapazes (arts. 3º e 4º do CC), porém, deverão ser representadas ou assistidas por seus pais, tutor ou curador, como dispõe o art. 71".[15]

Percebe-se que os autores referidos parecem ainda vinculados aos conceitos utilizados antes do Estatuto da Pessoa com Deficiência: incapazes são aqueles inseridos nos arts. 3º e 4º do CC que necessitam de assistência/representação processual *versus* capazes, que são as pessoas não inseridas nos mesmos dispositivos, que podem praticar quaisquer atos, inclusive atos processuais. Essa posição não seria criticável se se analisar apenas os textos dos artigos 70, 71 e 72 do CPC, já que não há qualquer referência à capacidade processual das pessoas com deficiência que, após EPD, são consideradas capazes, mas podem vir a sofrer restrições para prática de determinados atos diante da existência de institutos protetivos como a curatela de apoio.

Tratando especificamente das pessoas com deficiência, porém, adotando entendimento oposto ao apresentado neste trabalho, Beneduzi defende que, apesar do reconhecimento da capacidade civil dessas pessoas, no âmbito processual "o deficiente precisará de seu curador para praticar atos em todo e qualquer processo, independentemente da natureza jurídica da pretensão nele deduzida".[16] A razão de ser da necessidade de assistência seria a presunção do estado de fragilidade das pessoas com deficiência e a "complexidade inerente a todo litígio judicial".[17]

O que o autor parece defender é que a presença da deficiência, por si só, já implica uma redução da capacidade de entendimento, noção que fora combatida durante esta obra. As deficiências comportam gradações que implicam a necessidade de avaliação do caso concreto

---

14. DOTTI, Rogéria Fagundes. Da capacidade Processual. In WAMBIER, Teresa Arruda Alvim; DIDIER JR. Fredie; TALAMINI, Eduardo; DANTAS, Bruno. (coords.). *Breves Comentários ao Novo Código de Processo Civil*. 3ª ed. São Paulo: Revista dos Tribunais, 2016, p. 277.
15. CÂMARA, Alexandre Freitas. *O novo processo civil brasileiro*. 3ª ed. São Paulo: Atlas, 2017, p. 64.
16. BENEDUZI, Renato. *Comentários ao Código de Processo Civil*. Artigos 70 ao 187. MARINONI, Luiz Guilherme (diretor). São Paulo: Revista dos Tribunais, 2016, vol. II, p. 44.
17. Id., Ibid., p. 44.

para verificar a existência ou não de redução de entendimento ou déficit cognitivo. Afirmar que a complexidade de um processo judicial não poderá ser entendida, *a priori*, pelas pessoas com deficiência traduz uma ideia ultrapassada de que toda e qualquer deficiência é limitadora e incapacitante.

Além disso, o autor não observou a evolução legislativa que visa garantir às pessoas com deficiência ampla autonomia acerca das questões identitárias. O EPD vedou expressamente que a curatela das pessoas com deficiência reduza autonomia no que diz respeito aos direitos de personalidade (vide art. 85, §1º do EPD). Sendo assim, não há como privar que a pessoa com deficiência possua capacidade para, sozinha, pleitear o exercício de tais direitos.

Marinoni, Arenhart e Mitidiero, ao comentar o art. 71 do CPC à luz das pessoas com deficiência, afirmam que, com base no EPD, a deficiência não afeta a plena capacidade civil. Porém, os autores, ao tratarem da incapacidade, utilizam o §1º do art. 2º do EPD para deduzir que poderá, após avaliação biopsicossocial, ser declarada a incapacidade tanto cível como processual da pessoa com deficiência,[18] pois, para eles "Os deficientes só podem ser considerados incapazes após avaliação biopsicossocial que atestem a ausência de discernimento - fora daí a deficiência não afeta a plena capacidade civil".[19]

De fato, a avaliação biopsicossocial citada no EPD tem a função de avaliar tanto os aspectos médicos, quanto os aspectos sociais que circundam a pessoa com deficiência, ambos necessários para a aferição de eventual condição de incapacidade[20] (condição que só se verifica se comprovadas algumas das hipóteses do art. 4º do CC) ou necessidade de auxílio. Critica-se, porém, do que foi apresentado pelos autores, o fato de inserirem como critério para configuração da incapacidade a ausência de discernimento que, como já visto nos capítulos anteriores, não é mais o critério estabelecido pelo Código Civil. Melhor seria afirmar que o exercício, civil ou processual, dos direitos pelas pessoas com deficiência poderá, excepcionalmente, ser restringido a partir de avaliação biopsicossocial que levará em consi-

---

18. MARINONI, Luiz Guilherme, ARENHART, Sérgio Cruz, MITIDIERO, Daniel. *Código de Processo Civil Comentado*. 4ª ed. São Paulo: RT, 2018, p. 234.
19. Id., Ibid., p. 234.
20. FARIAS, Cristiano Chaves de. ROSENVALD, Nelson. *Curso de direito civil: parte geral e LINDB*. 14ª ed. Salvador: Juspodivm, 2016, p. 25.

deração a necessidade de apoio, a partir dos impactos da deficiência na possibilidade de declaração de vontade.

Feitas essas observações acerca dos posicionamentos de parte da doutrina, verifica-se que é necessário, a partir das alterações promovidas no regime das capacidades civis das pessoas com deficiência, uma abordagem pormenorizada, que contemple as diversas nuances que a complexidade do tema impõe.

Contudo, para tais análises, é importante fixar uma premissa: em decorrência do reconhecimento da plena capacidade civil das pessoas com deficiência, a regra acerca da capacidade processual dessas pessoas é também da plena capacidade processual. Supõe-se, assim, a capacidade direta dos membros desse grupo para recorrer aos tribunais para o exercício e defesa dos seus direitos.[21] Visto que, repita-se, a deficiência, por si só, não justifica a retirada ou restrição de capacidade para demandar judicialmente. Não importa, neste contexto inicial, se o objeto do processo tenha natureza patrimonial ou direito de personalidade.

Essa conclusão é extraível, além da correspondência da plena capacidade civil com a plena capacidade processual, do art. 12º da Convenção Internacional sobre os Direitos das Pessoas com Deficiência[22] e do próprio EPD, nos arts. 79[23] e 84[24].

É evidente, todavia, que o sistema processual comporta exceções quanto à atribuição de capacidade processual às pessoas com deficiência. Essas exceções serão apresentadas nos itens a seguir, divididas, basicamente, em quatro hipóteses: a capacidade processual da pessoa com deficiência capaz curatelada, após a instauração da curatela; a capacidade processual da pessoa com

---

21. RIBEIRO, Geraldo Rocha. Notas sobre as incapacidades jurídicas previstas no Código Civil à luz do art. 12º da Convenção das Nações Unidas sobre os direitos das pessoas com deficiência. In Coleção Formação contínua. Direitos das Pessoas com deficiência do Centro de Estudos Judiciários. Disponível em http://www.cej.mj.pt. Acesso 02 de agosto de 2018.
22. Art. 12: "Os Estados Partes assegurarão o efetivo acesso das pessoas com deficiência à justiça, em igualdade de condições com as demais pessoas, inclusive mediante a provisão de adaptações processuais adequadas à idade, a fim de facilitar o efetivo papel das pessoas com deficiência como participantes diretos ou indiretos, inclusive como testemunhas, em todos os procedimentos jurídicos, tais como investigações e outras etapas preliminares".
23. Art. 79: "O poder público deve assegurar o acesso da pessoa com deficiência à justiça, em igualdade de oportunidades com as demais pessoas, garantindo, sempre que requeridos, adaptações e recursos de tecnologia assistiva".
24. Art. 84: "A pessoa com deficiência tem assegurado o direito ao exercício de sua capacidade legal em igualdade de condições com as demais pessoas".

deficiência capaz sob o regime da tomada de decisão apoiada, após a instauração da medida; a capacidade processual da pessoa com deficiência incapaz por impossibilidade de expressão de vontade e a capacidade processual da pessoa com deficiência incapaz por prodigalidade ou por ser ébria habitual ou viciada em tóxico (que serão tratadas em conjunto).

5.2. A PLENA CAPACIDADE PROCESSUAL DA PESSOA COM DEFICIÊNCIA SEM INSTAURAÇÃO DA TOMADA DE DECISÃO APOIADA OU DA CURATELA DE APOIO

Antes de seguir para as hipóteses em que pode vir a existir restrição quanto à capacidade processual das pessoas com deficiência, é essencial tecer comentários acerca de algumas consequências advindas do reconhecimento da capacidade processual das pessoas com deficiência.

Adverte-se, de imediato, que o reconhecimento da plena capacidade processual da pessoa com deficiência capaz e sem medida de apoio instaurada, não implica a impossibilidade de o juiz, tomando ciência do ajuizamento de ação por pessoa com deficiência e suspeitando que, na verdade, é caso de incapacidade, requerer uma avaliação por equipe multiprofissional para protegê-la. Trata-se da avaliação decorrente da disciplina do art. 2º, §1º do EPD que exige, para a sua implementação, a suspeita, pelo juiz, de impossibilidade de manifestação de vontade.

Ficando comprovada a situação de incapacidade, de acordo com o regime do art. 4º do Código Civil, haverá necessidade de representação ou assistência no processo judicial em que o incapaz figure como parte.[25] Caso não haja representante ou assistente, o juiz deverá nomear curador especial, conforme art. 72 do CPC.[26] O fato é que a pessoa com deficiência incapaz não poderá, sozinha, praticar atos processuais validamente, mesmo que esteja acompanhada de advogado, visto que, nesse caso, apesar de suprida a capacidade postulatória, faltaria, a ela, a capacidade de estar em juízo.

---

25. Recorda-se que o art. 71 do CPC aduz que o "O incapaz será representado ou assistido por seus pais, por tutor ou por curador, na forma da lei".
26. Fredie Didier Jr., afirma em seu curso que o curador especial pode representar o curatelado na autointerdição. DIDIER Jr. Fredie. *Curso de direito processual civil*. Op. cit., p. 373.

Não sendo, porém, o caso de suspeita da incapacidade e, além disso, não havendo nenhuma medida de apoio instaurada, nada há de se fazer no processo no que diz respeito à capacidade processual da pessoa com deficiência que possua advogado nos autos, visto que não há nenhum vício de representação processual. Estarão presentes, nessa hipótese, todos os pressupostos e requisitos do processo no que concerne às capacidades de ser parte, processual e postulatória do autor.

Apresentada a tese de plena capacidade processual das pessoas com deficiência que são capazes e não estão submetidas às medidas de apoio, é necessário apontar normas do diploma processual que precisam ser compatibilizadas com essa nova sistemática. Este trabalho não se propõe a exaurir todas elas, mas apenas, demostrar e propor a compatibilização de algumas que parecem ser mais relevantes.

a) ***Intervenção do Ministério Público***

A norma do art. 178 do CPC impõe a necessidade de intimação do Ministério Público para intervir como fiscal da ordem jurídica em ações que envolvam interesse público ou social, interesse de incapaz e litígios coletivos pela posse de terra rural ou urbana.

De lege lata, pelo art. 178, não haveria como se defender a necessidade de intimação do MP nos processos que tenham como parte a pessoa com deficiência mental ou intelectual capaz. Porém, argumenta-se aqui que andou mal o legislador ao não adequar o dispositivo à nova realidade das pessoas com deficiência. Explica-se.

O que se está defendendo é que, com base no art. 79, §3º do EPD que determina "A Defensoria Pública e o Ministério Público tomarão as medidas necessárias à garantia dos direitos previstos nesta Lei", seja instituída a imposição de intimação do MP sempre que, no processo judicial, sejam partes pessoas com deficiência mental ou intelectual[27]. A razão de ser da sugestão é garantir que direitos impostos pelo

---

27. Tratar-se-ia de intervenção do MP como fiscal da lei ou, nas palavras de Araken de Assis, como parte coadjuvante (ASSIS, Araken de. *Processo civil brasileiro*. Parte Geral: institutos fundamentais. São Paulo: RT, 2015, vol. II, t. I, p. 1.186). Ressalta-se que nos processos em que o CPC impõe a necessidade de intimação, cabe ao agente do MP intervir ou não. De modo que, se intimado o MP, mesmo sem a efetiva intervenção, não há que se vislumbrar invalidação. A atuação como fiscal da lei é regulada pelo art. 179 do CPC que dispõe que o MP terá vista dos autos depois das partes, que o órgão deve ser intimado de todos os atos do processo e que "poderá produzir provas, requerer as medidas processuais pertinentes e recorrer".

EPD, como, por exemplo, os do art. 80[28], sejam observados no curso do processo judicial pelo MP, já que cabe a ele, segundo o próprio Estatuto, agir caso não haja descumprimento.

b) *Negociação Processual*

Apesar de já terem sido realizados comentários acerca da possibilidade de celebração de negócios jurídicos processuais pela pessoa com deficiência, defendendo-se, na ocasião, a capacidade dela para tanto, cumpre frisar alguns detalhes relevantes. Sabe-se que, como regra, todo aquele que possui capacidade para estar em juízo e, assim, se submete às regras processuais legais, possui capacidade para celebrar negócios no curso de processo judicial que estabelecem normas processuais entre as partes.[29]

Assim, diante de negócios pré-processuais[30] ou processuais celebrados sem advogado por pessoa com deficiência capaz que não tenha medida de apoio instaurada, *a priori*, não se invocam vícios que geram invalidade. Diz-se *a priori*, pois há de se vislumbrar a possibilidade de anulação do negócio processual, como em qualquer outro negócio celebrado, desde que reunidos os seguintes requisitos: comprovação que a pessoa com deficiência precisava de apoio para realizar o acordo na época; comprovação do prejuízo sofrido pela pessoa com deficiência e, por fim, comprovação de que a parte, com quem a pessoa com deficiência celebrou o acordo, tinha consciência da inaptidão dela para a prática do ato.[31] Essa seria uma hipótese de

---

28. Art. 80: "Devem ser oferecidos todos os recursos de tecnologia assistiva disponíveis para que a pessoa com deficiência tenha garantido o acesso à justiça, sempre que figure em um dos polos da ação ou atue como testemunha, partícipe da lide posta em juízo, advogado, defensor público, magistrado ou membro do Ministério Público".
29. YARSHELL, Flávio Luiz. Convenção das partes em matéria processual: rumo a uma nova era? Op. cit., p. 75.
30. Segundo Rafael Sirângelo de Abreu, os negócios jurídicos são considerados pré-processuais quando forem celebrados antes do início do processo (ABREU, Rafael Sinrâgelo. Customização processual compartilhada: o sistema de adaptabilidade do novo CPC. *Revista de Processo*. São Paulo, vol. 267, 2016, pp. 51-76).
31. Sobre a validade dos negócios celebrados antes da instauração de medidas de limitação de capacidade, Marcato aponta, especificamente sobre a curatela dos incapazes, que "quantos aos atos e negócios jurídicos praticados antes da decretação judicial da curatela, só serão invalidados se na ação própria ficar provado que o interdito já era incapaz na época em que os praticou e, ainda, que tal circunstância era conhecida pelo terceiro que com ele celebrou o ato ou negócio." (MARCATO, Antônio Carlos. *Procedimentos Especiais*. 16ª ed. São Paulo: Atlas, 2016, p. 416). Já Fredie Didier Jr. assegura que a sentença de interdição serve como prova (indício de incapacidade) para uma eventual ação de anulação de negócio celebrado antes da sentença, porém a invalidação, evidentemente, pode ser negada se a parte comprovar a plena capacidade no momento de celebração (DIDIER JR. Fredie. Da interdição. *In* WAMBIER, Teresa Arruda Alvim; DIDIER JR. Fredie; TALAMINI, Eduardo; DANTAS,

anulabilidade do negócio que deve ser requerida em ação autônoma, por iniciativa do interessado.[32]

No caso de celebração de negócio processual, realizada com auxílio de advogado[33] que possua procuração com poderes específicos para tanto, por existir uma proteção técnica para a pessoa com deficiência, e, especialmente, pela pessoa com deficiência ser capaz, não há que se negar a validade de tal acordo, mesmo que tenha havido prejuízo para a pessoa com deficiência.

Convém, entretanto, mencionar que a nulidade de um acordo processual pode vir a ser reconhecida, em qualquer caso, diante das hipóteses constantes no parágrafo único do art. 190 do CPC, ou seja, inserção abusiva em contrato de adesão ou se alguma das partes estiver em situação de manifesta vulnerabilidade que não se configura diante da mera existência de uma deficiência, além de, evidentemente, restar comprovado o prejuízo da parte vulnerável.

c) *Requerimento de apoio*

Interessante, ainda, observar que a pessoa com deficiência capaz[34] e sem nenhuma medida de apoio instaurada tem legitimidade para ingressar com ação de tomada de decisão apoiada[35], constituindo advogado para tanto[36]. Essa legitimidade, conforme já visto nesta

---

Bruno. (coords.). *Breves Comentários ao Novo Código de Processo Civil*. 3ª ed. São Paulo: Revista dos Tribunais, 2016, p. 1.946).

32. YARSHELL, Flávio Luiz. Convenção das partes em matéria processual: rumo a uma nova era? Op. cit., p. 77.

33. Não há regra que imponha a necessidade de advogado para celebração de acordo processual, apesar de que, como ensina Flávio L. Yarshell, seja desejável a presença do advogado, "por se tratar de matéria técnica, que presumivelmente escapa ao conhecimento do leigo." (YARSHELL, Flávio Luiz. Convenção das partes em matéria processual: rumo a uma nova era? Op. cit., p. 76.

34. A pessoa com deficiência incapaz, conforme já defendemos, também possui legitimidade para ingressar com autointerdição, exceto, evidentemente, nos casos em que não possa expressar vontade. Fredie Didier Jr. aponta como necessário o "mínimo de discernimento", mas como já apontamos que o discernimento está contido na expressão de vontade preferimos utilizar a expressão de vontade como requisito para autointerdição (DIDIER JR. Fredie. Da interdição. Op. cit., p. 1932).

35. Convém relembrar que a legitimidade para ingressar com a tomada de decisão apoiada é unicamente da pessoa, conforme o art. 1.783-A do Código Civil: "A tomada de decisão apoiada é o processo pelo qual a pessoa com deficiência elege pelo menos 2 (duas) pessoas idôneas, com as quais mantenha vínculos e que gozem de sua confiança, para prestar-lhe apoio na tomada de decisão sobre atos da vida civil, fornecendo-lhes os elementos e informações necessários para que possa exercer sua capacidade".

36. O STJ, no Resp 1.251.728/PE (BRASIL. Superior Tribunal de Justiça [3ª turma]. Recurso Especial 1.251.728. Data do Julgamento 14/05/2013. Data de Publicação: 23/05/2013), decidiu que a procuração outorgada pelo curatelado não pode ser invalidada pela superveniência da interdição. Segundo o tribunal, só se poderia invalidar por ação específica em que fique cabalmente provada a nulidade pela incapacidade na época do negócio jurídico. DIDIER JR. Fredie. Da interdição. Op. cit., p. 1947.

obra, é determinada pelo próprio EPD que integrou o art. 1.783-A no Código Civil, indicando como única legitimada para ajuizar o pedido de homologação da TDA a pessoa com deficiência.

A razão de ser da norma citada é a natureza jurídica da tomada de decisão apoiada: trata-se de medida que institui mero apoio a atos determinados, não havendo que se falar em privação de legitimidade da pessoa com deficiência para sua propositura,[37] visto que não há incapacidade e, sem dúvidas, se trata de processo que envolve direito de personalidade, qual seja, o direito de proteção e auxílio para prática de atos da vida civil.

O mesmo ocorre com a pessoa com deficiência capaz que, por não preencher os requisitos estabelecidos para a tomada de decisão apoiada,[38] deseje ingressar com o pedido de instauração da curatela de apoio, que, como já defendido no item 4.2.3.1.1, *d*, por se tratar de uma medida alternativa àquela, tem a pessoa com deficiência como principal legitimada para o pleito.

Convém lembrar que essas duas figuras de apoio (curatela de apoio ou tomada de decisão apoiada), quando instauradas, não declararão a incapacidade da pessoa com deficiência; apenas haverá constituição do curador, no caso da curatela, como apto a celebrar os negócios auxiliando a pessoa com deficiência, ou homologação, no caso da TDA, do termo de apoio. As consequências para ausência dos apoiadores (no caso da TDA) ou do curador, como já apresentado, são distintas, visto que há obrigatoriedade de auxílio apenas no caso da curatela de apoio, não sendo possível extrair essa exigência na tomada de decisão apoiada, pela natureza homologatória da sentença.

5.3. A CAPACIDADE PROCESSUAL DA PESSOA COM DEFICIÊNCIA CAPAZ CURATELADA

A hipótese apresentada neste item aborda a pessoa com deficiência que, após requerer auxílio para prática de determinados atos por meio da curatela de apoio, assume a condição de pessoa com deficiência

---

37. Defendendo a propositura, sem assistência, da ação de tomada de decisão apoiada pela pessoa com deficiência: SÁ, Renato Montans de. *Manual de direito processual civil*. 3ª ed. São Paulo: Saraiva, 2018, p. 903. Também tratando da capacidade da pessoa com deficiência para ingressar com o pedido: MARCATO, Antônio Carlos. *Procedimentos Especiais*. Op. cit., p. 406.

38. Como, por exemplo, por não possuir duas pessoas idôneas com quem mantenha vínculos para indicar.

capaz curatela. O que importa analisar, então, é se essa pessoa com deficiência, após a constituição da curatela de apoio, passará a ter restrições na sua capacidade processual ou se ela permanecerá incólume.

É comum encontrar na doutrina autores que afirmam que com a instauração da curatela há uma imediata restrição na capacidade processual da pessoa. É o caso de Leonardo Greco, que assume como premissa que "o interdito somente pode estar em juízo através de seu curador".[39] Todavia, essa parece ser regra imposta às hipóteses de curatela interditiva dos incapazes.

Porém, é sabido, conforme premissa já apresentada anteriormente, que as pessoas com deficiência que possam expressar sua vontade e que necessitarem de apoio para prática de atos, segundo o EPD, especificamente nos arts. 84 e 85, submetem-se a uma curatela extraordinária, temporária, tendo garantido o amplo exercício de direitos de personalidade, descritos, exemplificadamente, no art. 6º do Estatuto da Pessoa com Deficiência.

A limitação de atos de natureza patrimonial e negocial[40], no âmbito cível, para as pessoas com deficiência capazes curateladas promove impacto direto na determinação da capacidade processual dessas pessoas, visto que elas poderão exercer o direito de ação, sem assistência do seu curador-apoiador, nos processos relativos aos direitos de personalidade, nos mesmos moldes do ponto anterior. Além disso, possuirão plena capacidade processual para demandas que não envolverem questões abarcadas pela sentença que instituiu a curatela de apoio. Desse modo, não se poderia pensar, por exemplo, requisição de assistência pelo juiz para uma pessoa com deficiência capaz curatelada que ingresse com uma ação de divórcio ou com uma ação para mudança de nome. Contudo, pode-se exigir o curador nas ações que discutam negócios que necessariamente foram realizados com a presença do curador.

Observa-se que, na sentença que institui a curatela, o magistrado tem o dever de fixar os limites da medida, conforme dispõe o já comentado art. 755, I do CPC. Nela, o juiz deverá indicar quais atos o curatelado precisará do auxílio de seu curador, munido com a premissa de que não poderá incluir na sentença que envolve pessoa

---

39. GRECO, Leonardo. *Instituições de processo civil*. 5ª ed. Rio de Janeiro: Forense, 2015, vol.1, p. 332.
40. Limitação imposta pelo já trabalhado art. 85 do EPD.

com deficiência capaz atos relativos aos direitos de personalidade, pela limitação imposta pelo EPD.

Ademais, deve-se frisar que, na curatela de apoio, o juiz deverá constituir a curatela observando os limites do pedido. Assim, por exemplo, se a parte requer curatela apenas para atos de natureza patrimonial, não pode juiz instituir a curatela para todos os atos negociais.

Ressalta-se ainda que, caso o magistrado não faça menção à necessidade de auxílio para demandar, os atos de natureza negocial e/ou patrimonial que estiverem inseridos no rol da sentença de curatela, como atos que exigem a presença de curador para serem válidos, também necessitarão do curador para serem discutidos judicialmente.[41] Trata-se de medida que protege a pessoa com deficiência, visto que a limitação determinada no processo de instauração da medida pelo juiz, apesar de não reconhecer a incapacidade, impõe uma restrição, com base em alguma dificuldade da pessoa com deficiência. Fato que deve ser observado no âmbito processual.

Em outras palavras, se o juiz estabelece, na sentença de instauração da curatela de apoio, um requisito formal de validade do negócio, qual seja, a presença do curador para determinados atos no âmbito civil, não seria protetivo dispensar o auxílio nas ações que visem discutir atos praticados com assistência.

Assim, por exemplo, se uma pessoa com deficiência curatelada, segundo a sentença de instauração da curatela, não possa, sem curador, realizar negócios patrimoniais como a compra e venda de um imóvel, não poderá, sem assistência do curador, ajuizar ação para discutir aspectos relativos a esse contrato que foi celebrado com o curador.

Contudo, se a sentença de instituição da curatela de apoio só limitar a prática de atos de natureza patrimonial, diante de uma deficiência específica, e a pessoa com deficiência celebrar negócio não-patrimonial, como por exemplo, contrato que fixa permuta de prestação de serviços, sem a presença do curador, a existência de ação judicial, que tenha por objeto esse contrato, não necessitará de assistência.

---

41. O Código Civil já estabelece que compete ao curador, com autorização do juiz, propor em juízo as ações do curatelado. Trata-se de norma extraída dos art. 1.774 cumulado com o art. 1.748 que serão tratados a seguir.

Essa nova sistemática de assistência processual das pessoas com deficiência acaba por produzir um novo entendimento do art. 1.748, cumulado com o art. 1.774 do Código Civil. Segundo o art. 1.748, "compete também ao tutor, com autorização do juiz: propor em juízo as ações, ou nelas assistir o menor, e promover todas as diligências a bem deste, assim como defendê-lo nos pleitos contra ele movidos", sendo esse artigo, por força do art. 1.774[42] aplicável à curatela.

Por esses dispositivos, é dever do curador propor as demandas judiciais, bem como defender o curatelado em juízo, com a devida autorização judicial. Porém, com as restrições ao conteúdo da curatela, não se pode defender que para as ações de natureza personalíssima e para os atos não abarcados pela sentença da curatela de apoio se mantenha tal pré-requisito. Ora, se a curatela não mais atinge determinados atos, não se pode defender que, sobre os atos não atingidos, haja limitação ao acesso à justiça ou sequer que se exija um pré-requisito para esse acesso.

Há na doutrina quem defenda que não há mais que se pensar em autorização judicial para qualquer tipo de ação proposta pelo curador, por força dos arts. 79 e 84 do EPD, que preveem a garantia do acesso à pessoa com deficiência em igualdade de oportunidades com as demais pessoas e que o exercício da capacidade legal dessas pessoas deve ser equivalente às demais,[43] contudo, nas ações que versem sobre questões negociais ou patrimoniais incluídas na sentença de curatela, a regra permanece incólume, haja vista que tal norma tem como fundamentos os já citados art. 1.748 e 1.774 do Código Civil que não sofreram modificações pelo EPD. Se não há regime especial previsto pelo EPD, acerca da desnecessidade de autorização judicial para que o curador demande em nome do curatelado, deve-se aplicar a norma naquilo que é compatível com o regime especial. Se só há vedação de atuação de curador para atos de natureza personalíssima, nos atos de natureza patrimonial deve-se seguir o regime geral.

Importa mencionar que o curatelado tem capacidade processual plena, sem necessidade de assistência, para ajuizar levantamento da

---

42. Art. 1774: Aplicam-se à curatela as disposições concernentes à tutela, com as modificações dos artigos seguintes.
43. ESTEVES, Diogo. CRUZ, Elisa Costa. SILVA, Franklyn Roger Alves. As consequências materiais e processuais da lei brasileira de inclusão da pessoa com deficiência e o papel da defensoria pública na assistência jurídicas das pessoas com deficiência. Op. cit., pp. 304-305.

curatela, ação rescisória e *querela nullitatis* da sentença que decretou o apoio,[44] assim como tem capacidade para pedir o levantamento da curatela de apoio ou requerer alterações dos seus termos. Em verdade, mesmo na curatela interditiva essa lógica é aplicável, exceto, evidentemente, nos casos da curatela ter sido instaurada em virtude da impossibilidade de expressão de vontade.[45] Todas essas são medidas que envolvem discussão sobre o direito à proteção e à liberdade de exercício de direitos, sendo, pois impossível de haver restrição.

Com a definição da capacidade processual da pessoa com deficiência capaz curatela nos moldes acima, cumpre estabelecer a necessidade ou não de nomeação de curador especial (art. 72 do CPC). Parece evidente que, para ações que versem sobre direitos de personalidade ou ações que tenham por objetos matérias não incluídas na sentença de constituição da curatela, segue-se a lógica da pessoa com deficiência capaz sem medida de apoio instaurada. De modo que não há que se vislumbrar nomeação de curador especial, visto que não há incapacidade.

Por outro lado, se se tratar de ação que não prescinda a presença do curador, seja porque na sentença haja, expressamente, a necessidade, seja porque o objeto do processo envolve questão descrita na sentença de curatela como necessária de presença do curador, caso seja ajuizada ação sem assistência, é necessária a nomeação de curador especial. Trata-se de interpretação *de lege ferenda,* tendo em vista que o texto do art. 72 do CPC condiciona a nomeação de curador especial ao incapaz. Contudo, louvável seria a alteração do dispositivo para incluir a situação apontada.

Cumpre mencionar também que, assim como no item anterior, sugere-se que, nas ações em que figurem como parte pessoa com deficiência mental ou intelectual capaz curatelada, a intimação do Ministério Público para intervir como fiscal da ordem jurídica seja necessária. Esclarece-se que, de modo semelhante ao que foi dito acerca da curatela especial, essa é uma proposta sobre lei a ser criada, mas que não está em vigor pela atual redação do art. 178 do CPC.

Acerca da possibilidade de celebrar negócios jurídicos processuais, merecem ser feitos alguns comentários, visto que poderá haver

---

44. DIDIER JR. Fredie. Da interdição. Op. cit., pp. 1948-1949.
45. Id., Ibid., pp. 1948-1949.

aqui, pela instituição da curatela de apoio, limitação para prática de atos negociais. Explica-se.

Se o magistrado instituiu, na sentença de curatela de apoio, a necessidade de curador para qualquer ato negocial, evidentemente, está contida aí a negociação processual. Assim, tanto o acordo pré-processual, quanto o processual, precisarão, para não ter sua validade discutida, de auxílio do curador. Mesmo que o processo tenha por objeto direito de personalidade, para a celebração do negócio processual será necessária assistência. Importa frisar que a invalidade, nesse caso, segue a lógica da anulabilidade dos negócios processuais celebrado por incapaz, devendo, assim, ser comprovado o prejuízo sofrido pela pessoa com deficiência.

O cenário, descrito acima, se repete se o juiz, na sentença de curatela, determinar assistência para atos de natureza patrimonial e o negócio processual, a ser celebrado no processo que tem como parte pessoa com deficiência capaz curatelada, tenha impactos patrimoniais, como, por exemplo, a redistribuição de ônus de antecipação de honorários do perito. Trata-se de hipótese em que há necessidade de assistência para celebração do negócio, mas não necessariamente para o processo.

Porém, se o magistrado institui apoio apenas para atos de natureza patrimonial e o negócio processual não tiver impactos patrimoniais, como na hipótese apresentada acima, tem-se, a princípio, a validade. Naturalmente, repita-se, é possível discuti-la nos moldes já apresentados, ou seja, deve-se comprovar, além do prejuízo da pessoa com deficiência, que ela não possuía, à época da celebração, condições de celebrar sozinha o negócio e que a parte com que foi celebrado possuía ciência dessa condição.

Por fim, ressalta-se a regra do art. 87 do EPD que possibilita, em casos de urgência, para proteger os interesses da pessoa com deficiência curatelada, a nomeação de curador provisório. Para Farias, Cunha e Pinto a nomeação de curador provisório pode decorrer de requerimento da própria pessoa, do Ministério Público ou do juiz, de ofício, ademais de requerimento por qualquer dos legitimados para requerer a curatela interditiva.[46] Porém, esse seria o cenário vislumbrado somente diante a incapacidade da pessoa com deficiência.

---

46. FARIAS, Cristiano Chaves de. CUNHA, Rogério Sanches. PINTO, Ronaldo Batista. *Estatuto da pessoa com deficiência comentado artigo por artigo*. 2ª ed. Salvador: Juspodivm, 2016, pp. 249-250.

Contudo, é importante investigar a hipótese de nomeação de curador provisório no âmbito de pessoa com deficiência capaz que necessite de auxílio para prática de determinados atos e esteja diante de situação de urgência. Nesse caso, não parece ser possível, diante do reconhecimento da capacidade e da limitação de legitimidade ativa proposta nesta obra, para esse tipo de curatela, que ela – a curatela provisória – seja requerida pelo Ministério Público ou por outro legitimado (sem autorização), tampouco seja decretada de ofício pelo juiz. Defende-se que a legitimada para requerer é a pessoa com deficiência.

5.4. A CAPACIDADE PROCESSUAL DA PESSOA COM DEFICIÊNCIA CAPAZ SOB O REGIME DA TOMADA DE DECISÃO APOIADA

Já foram mencionados, nos capítulos anteriores, notadamente no item 4.2.3.1.2., diversos aspectos da Tomada de Decisão Apoiada, especialmente no que se refere à importância do instituto para aquelas pessoas com deficiência que, por não se enquadrarem em nenhuma das hipóteses do art. 4º do Código Civil, são capazes, mas apresentam limitações específicas (como a pessoa com transtorno específico de aprendizagem) que podem implicar a necessidade de apoio para prática de determinados atos e que preencham os requisitos estabelecidos por lei para o instituto.

Para a instauração da TDA, como já dito, não há que se vislumbrar ilegitimidade processual; em verdade, a legitimidade ativa para essa ação é exclusiva da pessoa com deficiência. Todavia, o que se pretende investigar neste momento é a possibilidade de restrição da capacidade processual das pessoas com deficiência que, após instauração da tomada de decisão apoiada, visem demandar em juízo. Adianta-se que tal limitação, como regra, não deve existir.

Apesar da existência de termo de apoio fixado através do processo de tomada de decisão apoiada, não se opera restrição à capacidade processual da pessoa com deficiência, independentemente dos termos do apoio e do objeto do processo que ela deseja ajuizar. A TDA decorre da manifestação de vontade da pessoa com deficiência que, em conjunto com, no mínimo, duas pessoas idôneas, escolhidas por ela, celebram um acordo prévio que deverá conter os limites do apoio oferecido, ou seja, estipulação de atos em que a pessoa com deficiência será apoiada, o compromisso dos apoiadores, o prazo de vigência e declaração expressa de respeito à vontade, aos interesses e aos direitos do apoiado.⁴⁷

Assim, caberá à própria pessoa com deficiência, em conjunto com seus apoiadores, determinar se a tomada de decisão apoiada envolverá apenas atos de natureza material ou se o exercício da capacidade processual da pessoa com deficiência também estará vinculado à presença dos apoiadores.⁴⁸

Apesar da existência de medida instaurada, não há que se pensar em vício na representação processual diante da ausência de apoiador no processo judicial. Isto porque a tomada de decisão apoiada, além de não ser medida apta a declarar incapacidade, tem natureza jurídica de negócio jurídico, sendo mero exercício da autonomia privada das partes. Não há, de forma diversa do que ocorre na curatela de apoio, instituição de requisito formal de validade para os atos celebrados após a homologação do apoio. Conforme já apresentado, a presença dos apoiadores poderá ser requisito de eficácia do negócio, mas não de validade.

Para comprovar tal premissa é importante ressaltar que, pelo §9º do art. 1783-A, "A pessoa apoiada pode, a qualquer tempo, solicitar o término de acordo firmado em processo de tomada de decisão apoiada". Assim, percebe-se que, se o termo pode ser finalizado a qualquer tempo pela própria pessoa com deficiência, não há como se defender como essencial a presença dos apoiadores para qualquer ato, mesmo estando incluída essa previsão no termo.

Há, contudo, uma hipótese que merece ser observada, pois impõe uma atuação diferenciada por parte do magistrado.

Pelo §6º, art. 1.783-A do Código Civil, em caso de negócio jurídico que possa trazer risco ou prejuízo relevante à pessoa com deficiência, havendo divergência entre o apoiado e os apoiadores, deverá o magistrado, ouvindo o Ministério Público, decidir sobre a questão objeto de divergência.⁴⁹

---

47. MARCATO, Antônio Carlos. *Procedimentos Especiais*. Op. cit., p. 406.
48. Neste sentido, Marinoni, Arenhart e Mitidiero defendem que "Assim como é possível no plano do direito material, também é possível no processo a tomada de decisão apoiada para pessoas com deficiência". (MARINONI, Luiz Guilherme, ARENHART, Sérgio Cruz, MITIDIERO, Daniel. *Código de Processo Civil Comentado*. Op. cit., p. 234). Nota-se que os autores estão defendendo a realização de um negócio jurídico que tem por objeto a imposição de restrição para prática de atos processuais sem os apoiadores. Trata-se de negócio jurídico que tem objeto processual e possíveis efeitos em processos futuros.
49. FARIAS, Cristiano Chaves de. CUNHA, Rogério Sanches. PINTO, Ronaldo Batista. *Estatuto da pessoa com deficiência comentado artigo por artigo*. 2ª ed. Salvador: Juspodivm, 2016, p. 345.

Assim, por exemplo, se no curso do processo judicial, diante da celebração de negócio jurídico processual que possa trazer prejuízo para a defesa da pessoa com deficiência, como um acordo em que as partes abdicam do direito de recorrer, houver divergência entre a pessoa com deficiência e seus apoiadores, será dever do magistrado decidir. Porém, é oportuno lembrar que, por ser possível o encerramento do acordo a qualquer tempo pela pessoa com deficiência, a norma do §6º só parece incidir se o magistrado intervier para garantir a autonomia da pessoa com deficiência. Se decidir contra a vontade dela, poderá a pessoa com deficiência encerrar o acordo e celebrar o negócio sem os apoiadores, visto que é capaz.

Observa-se que, se não for o caso de divergência entre apoiadores e apoiado, não haverá vício na representação processual da pessoa com deficiência capaz que esteja submetida à tomada de decisão apoiada. Tal premissa não depende do objeto do processo, não depende dos termos do apoio e não depende da presença ou não dos apoiadores no processo judicial proposto pela pessoa com deficiência.

Por fim, no que toca à capacidade processual da pessoa com deficiência capaz sob o regime de tomada de decisão apoiada é possível concluir: a) propõe-se, também no caso de pessoa com deficiência mental ou intelectual apoiada, a instituição da necessidade de intimação do MP, com inclusão de nova hipótese no art. 178 do CPC; b) há plena capacidade para celebração de negócios jurídicos pré-processuais e processuais, sendo válida a celebração realizada pela pessoa com deficiência, independentemente da presença dos apoiadores.

5.5. A CAPACIDADE PROCESSUAL DA PESSOA COM DEFICIÊNCIA INCAPAZ POR IMPOSSIBILIDADE DE EXPRESSÃO DE VONTADE

Este é o item a seguir, referentes à pessoa com deficiência que não possa manifestar vontade e à pessoa com deficiência que seja ébria habitual, viciada em tóxicos ou pródiga, não sofreram impacto após a entrada em vigor do EPD. Por essa razão, nesses pontos, serão apenas apresentados os termos já construídos pela doutrina acerca da capacidade processual dos incapazes.

Necessário lembrar que a pessoa com deficiência que esteja impossibilitada de expressar vontade é considerada incapaz não em virtude da deficiência, mas sim por força do disposto no art. 4º, III, do Código Civil já devidamente analisado.

Essa é uma hipótese de incapacidade que tem total equivalência com a incapacidade processual, pois há aplicação direta do art. 70 do CPC. Assim, a incapacidade de exercício no âmbito cível dessas pessoas, também implica a incapacidade processual, sendo necessária a representação ou assistência em juízo seja para demandar, seja para intervir.

É sabido que a incapacidade da pessoa que não pode expressar vontade é relativa. Apesar disso, a atuação do seu curador será, evidentemente, mais ampla do que um mero assistente, conforme também já mencionado nos tópicos anteriores. Nesse caso, a atuação do curador será, muitas vezes, de representação, de modo que o representante atuará sem a presença do representado. O mesmo ocorrerá no processo. A pessoa com deficiência incapaz, por não expressar vontade, deverá ser representada no processo.

Essa representação poderá ser realizada pelo curador determinado no processo de interdição, por outra pessoa, desde que o curador venha a contratar, ou, no caso de ausência das duas primeiras hipóteses, por um curador especial, por força do art. 72, I do CPC.[50] A atuação do curador, porém, requer autorização judicial, por força do disposto no art. 1.748, V, cumulado com o art. 1.774 do Código Civil.[51]

Carreira Alvim, comentando o art. 1.748, V, do CC, aponta um equívoco do legislador, visto que, tem-se a impressão, pelo texto do dispositivo, que a ação é proposta pelo curador (ou tutor).[52] Porém, a parte legítima da ação é o incapaz, que terá de ser representado.

Sobre o tema, explica Araken de Assis que, no caso de o curador (o autor trata do tutor, contudo se aplica ao curador) pretender demandar em nome do curatelado, o órgão jurisdicional deve avaliar a probabilidade de êxito, antes de conceder a autorização, visto que, eventual derrota acarretará prejuízo ao patrimônio do curatelado.[53]

---

50. Pode-se citar sobre o tema: ASSIS, Araken de. Processo Civil Brasileiro. Op. cit. BUENO, Cassio Scarpinella. Novo código de processo civil anotado. Op. cit. CAMARA, Alexandre Freitas. O novo processo civil brasileiro. 3ª ed. São Paulo: Atlas, 2017. DOTTI, Rogéria Fagundes. Da capacidade Processual. Op. cit. THEODORO JR., Humberto. Curso de Direito Processual Civil. Op. cit.
51. ASSIS, Araken de. Processo civil brasileiro. Parte Geral. Op. cit., p. 114.
52. CARREIRA ALVIM, J.E. Comentários ao Novo Código de Processo Civil. Curitiba: Juruá, 2015, vol.1, p. 330.
53. ASSIS, Araken de. Processo civil brasileiro. Parte Geral. Op. cit., p. 114.

Observa-se, então, que a autorização para atuação do curador será requerida na própria petição inicial e, no caso de defesa, na contestação, já que não haverá tempo hábil para requerer autorização previamente.[54]

É pertinente frisar que na representação processual, na hipótese ora em análise, não é relevante, para fins da necessidade de atuação de representante, o teor do objeto do processo. Isto quer dizer que não importa se o pleito processual versa sobre direitos personalíssimos ou patrimoniais. Em ambos os casos, por força da causa que determinou a incapacidade, a necessidade de representação é imperiosa.

A causa determinante da incapacidade tem relevância para determinar a viabilidade de pedido de autointerdição. Visto que a impossibilidade de manifestação de vontade acarreta na inviabilidade da autointerdição[55], sendo hipótese que apenas os demais legitimados do art. 747 do CPC poderão requerer a interdição da pessoa com deficiência.

Ademais, cumpre mencionar que, diante da incapacidade, as normas extraíveis dos art. 72 e 178 do CPC, além de tudo que já se mencionou sobre os negócios jurídicos processuais, são aplicáveis diretamente. Já que os dispositivos citados mencionam, expressamente, a hipótese de nomeação de curador especial aos incapazes sem representação e de necessidade de intimação do MP nos processos que versam sobre interesse do incapaz no segundo artigo mencionado.[56]

Sobre a capacidade para celebrar negócios processuais, recorda-se o que já foi defendido: é possível a celebração de negócios processuais pelo incapaz, desde que esteja devidamente assistido ou representado.

---

54. CARREIRA ALVIM, J.E. *Comentários ao Novo Código de Processo Civil*. Op. cit., p. 330.
55. MARCATO, Antônio Carlos. *Procedimentos Especiais*. 16ª ed. São Paulo: Atlas, 2016, p. 411. E, conforme já citamos anteriormente, DIDIER JR. Fredie. Da interdição. In WAMBIER, Teresa Arruda Alvim; DIDIER JR. Fredie; TALAMINI, Eduardo; DANTAS, Bruno. (coords.). *Breves Comentários ao Novo Código de Processo Civil*. 3ª ed. São Paulo: Revista dos Tribunais, 2016, p. 1.932.
56. São muitos os autores que trabalham as consequências da incapacidade no âmbito processual, citar-se-ão aqui apenas alguns: CAMARA, Alexandre Freitas. *O novo processo civil brasileiro*. Op. cit.; STEFANI, Marcos. Do Ministério Público. In WAMBIER, Teresa Arruda Alvim; DIDIER JR. Fredie; TALAMINI, Eduardo; DANTAS, Bruno. (coords.). *Breves Comentários ao Novo Código de Processo Civil*. 3ª ed. São Paulo: Revista dos Tribunais, 2016; THEODORO JR., Humberto. *Curso de Direito Processual Civil*. Op. cit.; VIANA, Salomão. Da Competência. In WAMBIER, Teresa Arruda Alvim; DIDIER JR. Fredie; TALAMINI, Eduardo; DANTAS, Bruno. (coords.). *Breves Comentários ao Novo Código de Processo Civil*. 3ª ed. São Paulo: Revista dos Tribunais, 2016.

5.6. A CAPACIDADE PROCESSUAL DA PESSOA COM DEFICIÊNCIA INCAPAZ POR PRODIGALIDADE OU POR SER ÉBRIA HABITUAL OU VICIADA EM TÓXICO

No item que se trabalhou a incapacidade por ebriedade habitual e vício em tóxico comentou-se que essas são hipóteses elencadas como transtornos mentais. Contudo, apesar disso, possuem tratamento diverso das outras deficiências, por mera opção legislativa. Tem-se, então, pelo texto da lei, a incapacidade relativa da pessoa com deficiência, cuja deficiência seja especificamente a ebriedade habitual ou o vício em tóxicos.

A prodigalidade, que também já fora analisada, não prescinde necessariamente da existência de um transtorno mental, sendo o pródigo considerado incapaz apenas pela presença da prodigalidade que pode ser um sintoma não caracterizador de transtorno mental.

Pelo Código Civil em vigor, não há uma limitação no objeto da curatela das pessoas com deficiência por ebriedade habitual e vício em tóxicos. Com isso, continua sendo possível que o curador, além de interferir na esfera patrimonial e negocial, atue no âmbito dos direitos de personalidade. Viu-se, entretanto, que o PL nº 757/2015, na versão aprovada pelo Senado, visa ampliar a limitação aos atos relativos a direitos personalíssimos, imposta pelo EPD na curatela das pessoas com deficiências, aos ébrios habituais e viciados em tóxicos. Deve-se frisar, entretanto, que já se tratava de curatela parcial, já que o magistrado, independentemente do fundamento para instituição da curatela, tem o dever de determinar para quais atos a presença do curador é essencial.

A situação dos pródigos, contudo, já se apresenta atualmente de modo distinto. A incapacidade por prodigalidade se dará para as pessoas que, apesar de não ter nenhum transtorno, apresente o sintoma do gasto descontrolado e, ainda, para aquelas pessoas que possuem a prodigalidade associada a um transtorno, hipótese em que a incapacidade será declarada, não pelo transtorno (ou pela deficiência), mas sim pela existência da prodigalidade como caracterizador do transtorno.

A diferença substancial das incapacidades por prodigalidade é que o Código Civil já dispõe sobre a limitação do objeto desse tipo de curatela no, já mencionado, art. 1.782. Com isso, há uma equivalência com a curatela da pessoa com deficiência no que diz respeito aos limites de atuação do curador. Entretanto, de acordo com o texto em vigor,[57] não haveria a possibilidade de o pródigo optar pela tomada de decisão apoiada como medida alternativa à curatela. Além disso, os pródigos ainda são submetidos ao regime jurídico dos incapazes.

Em qualquer das incapacidades (ebriedade habitual, vício em tóxicos ou prodigalidade) há correspondência do plano material com plano processual; isso significa dizer que essas pessoas precisarão de assistência para atuar processualmente.[58] Assim, a incapacidade no âmbito civil, por força de lei, implica na incapacidade no âmbito processual.[59]

No caso dos pródigos, a limitação processual é ainda expressa na lei, já que o art. 1.782 do CC limita a capacidade para "demandar ou ser demandado". Nesse sentido, relevante o registro da 15º Câmara Cível do Tribunal de Justiça do Paraná que, ao julgar o Agravo de Instrumento 13.615.693, entendeu pela incapacidade de estar em juízo do pródigo, além da impossibilidade de a parte pródiga demandada, advogada, atuar em causa própria.[60]

Por fim, cumpre mencionar que tudo que foi dito no item anterior sobre curadoria especial (art. 72 CPC), intervenção do Ministério Público (art. 178 CPC) e negociação processual (art. 190 CPC) é válido para os ébrios habituais, viciados em tóxicos e pródigos. Dessa forma, há imposição de nomeação de curador especial, ante a ausência de representante do incapaz, necessidade de intervenção do Ministério Público e impossibilidade de negociação processual sem assistência.

---

57. Mais uma vez, trata-se da legislação em vigor, pois o PL nº 757 propõe uma ampliação das pessoas que poderão optar pela tomada de decisão apoiada.
58. Esse é o entendimento da doutrina majoritária, por todos ver: DINAMARCO, Cândido Rangel. *Instituições de direito processual civil*. 7ª ed. São Paulo: Malheiros, 2017, vol. II, p. 337. NEVES, Daniel Amorim Assumpção. *Novo Código de Processo Civil comentado*. Salvador: Juspodivm, 2016, p. 90. LOPES, Bruno Vasconcelos Carrilho. In GOUVEA, José Roberto Ferreira; BONDIOLI, Luis Guilherme Aidar; FONSECA, João Francisco Naves da.(coords.). *Comentários ao Código de Processo Civil*. São Paulo: Saraiva, 2017, vol. II, p. 24. BUENO, Cassio Scarpinella. *Comentários ao Código de Processo civil*. São Paulo: Saraiva, 2017, vol.1, p. 399.
59. Sobre o tema: CAMARA, Alexandre Freitas. *O novo processo civil brasileiro*. 3ª ed. São Paulo: Atlas, 2017. DOTTI, Rogéria Fagundes. Da capacidade Processual. *In* WAMBIER, Teresa Arruda Alvim; DIDIER JR. Fredie; TALAMINI, Eduardo; DANTAS, Bruno. (coords.). *Breves Comentários ao Novo Código de Processo Civil*. 3ª ed. São Paulo: Revista dos Tribunais, 2016.
60. BRASIL. Tribunal de Justiça Paraná (15ª Câmara Cível). Agravo de Instrumento 13615693 PR 1361569-3. Relator Desembargador Luiz Carlos Gabardo, Data de Julgamento: 16/09/2015, Data de Publicação: 28/09/2015.

5.7. A CAPACIDADE PROCESSUAL DA PESSOA COM DEFICIÊNCIA E A LEI 9.099/95

Uma disciplina que merece atenção especial é a prevista no art. 8º da Lei 9.099/95, que dispõe sobre os Juizados Especiais Civis e Criminais. De acordo o referido artigo:

> Art. 8º Não poderão ser partes, no processo instituído por esta Lei, o incapaz, o preso, as pessoas jurídicas de direito público, as empresas públicas da União, a massa falida e o insolvente civil.

Trata-se de norma criticada pela doutrina, a exemplo de Fredie Didier Jr., para quem a norma enuncia, equivocadamente, ausência de capacidade de ser parte, quando, na verdade, tem-se hipótese de incapacidade processual para litigar nos juizados especiais.[61]

Diogo Esteves, Elisa Costa Cruz e Franklyn Roger Alves e Silva, ao tratarem do referido dispositivo, afirmam que "torna-se necessária uma releitura da Lei nº 9.099/1995, de modo a permitir que o incapaz possa ocupar o polo ativo das demandas que tramitem no procedimento sumaríssimo, tendo a opção de um rito mais célere para a defesa de seus interesses".[62]

A defesa dos autores refere-se à pessoa com deficiência considerada incapaz que, para eles, deve ter capacidade para ocupar o polo ativo das demandas que tramitam nos Juizados Especiais.

Com o devido respeito ao entendimento dos autores, discorda-se da interpretação desenvolvida. É evidente que o texto da Lei nº 9.099/95 deve ser interpretado com a nova sistemática das capacidades depois da entrada em vigor do EPD. Contudo, não se trata de possibilitar a atuação do incapaz nos Juizados Especiais, mas sim de reconhecimento da capacidade das pessoas com deficiência [63], incluindo-se as

---

61. DIDIER Jr. Fredie. *Pressupostos processuais e condições da ação. O juízo de admissibilidade do processo.* São Paulo: Saraiva, 2005, pp. 114-115.
62. ESTEVES, Diogo; CRUZ, Elisa Costa; SILVA, Franklyn Reger Alves. As consequências materiais e processuais da lei brasileira de inclusão da pessoa com deficiência e o papel da Defensoria Pública na assistência jurídica das pessoas com deficiência. *Revista de Processo.* São Paulo, vol. 258, ano 41, pp. 281-314, 2016, p. 291.
63. Nas palavras de Pablo Stolze: "O art. 8º da Lei 9.099 impede o incapaz de postular em Juizado Especial. A partir da Entrada em vigor do Estatuto, certamente perderá fundamento a vedação, quando se tratar de demanda proposta por pessoa com deficiência". (STOLZE, Pablo. O Estatuto da Pessoa com Deficiência e o Sistema Jurídico Brasileiro de Incapacidade Civil. *Revista Síntese direito previdenciário.* São Paulo, nº 78, ano XVI, pp. 17-21, maio/jun. 2017, p. 20). Esse também é o entendimento de Ana

pessoas com deficiência mental ou intelectual submetidas à curatela de apoio e à tomada de decisão apoiada.

Contudo, a norma contida no art. 8º da Lei é clara sobre excluir os incapazes da disciplina dos Juizados Especiais. Sendo assim, todos aqueles descritos nos arts. 3º e 4º do Código Civil continuam com essa impossibilidade. No âmbito do regime das pessoas com deficiência pode-se concluir que elas poderão ser excluídas do procedimento instituído pela lei dos Juizados Especiais não em virtude da sua deficiência, mas sim se for configurada, além da deficiência, uma das hipóteses do art. 4º do CC. É o caso da pessoa com deficiência que não possa manifestar vontade, que seja ébria habitual, viciada em tóxico ou pródiga.

Diante do reconhecimento da capacidade da pessoa com deficiência, parece ser plenamente possível, em sede de Juizado Especial, por força do art. 9º, que a pessoa com deficiência capaz (e sem restrições instituídas por curatela de apoio) compareça a juízo sem estar assistida de advogado nas causas de até 20 salários mínimos.

Porém, apesar da regra geral da plena capacidade para figurar como parte e atuar nos processos em trâmite nos juizados, é importante ressalvar que caso a sentença que instaurou a curatela de apoio aponte necessidade de apoio para atos processuais, como a propositura de ações, a pessoa com deficiência, também no âmbito dos juizados, deve estar assistida por seu curador/apoiador.

Insta frisar ainda que conforme o art. 11, da Lei 9.099/95, "O Ministério Público intervirá nos casos previstos em lei". Cumpre aqui mencionar que, ao tratar das pessoas com deficiências capazes, foi proposto que a legislação deve sofrer nova alteração para inserir a necessidade de intervenção do Ministério Público em todos os processos que versem sobre interesses de pessoas com deficiência intelectual ou mental. Havendo essa alteração legislativa, vislumbrar-se-á a hipótese, no âmbito dos Juizados Especiais, que, por ora, só impõe a intervenção do MP diante de processo que verse sobre interesses dos incapazes e demais hipóteses do art. 178 do CPC.

Por fim, merece ser ressaltada a possibilidade de celebração de negócios jurídicos pela pessoa com deficiência no âmbito dos juizados

---

Clara Cabral. (CABRAL, Ana Clara. Estatuto da pessoa com deficiência e seu impacto no código civil. *Revista Síntese direito previdenciário*. São Paulo, nº 78, ano XVI, pp. 47-48, maio/jun. 2017, p. 47).

especiais. Segue-se aqui a mesma disciplina apresentada nos itens anteriores. De modo que, sendo capaz, apenas a pessoa com deficiência submetida à curatela de apoio poderá sofrer restrição para a celebração de negócios jurídicos processuais, a depender, evidentemente, dos termos da sentença que instituiu o apoio.

5.8. A VALIDADE DOS ATOS PROCESSUAIS PRATICADOS POR PESSOA COM DEFICIÊNCIA

Após a fixação das especificidades acerca da capacidade processual da pessoa com deficiência, é importante avançar para a validade dos atos processuais praticados pela pessoa com deficiência. Trata-se do tema das invalidades processuais, um dos mais controversos no âmbito da ciência processual.

O que se pretende aqui é apenas indicar se os atos jurídicos processuais celebrados em processos com parte pessoa com deficiência são válidos ou se poderá ser decretada a sua invalidade.

Para avançar sobre a questão colocada, impõe-se, entretanto, estabelecer algumas premissas:

a) Adota-se neste trabalho a divisão realizada por Pontes de Miranda do fenômeno jurídico: planos da existência, validade e eficácia. Assim, sendo um fato relevante para o direito[64], após incidência da norma jurídica no suporte fático, ingressa no plano da existência, pois passará a ser jurídico[65]. Existente, pode-se seguir para análise dos outros planos. Ressalta-se que a validade não é condição absoluta para ingresso do fato jurídico no plano da eficácia,[66] ou seja, a eficácia é geral, enquanto a validade é contingencial.[67] Fixa-se, assim, uma premissa importante: a invalidade de um ato jurídico não implica a sua ineficácia, ou seja, o ato jurídico inválido existe e pode produzir

---

64. Entender a distinção entre fatos relevantes ou não para o direito é a base para diferenciar o mundo dos fatos do fenômeno jurídico. O mundo jurídico é aquele composto pelos fatos jurídicos, ou seja, os fatos, relevantes para o direito que são considerados jurídicos pois sofreram incidência normativa. (MELLO, Marcos Bernardes de. *Teoria do Fato Jurídico: plano da existência*. 17ª ed. São Paulo: Saraiva, 2011, pp. 39-41).
65. VILANOVA, Lourival. *Causalidade e Relação no Direito*. 4ª ed. São Paulo: RT, 2000, pp. 144-145.
66. MELLO, Marcos Bernardes de. Da Ação como Objeto Litigioso no Processo Civil. *In* COSTA, Eduardo Jose da Fonseca, MOURÃO, Luiz Eduardo Ribeiro, NOGUEIRA, Pedro Henrique Pedrosa (coords.). *Teoria Quinária da Ação*. Salvador: Juspodivm, 2010, p. 369.
67. MELLO, Marcos Bernardes de. *Teoria do Fato Jurídico: plano da existência*. Op. cit., p. 108.

efeitos.[68] E mais, nota-se que um ato jurídico inexistente não tem defeito, já que não tem analisada a sua validade[69]. No âmbito processual, ao menos nesse ponto, segue-se a mesma lógica, o ato inexistente é um não-ato processual, já o ato nulo é ato processual, mesmo sendo ato processual imperfeito.[70]

b) No âmbito civil fala-se em nulidade (art. 166 do CC) e anulabilidade (art. 171 do CC) dos atos, vinculando-se inclusive a possibilidade de correção aos atos anuláveis. Essa lógica, contudo, não pode ser transportada para a seara processual sem alterações importantes[71], algumas que serão comentadas a seguir. Assim, ao tratar das nulidades no âmbito processual, não se quer referenciar o regime de nulidades do Direito Civil; fala-se em nulidade processual de modo genérico, indicado as invalidades processuais em geral.

c) Não há que se vincular necessariamente defeito do ato processual com a sua invalidade.[72] Existem hipóteses em que a lei considera o vício irrelevante ou, ainda, que aproveita o ato defeituoso. Em verdade, a nulidade, que possui característica de sanção[73] afetando a validade jurídica[74], ou seja, tornando o ato inválido, é "a consequência mais drástica que pode advir da prática de um ato jurídico defeituoso".[75]

---

68. DIDIER JR. Fredie. *Curso de direito processual civil.* 17ª ed. Salvador: Juspodivm, 2015, vol. 1, pp. 450-451.
69. Id., Ibid., p. 451.
70. PASSOS, Calmon de. *Esboço de uma teoria das nulidades aplicadas às nulidades processuais.* Rio de Janeiro: Gen/Forense, 2009, p. 105.
71. Versando sobre as diferenças entre os sistemas de invalidade no direito privado e no direito público. ALVIM, Teresa Arruda. *Nulidades do processo e da sentença.* 7ª ed. São Paulo: RT, 2014, pp. 132-150. MITIDIERO, Daniel. *O problema da invalidade dos atos processuais no Direito Processual Civil brasileiro.* Disponível em www.abdpc.org.br. Acesso 16 de outubro de 2018.
72. DIDIER JR. Fredie. *Curso de direito processual civil.* Op. cit., p. 451.
73. Explica Calmon de Passos que a nulidade é sanção "pois é consequência danosa de comportamento que se traduziu em imperfeição de um ato, imperfeição à qual o legislador reúne a improdutividade dos efeitos jurídicos." (PASSOS, Calmon de. *Esboço de uma teoria das nulidades aplicadas às nulidades processuais.* Rio de Janeiro: Gen/Forense, 2009, p. 106). Nesse mesmo sentido, DALL'AGNOL Jr. Antonio Janyr. *Invalidades processuais.* Porto Alegre: LeJur, 1989, p. 44. Em sentido diverso, Teresa Arruda Alvim afirma que a nulidade não é sanção, para ela "A nulidade é um estado de irregularidade que leva (ou tende a levar) à ineficácia." (ALVIM, Teresa Arruda. *Nulidades do processo e da sentença.* 7ª ed. São Paulo: RT, 2014, p. 131). Também não considerando a nulidade sanção: MITIDIERO, Daniel. *O problema da invalidade dos atos processuais no Direito Processual Civil brasileiro.* Disponível em <www.abdpc.org.br>. Acesso em 16 de outubro de 2018.
74. PASSOS, Calmon de. *Esboço de uma teoria das nulidades aplicadas às nulidades processuais.* Rio de Janeiro: Gen/Forense, 2009, p. 107.
75. DIDIER JR. Fredie. *Curso de direito processual civil.* 17ª ed. Salvador: Juspodivm, 2015, vol. 1, p. 451.

d) Então, o sistema de invalidades processuais, diferentemente do que ocorre nas invalidades materiais, pugna pela não invalidação.[76] Teresa Arruda Alvim explica que é do princípio da instrumentalidade das formas que se extrai essa abordagem contemporânea do sistema de nulidades processuais, que tem como premissa "salvar" o processo.[77] A lógica da invalidade processual é vinculá-la à existência de prejuízo.[78] Por essa razão, em diversas passagens anteriores deste trabalho, frisou-se que para a confirmação da invalidade, por exemplo, de um negócio jurídico processual, há de ser comprovado o prejuízo da parte vulnerável.

e) No âmbito processual a invalidação de um ato processual deverá ser decretada e até a decretação o ato produz efeitos como se válido fosse.[79] Em regra, a decretação poderá ser feita de ofício, pelo magistrado ou por provocação das partes. Convém frisar que alguns defeitos processuais só podem ser arguidos pela parte prejudicada na primeira oportunidade que tiver de fazê-lo nos autos, sob pena de preclusão.

f) No que concerne ao objeto específico de análise deste ponto da obra – a validade dos atos processuais praticados pelas pessoas com deficiência mental ou intelectual – cumpre observar que se trata de análise ligada à capacidade processual. A regra assumida aqui é que podem se considerados nulos os atos praticados sem observância dos requisitos processuais de validade, sendo um deles, conforme anteriormente já defendido, a capacidade processual.[80]

---

76. Id., Ibid., p. 453.
77. ALVIM, Teresa Arruda. *Nulidades do processo e da sentença*. Op. cit., p. 162.
78. Fredie Didier Jr. esclarece que a sanção, invalidade processual, decorre da incidência norma jurídica sobre um suporte fático composto pelo defeito cumulado com o prejuízo (DIDIER JR. Fredie. *Curso de direito processual civil*. Op. cit., p. 457).
79. Nesse sentido: DIDIER JR. Fredie. *Curso de direito processual civil*. Op. cit., p. 454. E ainda, ALVIM WAMBIER, Teresa Arruda. *Nulidades do processo e da sentença*. Op. cit. PASSOS, Calmon de. *Esboço de uma teoria das nulidades aplicadas às nulidades processuais*. Op. cit. MITIDIERO, Daniel. *O problema da invalidade dos atos processuais no Direito Processual Civil brasileiro*. Op. cit.
80. Teresa Arruda Alvim afirma que considera "nulidades absolutas os vícios que se consubstanciam na falta de pressupostos processuais positivos de validade". Frisa-se que a autora considera a capacidade processual como um pressuposto processual de validade (ALVIM WAMBIER, Teresa Arruda. *Nulidades do processo e da sentença*. Op. cit., p. 46).

Para analisar a validade dos atos praticados pelas pessoas com deficiência mentais ou intelectuais, ainda é importante afastar os defeitos que são insanáveis no âmbito processual, como, por exemplo, a intempestividade e a falta de interesse de agir da parte. Assim, os atos aqui analisados são atos isentos de defeitos insanáveis.

Além disso, é importante fixar que, no estudo sobre a validade dos atos das partes, há uma distinção a partir da existência ou não de coisa julgada material. No processo judicial em que se formou a coisa julgada material não há mais que se pensar em invalidade dos atos. Segundo Fredie Didier Jr., "A eficácia preclusiva da coisa julgada torna anódina a apreciação da validade de tais atos jurídicos, ressalvadas as hipóteses em que isso for relevante para destruir a própria coisa julgada".[81]

Por outro lado, não havendo coisa julgada material, os atos processuais das partes podem ser invalidados por petição simples dirigida ao juiz, exceto nos casos em que tenha havido preclusão ou na hipótese de a lei exigir a interposição de ação autônoma para invalidação, caso da confissão.[82]

Com tudo isto fixado pode-se seguir para as hipóteses vislumbradas.

Como regra, a pessoa com deficiência incapaz por qualquer das razões dos arts. 3º e 4º do CC, por não possuir capacidade processual, não pode praticar nenhum ato processual sem assistência ou representação, conforme foi apontado nos itens anteriores. Já que a incapacidade processual é, sem dúvidas, defeito que pode acarretar na invalidade do ato praticado no processo.

Contudo, essas pessoas podem, por exemplo, ingressar com ação de autointerdição, pois são partes legítimas para tanto, sendo os atos praticados nesse processo *a priori* válidos. Na verdade, em qualquer processo, antes da decretação da interdição, os atos praticados por elas serão válidos, haja vista não ter sido reconhecida a incapacidade. Conforme já afirmado nos itens anteriores, é possível alegar a invalidade de atos (processuais ou não) praticados antes da declaração de

---

81. DIDIER JR. Fredie. *Curso de direito processual civil.* Op. cit., p. 465.
82. Id., Ibid., pp. 465-466.

incapacidade e decretação da interdição, desde que comprovado, em ação judicial com esse objeto, que a parte não era capaz à época do ato e que houve prejuízo para a parte vulnerável.

Os ministros da 4º Turma do Superior Tribunal de Justiça, em 14 de novembro de 2017, ao julgar o Recurso Especial nº 1.694.984 – MS, sob relatoria do Min. Luis Felipe Salomão, decidiram nesse sentido:

> Segundo o entendimento desta Corte Superior, a sentença de interdição, salvo pronunciamento judicial expresso em sentido contrário, opera efeitos *ex nunc*.
>
> Quando já existente a incapacidade, os atos praticados anteriormente à sentença constitutiva de interdição até poderão ser reconhecidos nulos, porém não como efeito automático da sentença, devendo, para tanto, ser proposta ação específica de anulação do ato jurídico, com demonstração de que a incapacidade já existia ao tempo de sua realização do ato a ser anulado.[83]

Humberto Theodoro Jr., ao tratar sobre os atos praticados pelos incapazes, defende que os atos processuais praticados pelo incapaz ou pelo juiz e parte contrária, praticados perante o incapaz, careceriam de eficácia. Contudo, poderiam ser convalidados com efeito retroativo pelo representante legal da parte, nas hipóteses em que se admitir a ratificação dos atos materiais anuláveis.[84]

Com a devida *vênia* ao entendimento do autor, melhor do que apontar a convalidação dos atos praticados por incapaz é vislumbrar a hipótese de mero reconhecimento de validade desses atos, desde que não tenham gerado prejuízo para o incapaz, já que a invalidade só se daria por decretação.

No caso das pessoas com deficiência capazes, a validade dos atos processuais deve ser analisada a depender da existência ou não de medida de apoio, ou seja, trata-se de mera consequência da análise da capacidade processual.

Assim, a pessoa com deficiência capaz, sem nenhuma medida de apoio instaurada, poderá, como já dito, atuar em quaisquer processos

---

[83] BRASIL. Superior Tribunal de Justiça (4ª turma). Recurso Especial 1694984 MS 2017/0012081-0, Relator Ministro LUIS FELIPE SALOMÃO, Data de Julgamento: 14/11/2017, Data de Publicação: DJe 01/02/2018. Disponível em www.stj.jusbrasil.com.br. Acesso 01 de novembro de 2018.

[84] THEODORO JR., Humberto. *Curso de Direito Processual Civil*. Op. cit., p. 311.

judiciais sem assistente ou representante. Os atos praticados por ela serão válidos. Incluem-se aqui os atos praticados nos processos que visam à instauração da curatela de apoio e da tomada de decisão apoiada.

No caso de pessoa com deficiência sob o regime da tomada de decisão apoiada, por essa medida não impor a necessidade de auxílio para prática dos atos, em qualquer tipo de ação, mesmo havendo termo de apoio constituído e homologado, não há que se vislumbrar invalidade processual por ausência de capacidade processual.

A pessoa com deficiência capaz curatelada, por sua vez, caso a sentença de instauração da curatela impuser a necessidade de auxílio para demandar e ser demandada, precisará, para validade dos atos processuais, da presença do seu curador.

Contudo, tanto na hipótese de pessoa com deficiência incapaz, quanto no caso da pessoa com deficiência capaz com sentença de curatela decretando a necessidade de assistência processual, o magistrado, verificando ou sendo instado a decidir sobre a validade de ato praticado sem assistência, deverá verificar se o ato praticado é passível de permanecer válido pelo cumprimento de seus objetivos. Importante para essa análise é a identificação de prejuízo ou não para o vulnerável. Essa lição pode ser extraída do art. 283 do CPC.

Assim, conclui-se que haverá pré-exclusão da imperfeição do ato se comprovado restar o cumprimento da finalidade e ausência de prejuízo.[85] Na verdade, pode-se afirmar que "a invalidade não chega a formar-se, porque não há nulidade anterior a um pronunciamento judicial".[86]

Cumpre, por fim, frisar que a intimação do Ministério Público é pressuposto processual objetivo intrínseco e, segundo art. 279, "É nulo o processo quando o membro do Ministério Público não for intimado a acompanhar o feito em que deva intervir". Contudo, pelo §2º do mesmo artigo, a nulidade deve ser decretada caso o MP, após intimado, se manifeste sobre a existência de prejuízo. Frisa-se que o STJ tem entendimento acerca da validade processual, mesmo sem in-

---

85. MITIDIERO, Daniel. *O problema da invalidade dos atos processuais no Direito Processual Civil brasileiro*. Disponível em www.abdpc.org.br. Acesso 16 de outubro de 2018.
86. Id., Ibid. Anterior ao autor, com esse entendimento, temos DALL'AGNOL Jr. Antonio Janyr. *Invalidades processuais*. Porto Alegre: LeJur, 1989, pp. 42-43.

timação do Ministério Público, quando "suprida por pronunciamento posterior deste órgão e inexistente prejuízo às partes"[87].

Pelo regime atual do art. 178 do CPC, só haveria nulidade processual pela ausência de intimação do MP nos processos versando sobre interesses das pessoas com deficiência incapazes. Porém, se alterada a legislação, para incluir o que foi proposto, a saber, a necessidade de intimação do MP para intervir em todos os processos sobre interesses das pessoas com deficiência intelectual ou mental, independentemente da incapacidade, a hipótese de decretação de nulidade processual será estendida também a esses processos, caso não seja intimado o MP.

5.9. PROPOSTAS LEGISLATIVAS PARA ALTERAÇÃO DO CÓDIGO DE PROCESSO CIVIL

Em virtude de tudo que foi apresentado, sobre as propostas legislativas do PL nº 757 e sobre o sistema de capacidade processual atual, achou-se conveniente expor quais alterações no Código de Processo Civil prezariam por uma proteção mais ampla das pessoas com deficiência, sem, contudo, invadir, excessivamente, a esfera individual dessas pessoas.

As propostas elaboradas levaram em consideração, além do Projeto do PL nº 757/2015, todos os substitutivos e o relatório inicial, de 4 de setembro de 2015, do Comitê criado pela ONU para acompanhar os progressos dos países que ratificaram a Convenção sobre os Direitos da Pessoa com Deficiência.

Importante destacar que o Comitê apresentou no relatório preocupação pela legislação brasileira ainda prever a tomada substitutiva de decisão. Afirmando que tais disposições são contrárias ao art. 12 da Convenção. Além disso, demonstrou preocupação quanto à necessidade de que a tomada de decisão apoiada requeira aprovação judicial.[88] Com isso, diz o relatório:

> O Comitê insta o Estado Parte a retirar todas as disposições legais que perpetuem o sistema de tomada de decisão substitu-

---

87. BRASIL. Superior Tribunal de Justiça (2ª turma). Recurso Especial 1324693 MS 2012/0099567-4, Relator Ministro CASTRO MEIRA, Data de Julgamento: 10/09/2013, Data de Publicação: DJe 19/09/2013.
88. *Observações finais sobre o relatório inicial do Brasil*. Comitê sobre os Direitos da Pessoa Com Deficiência. Nações Unidas. Disponível em <http://www2.camara.leg.br/>. Acesso em 24 de julho de 2018.

tiva. Também recomenda que, em consulta com as organizações de pessoas com deficiência e outros prestadores de serviços, o Estado Parte adote medidas concretas para substituir o sistema de tomada de decisão substitutiva por um modelo de tomada de decisão apoiada, que defenda a autonomia, vontade e preferências das pessoas com deficiência em plena conformidade com o artigo 12 da Convenção. Insta ainda que todas as pessoas com deficiência que estejam atualmente sob tutela sejam devidamente informadas sobre o novo regime legal e que o exercício do direito de tomada de decisão apoiada seja garantido em todos os casos.[89]

Com relação ao art. 12 da Convenção, é necessário frisar que, além de impor que as pessoas com deficiência têm o direito de serem reconhecidas, como quaisquer outras pessoas, perante a lei e que gozam de "de capacidade legal em igualdade de condições com as demais pessoas em todos os aspectos da vida",[90] prevê ainda que os Estados Partes tomem "medidas apropriadas para prover o acesso de pessoas com deficiência ao apoio que necessitarem no exercício de sua capacidade legal"[91] e que:

> Os Estados Partes assegurarão que todas as medidas relativas ao exercício da capacidade legal incluam salvaguardas apropriadas e efetivas para prevenir abusos, em conformidade com o direito internacional dos direitos humanos. Essas salvaguardas assegurarão que as medidas relativas ao exercício da capacidade legal respeitem os direitos, a vontade e as preferências da pessoa, sejam isentas de conflito de interesses e de influência indevida, sejam proporcionais e apropriadas às circunstâncias da pessoa, se apliquem pelo período mais curto possível e sejam submetidas à revisão regular por uma autoridade ou órgão judiciário competente, independente e imparcial.[92]

Com base nessas premissas, as propostas a seguir visam adequar o CPC à realidade protetiva disponível na seara civil.

---

89. Idem.
90. *Convenção Internacional sobre os Direitos das Pessoas com Deficiência*. Decreto nº 6.949 de 25 de agosto de 2009. Disponível em <http://www.planalto.gov.br>. Acesso em 24 de julho de 2018.
91. Idem.
92. Idem.

Propostas de alteração no Código de Processo Civil:

Art. 50[93] A ação em que a pessoa curatelada for réu será proposta no foro de domicílio de seu representante ou assistente.

Art. 71-A A pessoa com deficiência submetida à curatela deverá ser assistida, por seu curador, na forma da lei, ressalvados os processos sobre questões não incluídas na sentença de instituição da curatela.

Art. 72[94] O juiz nomeará curador especial:

(...) (sem alterações nos incisos I e II);

III - à pessoa com deficiência submetida à curatela, nos limites da sentença de curatela, se não tiver representante legal ou se os interesses deste colidirem com os daqueles, enquanto durar a medida.

Parágrafo único. A curatela especial será exercida pela Defensoria Pública, nos termos da lei.

Art. 178[95] O Ministério Público será intimado para, no prazo de 30 (trinta) dias, intervir como fiscal da ordem jurídica nas hipóteses previstas em lei ou na Constituição Federal e nos processos que envolvam:

(...) (sem alterações nos incisos I, II e III).

IV – interesse da pessoa com deficiência mental ou intelectual.

Parágrafo único. A participação da Fazenda Pública não configura, por si só, hipótese de intervenção do Ministério Público.

---

93. O artigo em vigor tem a seguinte redação: Art. 50. A ação em que o incapaz for réu será proposta no foro de domicílio de seu representante ou assistente.
94. Art. 72. O juiz nomeará curador especial ao:
    I - incapaz, se não tiver representante legal ou se os interesses deste colidirem com os daquele, enquanto durar a incapacidade;
    II - réu preso revel, bem como ao réu revel citado por edital ou com hora certa, enquanto não for constituído advogado.
    Parágrafo único. A curatela especial será exercida pela Defensoria Pública, nos termos da lei.
95. Pelo Código em vigor:
    Art. 178. O Ministério Público será intimado para, no prazo de 30 (trinta) dias, intervir como fiscal da ordem jurídica nas hipóteses previstas em lei ou na Constituição Federal e nos processos que envolvam:
    I - interesse público ou social;
    II - interesse de incapaz;
    III - litígios coletivos pela posse de terra rural ou urbana.
    Parágrafo único. A participação da Fazenda Pública não configura, por si só, hipótese de intervenção do Ministério Público.

Art. 245[96] Não se fará citação quando se verificar que o citando é incapaz ou estiver, por qualquer razão, impossibilitado de recebê-la.

(...) (Segue sem mais alterações)

Art. 247[97] A citação será feita pelo correio para qualquer comarca do país, exceto:

(...) (sem alterações nos incisos I, II, III e IV)

VI – quando o citando for pessoa com deficiência submetida ao regime de curatela ou de tomada de decisão apoiada.

Art. 447[98] Podem depor como testemunhas todas as pessoas, exceto as incapazes, impedidas ou suspeitas.

§ 1º São incapazes de depor:

I – os menores de 16 anos.

II - o cego e o surdo, quando a ciência do fato depender dos sentidos que lhes faltam.

III – os que não puderem manifestar vontade temporária ou permanentemente.

(...) (Mantem-se inalterado o restante do art. 447).

---

96. Eis a redação atual: Art. 245. Não se fará citação quando se verificar que o citando é mentalmente incapaz ou está impossibilitado de recebê-la.
§ 1º O oficial de justiça descreverá e certificará minuciosamente a ocorrência.
§ 2º Para examinar o citando, o juiz nomeará médico, que apresentará laudo no prazo de 5 (cinco) dias.
§ 3º Dispensa-se a nomeação de que trata o § 2º se pessoa da família apresentar declaração do médico do citando que ateste a incapacidade deste.
§ 4º Reconhecida a impossibilidade, o juiz nomeará curador ao citando, observando, quanto à sua escolha, a preferência estabelecida em lei e restringindo a nomeação à causa.
§ 5º A citação será feita na pessoa do curador, a quem incumbirá a defesa dos interesses do citando.
97. Art. 247. A citação será feita pelo correio para qualquer comarca do país, exceto:
I - nas ações de estado, observado o disposto no art. 695, § 3º;
II - quando o citando for incapaz;
III - quando o citando for pessoa de direito público;
IV - quando o citando residir em local não atendido pela entrega domiciliar de correspondência;
V - quando o autor, justificadamente, a requerer de outra forma.
98. Art. 447. Podem depor como testemunhas todas as pessoas, exceto as incapazes, impedidas ou suspeitas.
§ 1º São incapazes:
I - o interdito por enfermidade ou deficiência mental;
II - o que, acometido por enfermidade ou retardamento mental, ao tempo em que ocorreram os fatos, não podia discerni-los, ou, ao tempo em que deve depor, não está habilitado a transmitir as percepções;
III - o que tiver menos de 16 (dezesseis) anos;
IV - o cego e o surdo, quando a ciência do fato depender dos sentidos que lhes faltam.

A seção IX[99], do Capítulo "Dos procedimentos de jurisdição voluntária", passaria a se denominar "Da Tomada de Decisão Apoiada e da Curatela".

Art. 747[100] Os pedidos de tomada de decisão apoiada e de curatela são procedimentos destinados às pessoas em situação de vulnerabilidade para apoio ao exercício da capacidade civil e processual.

§ 1º O pedido de tomada de decisão apoiada será requerido pela pessoa com deficiência intelectual ou mental, inclusive ébrios habituais, viciados em tóxicos e pródigos, que necessite do apoio, com indicação expressa de pelo menos duas pessoas aptas e idôneas a lhe prestarem apoio para a prática de atos da vida civil.

§ 2º O pedido de curatela do incapaz destina-se às pessoas indicadas no inciso I do artigo 1.767 do Código Civil e poderá ser requerido:

I - pelo cônjuge ou companheiro;

II - pelos parentes ou tutores;

---

99. A alteração foi proposta no PL 757, em detrimento do atual título "Da interdição".
100. Atualmente encontra-se em vigor:
    Art. 747. A interdição pode ser promovida:
    I - pelo cônjuge ou companheiro;
    II - pelos parentes ou tutores;
    III - pelo representante da entidade em que se encontra abrigado o interditando;
    IV - pelo Ministério Público.
    Parágrafo único. A legitimidade deverá ser comprovada por documentação que acompanhe a petição inicial.
    O PL nº 757 propôs:
    Art. 747. Os pedidos de tomada de decisão apoiada e de curatela são procedimentos destinados a pessoas em situação de vulnerabilidade para apoio ao exercício da capacidade civil e salvaguarda
    § 1º O pedido de tomada de decisão apoiada será requerido pela pessoa com deficiência intelectual ou mental que necessite do apoio de que trata o art. 1.783-A do Código Civil, com indicação expressa de pelos menos duas pessoas aptas e idôneas a lhe prestarem apoio para a prática de atos da vida civil.
    § 2º O pedido de curatela destina-se às pessoas indicadas no artigo 1.767 do Código Civil e poderá ser requerido:
    I - pelo cônjuge ou companheiro;
    II - pelos parentes ou tutores;
    III - pelo representante de entidade em que se encontra abrigada a pessoa sujeita à curatela;
    IV - pelo Ministério Público e
    V - pela própria pessoa.
    § 3º O Ministério Público somente promoverá o pedido de curatela mediante representação de pessoa interessada, inclusive profissional com atuação na área, nas seguintes hipóteses:
    I - nos casos de deficiência intelectual ou mental em que a pessoa não consiga exprimir sua vontade por qualquer meio; II - se não existir ou não promover o pedido de curatela alguma das pessoas designadas nos incisos I, II e III do § 2º do art. 747;
    III - se, existindo, forem menores ou relativamente incapazes as pessoas mencionadas nos incisos I e II do § 2º do art. 747.

III - pelo representante de entidade em que se encontra abrigada a pessoa sujeita à curatela;

IV - pelo Ministério Público e

V - pela própria pessoa.

§3º O pedido de curatela da pessoa com deficiência deverá ser requerido pela própria pessoa ou pelos legitimados dos incisos I, II e III do parágrafo anterior, desde que com sua expressa autorização.

§4º O Ministério Público somente promoverá o pedido de curatela mediante representação de pessoa interessada, inclusive profissional com atuação na área, nas seguintes hipóteses:

I - nos casos de deficiência intelectual ou mental em que a pessoa não consiga exprimir sua vontade por qualquer meio;

II - se não existir ou não promover o pedido de curatela alguma das pessoas designadas nos incisos I, II e III do § 2º do art. 747;

III - se, existindo, forem menores ou relativamente incapazes as pessoas mencionadas nos incisos I e II do § 2º do art. 747.

Com a disciplina do § 4º acima proposto revogar-se-ia o art. 748[101] do CPC em vigor.

Art. 749[102] Incumbe ao autor, na petição inicial, especificar os fatos que demonstram a incapacidade ou a necessidade de auxílio do beneficiário da medida para administrar seus bens e, se for o caso, para praticar atos da vida civil, bem como o momento em que a incapacidade se revelou.

Parágrafo único. Justificada a urgência, o juiz pode nomear curador provisório para a prática de determinados atos.

Art. 751-A[103] A pessoa a quem se destinar pedido de curatela poderá constituir advogado e, querendo, impugnar o pedido, dentro

---

101. Art. 748. O Ministério Público só promoverá interdição em caso de doença mental grave:
I - se as pessoas designadas nos incisos I, II e III do art. 747 não existirem ou não promoverem a interdição;
II - se, existindo, forem incapazes as pessoas mencionadas nos incisos I e II do art. 747.
102. Segue a redação atual do artigo: Art. 749. Incumbe ao autor, na petição inicial, especificar os fatos que demonstram a incapacidade do interditando para administrar seus bens e, se for o caso, para praticar atos da vida civil, bem como o momento em que a incapacidade se revelou.
Parágrafo único. Justificada a urgência, o juiz pode nomear curador provisório ao interditando para a prática de determinados atos.
103. Proposta de inserção do art. 751-A pelo PL 757:
Art. 751-A. A pessoa a quem se destinar pedido de curatela poderá constituir advogado e, querendo, impugnar o pedido, dentro do prazo de 15 (quinze) dias, contados da audiência prevista no artigo 749-A.

do prazo de 15 (quinze) dias, contados da audiência prevista no artigo 749-A.

§ 1º Caso não ocorra a constituição de advogado, deverá ser nomeado curador especial idôneo, que poderá intervir como assistente, em qualquer hipótese.

§ 2º O curador especial a que se refere o parágrafo anterior pode ser o cônjuge, companheiro, familiar ou pessoa com quem mantenha estreitos laços afetivos ou de solidariedade.

§ 3º Em se tratando de pessoa com deficiência que consiga manifestar vontade, a curatela não será deferida em caso de impugnação.

Art. 756-A[104] A sentença que homologar a tomada de decisão apoiada ou que deferir a curatela, em qualquer de suas modali-

---

§ 1º Caso não ocorra a constituição de advogado, deverá ser nomeado curador especial idôneo, que poderá intervir como assistente, em qualquer hipótese.

§ 2º. O curador especial a que se refere o parágrafo anterior pode ser o cônjuge, companheiro, familiar ou pessoa com quem mantenha estreitos laços afetivos ou de solidariedade.

§ 3º Em se tratando de pessoa com deficiência, a curatela não será deferida em caso de impugnação ou em caso de possibilidade de manifestação de vontade, por qualquer meio ou recurso.

104. Proposta de inserção do art. 756-A pelo PL 757.

Art. 756-A A sentença que homologar a tomada de decisão apoiada ou que deferir a curatela será inscrita no registro de pessoas naturais e imediatamente publicada na rede mundial de computadores, no sítio do tribunal a que estiver vinculado o juízo e na plataforma de editais do Conselho Nacional de Justiça, onde permanecerá por 6 (seis) meses, na imprensa local, 1 (uma) vez, e no órgão oficial, por 3 (três) vezes, com intervalo de 10 (dez) dias, constando do edital os nomes da pessoa apoiada ou sujeita à curatela, de seus apoiadores ou curadores, os limites do apoio ou da curatela.

§ 1º Se o apoiador ou curador agir com negligência, exercer pressão indevida, ou não adimplir os compromissos assumidos, poderá a pessoa interessada ou qualquer outra pessoa apresentar denúncia ao Ministério Público ou ao juiz

§ 2º Procedente a denúncia, o juiz destituirá o curador ou apoiador, nomeará substituto interino à pessoa sujeita à curatela e concederá à pessoa submetida à tomada de decisão apoiada prazo para a indicação de outro apoiador.

§ 3º O apoiador ou curador pode solicitar ao juiz, a qualquer tempo, a exclusão de sua participação do processo de tomada de decisão apoiada, sendo seu desligamento condicionado à manifestação do juiz sobre a matéria.

§ 4º A pessoa apoiada pode, a qualquer tempo, solicitar o término de acordo firmado em processo de tomada de decisão apoiada, devendo ser dada ao fato a mesma publicidade prevista no caput, cancelando-se a respectiva averbação.

§ 5º O pedido de levantamento da curatela poderá ser feito pelo próprio curatelado, pelo curador ou pelo Ministério Público e será apensado aos autos do pedido original, hipóteses em que:

a) o juiz nomeará equipe multiprofissional e interdisciplinar para proceder à avaliação da pessoa sujeita à curatela e designará audiência de instrução e julgamento após a apresentação do laudo;

b) acolhido o pedido, o juiz decretará o levantamento da curatela e determinará a publicação da sentença, após o trânsito em julgado, na forma do caput, cancelando-se a respectiva averbação;

c) se não for caso de extinção da curatela, mas de sua flexibilização, os seus limites poderão ser revistos a qualquer tempo;

dades, será inscrita no registro de pessoas naturais e imediatamente publicada na rede mundial de computadores, no sítio do tribunal a que estiver vinculado o juízo e na plataforma de editais do Conselho Nacional de Justiça, onde permanecerá por 6 (seis) meses, na imprensa local, 1 (uma) vez, e no órgão oficial, por 3 (três) vezes, com intervalo de 10 (dez) dias, constando do edital os nomes da pessoa apoiada ou sujeita à curatela, de seus apoiadores ou curadores, os limites do apoio ou da curatela.

§ 1º Se o apoiador ou curador agir com negligência, exercer pressão indevida, ou não adimplir os compromissos assumidos, poderá a pessoa interessada ou qualquer outra pessoa apresentar denúncia ao Ministério Público ou ao juiz.

§ 2º Procedente a denúncia, o juiz destituirá o curador ou apoiador, nomeará substituto interino à pessoa sujeita à curatela e concederá à pessoa submetida à tomada de decisão apoiada prazo para a indicação de outro apoiador.

§ 3º O apoiador ou curador pode solicitar ao juiz, a qualquer tempo, a exclusão de sua participação do processo de tomada de decisão apoiada ou curatela, sendo seu desligamento condicionado à manifestação do juiz sobre a matéria.

§ 4º A pessoa apoiada pode, a qualquer tempo, solicitar o término de acordo firmado em processo de tomada de decisão apoiada, devendo ser dada ao fato a mesma publicidade prevista no *caput*, cancelando-se a respectiva averbação.

§4º A pessoa com deficiência curatelada que possa manifestar vontade pode, a qualquer tempo, solicitar o levantamento da curatela, devendo ser dada ao fato a mesma publicidade prevista no *caput*, cancelando-se a respectiva averbação.

§5º Será possível, a qualquer tempo, que a curatela da pessoa com deficiência, do ébrio habitual, viciado em tóxico e pródigos, seja convertida em tomada de decisão apoiada, desde que preenchidos os pressupostos para instauração da medida.

§ 6º O pedido de levantamento da curatela poderá ser feito pelo próprio curatelado, pelo curador ou pelo Ministério Público, nos casos de curatela do art. 1767 do Código Civil, e será apensado aos autos do pedido original, hipóteses em que:

---

d) tornando-se possível à pessoa sujeita à curatela a manifestação da vontade, será propiciada, a qualquer tempo, a opção pela tomada de decisão apoiada, nas hipóteses de deficiência intelectual ou mental ou deficiência grave.

a) o juiz nomeará equipe multiprofissional e interdisciplinar para proceder à avaliação da pessoa sujeita à curatela e designará audiência de instrução e julgamento após a apresentação do laudo;

b) acolhido o pedido, o juiz decretará o levantamento da curatela e determinará a publicação da sentença, após o trânsito em julgado, na forma do *caput*, cancelando-se a respectiva averbação;

c) se não for caso de extinção da curatela, mas de sua flexibilização, os seus limites poderão ser revistos a qualquer tempo;

d) a pessoa com deficiência mental ou intelectual grave considerada incapaz por impossibilidade de manifestação de vontade poderá, a qualquer tempo, caso torne-se possível a manifestação de vontade, converter a curatela em tomada de decisão apoiada.

Art. 757[105] A autoridade do curador estende-se à pessoa e aos bens do curatelado, nos limites estabelecidos pela sentença, que se encontrar sob a guarda e a responsabilidade do curatelado ao tempo da curatela, salvo se o juiz considerar outra solução como mais conveniente aos interesses da pessoa sob curatela.

Além dos dispositivos apresentados acima, as alterações propostas pelo Projeto de Lei dos artigos: 755[106], observadas as alterações quanto aos artigos indicados, §2º do art. 759[107], 1.012, VI,[108] além da instituição dos arts. 748-A[109], 749-A[110], 750-A[111] e 752-A[112] são merecedoras

---

105. Na legislação em vigor: Art. 757. A autoridade do curador estende-se à pessoa e aos bens do incapaz que se encontrar sob a guarda e a responsabilidade do curatelado ao tempo da interdição, salvo se o juiz considerar outra solução como mais conveniente aos interesses do incapaz.
Na proposta do PL 757: A autoridade do curador estende-se à pessoa e aos bens de incapaz que se encontrar sob a guarda e a responsabilidade do curatelado ao tempo da curatela, salvo se o juiz considerar outra solução como mais conveniente aos interesses do incapaz e da pessoa sob curatela.
106. Art. 755. Na sentença que deferir a curatela, o juiz nomeará curador, que poderá ser o próprio requerente, e fixará os limites da curatela, observando o disposto nos arts. 1.781-A, 1.782 e 1782-A do Código Civil. § 1º A curatela deve ser atribuída a quem melhor possa atender aos interesses da pessoa sujeita à curatela. § 2º Para a escolha do curador, o juiz levará em conta a vontade e as preferências da pessoa submetida à curatela, a ausência de conflito de interesses e de influência indevida, a proporcionalidade e a adequação às circunstâncias da pessoa. § 3º Após a nomeação em sentença, o curador prestará compromisso de respeito aos direitos, interesses, preferências e vontade, ainda que potencial, da pessoa sob curatela. § 4º Havendo, ao tempo da curatela, pessoa absoluta ou relativamente incapaz sob a guarda e a responsabilidade de pessoa sujeita à curatela, o juiz atribuirá essa guarda e responsabilidade a quem melhor puder atender aos interesses de ambos.
107. § 2º Prestado o compromisso, o tutor ou curador assume a administração dos bens do tutelado ou da pessoa sob curatela, observados os limites da sentença que definiu a medida.
108. VI – decreta a curatela ou aquela que homologa a tomada de decisão apoiada.
109. Art. 748-A. Devem ser especificados, na petição inicial, os fatos que demonstram a necessidade de apoio ou de concessão da curatela. § 1º O pedido de tomada de decisão apoiada ou de curatela

ratificações. Com essas alterações, seriam revogados os arts. 748, 749, 750, 751, 752, 753 e 756 do Código de Processo Civil, visto que os procedimentos estariam regulados nos substitutivos.

---

deve ser instruído com avaliação biopsicossocial, nos termos do § 1º do art. 2º da Lei nº 13.146, de 6 de julho de 2015, para fazer prova das alegações, ou informada a impossibilidade de fazê-lo. § 2º Juntamente com o pedido de tomada de decisão apoiada, a pessoa com deficiência e os apoiadores devem apresentar termo em que constem: I- os limites do apoio a ser oferecido; II- as hipóteses de participação obrigatória dos apoiadores para a validade do ato ou atos sucessivos; III- o prazo de vigência do acordo, caso não optem por prazo indeterminado; IV- os compromissos dos apoiadores quanto ao respeito à vontade, aos direitos e aos interesses da pessoa que devam apoiar.

110. Art. 749-A. Recebido o pedido de tomada de decisão apoiada ou de curatela, o juiz deverá: I - justificada a urgência, nomear apoiadores ou curadores provisórios; II - designar audiência na qual deverão comparecer a pessoa em situação de vulnerabilidade, seus potenciais apoiadores ou curadores, membro do Ministério Público e equipe multiprofissional e interdisciplinar. § 1º Na audiência serão ouvidos todos os interessados e, especialmente, a pessoa a quem se destina o pedido de apoio ou de curatela, acerca dos seus hábitos, negócios, bens, vontades, preferências, laços familiares ou afetivos e sobre o que mais for imprescindível para verificar sua necessidade de apoio para tomada de decisões ou de curatela, devendo as perguntas e respostas serem reduzidas a termo. § 2º A critério do juiz, poderá ser requisitada a oitiva de parentes e de pessoas próximas. § 3º Concluídas a tomada de depoimentos e as manifestações, o juiz: I - pronunciar-se-á sobre o pedido de tomada de decisão apoiada, ouvidos o Ministério Público e os membros da equipe multiprofissional e interdisciplinar, homologando o termo respectivo, nos moldes em que apresentado com a petição inicial ou complementado na audiência; ou II - aguardará, em caso de curatela, o prazo de impugnação previsto no art. 751-A.

111. Art. 750-A Para a oitiva da pessoa em situação de vulnerabilidade, será observado o quanto segue: I - não podendo deslocar-se, o juiz a ouvirá no local onde estiver; II - e assegurado o emprego de recursos variados, inclusive de tecnologia assistiva, capazes de permitir a sua comunicação

112. Art. 752-A Decorrido o prazo previsto no art. 751-A, o juiz determinará a produção de prova pericial para avaliação da presença de uma das condições previstas no art. 1.767 do Código Civil. § 1º A perícia deve ser realizada por equipe composta por expertos com formação multiprofissional e interdisciplinar, nos moldes do § 1º do art. 2º da Lei nº 13.146, de 6 de julho de 2015. § 2º O laudo pericial indicará especificadamente, se for o caso, os atos para os quais haverá necessidade de curatela, bem como eventuais medidas de proteção. § 3º Entre as medidas de proteção podem ser incluídos: a) acompanhamento periódico por órgãos de assistência social; b) previsão de prazos breves para a revisão dos termos da curatela, ocasião em que poderá ser mantida ou extinta, devendo o juiz, nesse último caso, em relação às pessoas com deficiência intelectual ou mental ou deficiência grave, esclarecer sobre a possibilidade de adoção de tomada de decisão apoiada.

CONCLUSÕES

Além das conclusões parciais apresentadas, pode-se aferir que a nova regulamentação de proteção, especialmente o reconhecimento da capacidade civil como regra para as pessoas com deficiência, impacta diretamente na capacidade processual do grupo.

Sendo possível, com base nas medidas de apoio, apresentar o seguinte quadro relativo à capacidade processual. Em regra, as pessoas com deficiência capazes têm capacidade processual plena para ajuizar demandas, antes da instauração de qualquer medida de apoio. Após instauração da curatela de apoio, por ainda ser considerada capaz, a pessoa com deficiência possuirá capacidade processual plena para ações que versem sobre direito de personalidade, em respeito e correspondência à capacidade civil, porém, a depender do conteúdo da sentença, poderá ter sua capacidade processual limitada quanto aos atos contidos na sentença de instauração da curatela.

O caso da pessoa com deficiência capaz que requereu a tomada de decisão apoiada é diverso, tendo em vista que se trata de um negócio jurídico que não impõe a necessidade de participação do apoiador para a validade de qualquer ato, incluindo aqui a atuação processual. A intervenção do magistrado, num processo ajuizado por pessoa com deficiência sob o regime da tomada de decisão apoiada, limita-se à hipótese de divergência, que possa gerar grave prejuízo, entre os apoiadores e o apoiado.

Por fim, no que se refere às pessoas com deficiências incapazes, por serem pródigas, ébrias habituais, viciadas em tóxicos ou que não podem expressar vontade, as circunstâncias já são conhecidas. Nesses casos há correspondência entre incapacidade material e processual, sendo, pois, necessária a presença do curador nos processos judiciais.

Concluiu-se, ademais, que, no âmbito processual, a nulidade dos atos praticados por parte carente de capacidade processual, seja ela incapaz ou pessoa com deficiência capaz curatela, serão válidos, exceto se decretada a invalidade através de decisão judicial que deverá, necessariamente, verificar a ocorrência de prejuízo para o vulnerável.

REFERÊNCIAS BIBLIOGRÁFICAS

ABREU, Rafael Sirângelo. Customização processual compartilhada: o sistema de adaptabilidade do novo CPC. *Revista de Processo*. São Paulo, vol. 257, pp. 51-76, 2016.

ALMEIDA, Leonor Duarte de. *Suscetibilidade: novo sentido para a vulnerabilidade*. Revista Bioética. Vol. 18, n. 3, 2010. Disponível em <http://revistabioetica.cfm.org.br>. Acesso em 02 de agosto de 2018.

ALVES, Rainer Grigolo de Oliveira. BRUST-RENCK, Priscila Goergen. ÁVILA, Ana Paula de Oliveira. FERNANDES, Márcia Santana. O discernimento no direito civil brasileiro e o Estatuto da Pessoa com Deficiência. *In: XII Semana de Extensão, Pesquisa e Pós-Graduação - SEPesq Centro Universitário Ritter dos Reis*. Disponível em <www.uniritter.edu.br>. Acesso em 04 de junho de 2018.

ALVIM, Teresa Arruda. *Nulidades do processo e da sentença*. 7. ed. São Paulo: RT, 2014.

ALVIM, Teresa Arruda. *Tratado de direito processual*. v. 2. São Paulo: Revista dos Tribunais, 1996.

AMARAL, Francisco. A autonomia privada como princípio fundamental da ordem jurídica: perspectivas estrutural e funcional. *Revista de Informação Legislativa*, vol. 26, no. 102, pp. 207-230, abr./jun. 1989. Disponível em: <http://www2.senado.leg.br/bdsf/item/id/181930>. Acesso em 28 de dezembro de 2017.

_____. *Direito Civil. Introdução*. 8. ed. Rio de Janeiro: Renovar, 2014.

ANJOS. Márcio Fabri dos. A vulnerabilidade como parceira da autonomia. *Revista Brasileira de Bioética*. Vol. 2, n. 2, 2006. Disponível em <https://bioetica.catedraunesco.unb.br>. Acesso em 23 de outubro de 2017.

ARAUJO, Álvaro Cabral; LOTUFO NETO, Francisco. A Nova Classificação Americana Para os Transtornos Mentais – o DSM-5. *Revista Brasileira de Terapia Comportamental e Cognitiva*, vol. 16, n. 1, pp. 67-82. Disponível em: <http://www.usp.br/rbtcc/index.php/RBTCC/article/view/659/406>. Acesso em 09 de novembro de 2017.

ARAUJO, Luiz Alberto David. Terminologia, atitude e aplicabilidade da Convenção sobre o direito das pessoas com deficiência. *In* LEITE, George Salomão; SARLET, Ingo Wolfgang (orgs.). *Jurisdição constitucional, democracia e direitos fundamentais.* 2ª série, pp. 407-416. Salvador: Juspodivm, 2012.

_____; COSTA FILHO, Waldir Macieira da. O Estatuto da Pessoa com Deficiência – EPCD (Lei 13.146, de 06.07.2015): Algumas novidades. *Revista dos Tribunais.* São Paulo, vol. 962, pp. 65-80, dez. 2015. Disponível em: <www.mppa.mp.br>. Acesso em 31 de maio de 2018.

ARENA, Giacomo. *Incapacità. In Enciclopedia del diritto.* XX. Varese: Guiffrè Ed, 1970.

ASCENSÃO, José de Oliveira. *Direito Civil:* Teoria Geral, Introdução. As pessoas. Os bens. v. 1. 3. ed. São Paulo: Saraiva, 2010.

ASSIS, Araken de. *Processo civil brasileiro.* Parte Geral: institutos fundamentais. v. II. t. I. São Paulo: Revista dos Tribunais, 2015.

_____. *Suprimento da incapacidade processual e da incapacidade postulatória.* Disponível em <www.mpsp.mp.br>. Acesso em 15 de outubro de 2018.

AZEVEDO, Antônio Junqueira de. *Negócio Jurídico.* Existência, Validade e Eficácia. 4. ed. São Paulo: Saraiva, 2002.

BACELLAR, Arnaldo. Pathologia da surdo-mudez. *Revista de Medicina da USP.* v. 8. n. 42-43. pp. 43-51. São Paulo, 1926.

BARBOSA MOREIRA, José Carlos. A nova definição de sentença (Lei nº 11.232). *Revista Dialética de Direito Processual.* n. 39. pp. 78-85. São Paulo, 2006.

_____. Eficácia da Sentença de Interdição por Alienação Mental. *Revista de Processo.* n. 43. a. 11. São Paulo, 1986.

_____. Legitimação para agir. Indeferimento de petição inicial. *In: Temas de direito processual.* São Paulo: Saraiva, 1977.

BARBOSA, Amanda Souza; LAGO JUNIOR. Antônio. Primeiras análises sobre o sistema de (in)capacidades, interdição e curatela pós estatuto da pessoa com deficiência e Código de Processo Civil. *Revista de Direito Civil Contemporâneo.* v. 8. pp. 91-114. São Paulo, 2016.

BARBOSA-FOHRMANN, Ana Paula. Algumas reflexões sobre os fundamentos dos discursos de direitos humanos e de justiça social para pessoas com deficiência mental ou cognitiva severa ou extrema. *Revista Direitos Fundamentais & Justiça.* n. 22. jan.-mar. pp. 80-97. Porto Alegre, 2013.

BARBOZA, Heloisa Helena. A importância do CPC para o novo regime de capacidade civil. *Revista da Escola da Magistratura do Estado do Rio de Janeiro.* v. 20. n. 1. pp. 209-223. jan./abr. Rio de Janeiro, 2018.

_____. Proteção dos vulneráveis na Constituição de 1988: Uma questão de igualdade. In: NEVES, Thiago Ferreira Cardoso (coord.). *Direito & Justiça social: por uma sociedade mais justa, livre e solidária: estudos em homenagem ao Professor Sylvio Capanema de Souza.* São Paulo: Atlas, 2013.

BASILE, Felipe. Capacidade Civil e o Estatuto da Pessoa com deficiência. In: *Boletim do Legislativo n° 40.* Disponível em <www12.senado.leg.br>. Acesso em 21 de maio de 2018.

BEAUCHAMP, Tom L.; CHILDRESS, James F. *Princípios de ética biomédica.* Barcelona: Masson, S.A., 1999.

BENEDUZI, Renato. Comentários ao Código de Processo Civil. Artigos 70 ao 187. In: MARIONI, Luiz Guilherme (diretor). *RT.* v. II. São Paulo: Revista dos Tribunais, 2016.

BERLINI, Luciana; AMARAL, Paloma Francielly do. Os impactos do Estatuto da Pessoa com Deficiência no direito protetivo pátrio e sua antinomia com o novo Código de Processo Civil. *Revista da Escola Superior da Magistratura do Estado do Ceará.* v. 15. n. 2. Fortaleza, 2017. Disponível em <http://revistathemis.tjce.jus.br>. Acesso em 12 de julho de 2018.

BETTI, Emílio. *Teoria Geral do Negócio Jurídico.* Trad. Fernando Miranda. t. I. Coimbra: Coimbra Editora, 1969.

BEVILAQUA. Clóvis. *Código Civil Brasileiro:* trabalhos relativos à sua elaboração. v. 1. Rio de Janeiro: Imprensa nacional, 1917. Disponível em <bd.camara.gov.br>. Acesso em 20 de julho de 2018.

_____. *Código Civil dos Estados Unidos do Brasil.* 6. ed. v. 1. Rio de Janeiro: Francisco Alves, 1940.

BODIN DE MORAES, Maria Celina. Ampliando os direitos da personalidade. In: *Na medida da pessoa humana:* estudos de direito civil-constitucional. Rio de Janeiro: Renovar, 2010.

BORGES, Roxana Cardoso Brasileiro. *Direitos de personalidade e autonomia privada.* 2. ed. São Paulo: Saraiva, 2009.

BRAGA, Paula Sarno. *Aplicação do devido processo legal nas relações privadas.* Salvador: Juspodivm, 2008.

BRUNETTA, Cintia Menezes. O direito das pessoas portadoras de transtornos mentais. *In* PIOSENA, Flávia. GARCIA, Maria. (orgs.). *Edição Especial Revista dos Tribunais: direitos humanos.* v. IV. São Paulo, 2011.

BUENO, Cassio Scarpinella. *Comentários ao Código de Processo civil.* v. 1. São Paulo: Saraiva, 2017.

_____. *Novo código de processo civil anotado.* São Paulo: Saraiva, 2015.

CABRAL, Ana Clara. Estatuto da pessoa com deficiência e seu impacto no código civil. *Revista Síntese direito previdenciário.* n. 78. a. XVI. maio/jun. pp. 47-48. São Paulo, 2017.

CÂMARA, Alexandre Freitas. *Lições de direito processual civil.* 18. ed. Rio de Janeiro: Lumen Juris, 2008.

_____. *O novo processo civil brasileiro.* 3. ed. São Paulo: Atlas, 2017.

CANDIDO, Maria Rosilene; OLIVEIRA, Edina Araújo Rodrigues; MONTEIRO, Claudete Ferreira de Souza; COSTA, José Ronildo da; BENÍCIO, Geórgia Salanne Rodrigues; COSTA, Flora Lia Leal da. Conceitos e preconceitos sobre transtornos mentais: um debate necessário. *SMAD, Revista Eletrônica Saúde Mental Álcool Drogas.* v. 8, n. 3. dez. Ribeirão Preto, 2012. Disponível em <http://pepsic.bvsalud.org>. Acesso em 11 de dezembro de 2017.

CANOTILHO, J. J. Gomes. *Direito Constitucional e Teoria da Constituição.* 7. ed. Coimbra: Almedina, 1941.

CANTALI. Fernanda Borghetti. *Direitos da personalidade.* Disponibilidade relativa, autonomia privada e dignidade humana. Porto Alegre: Livraria do Advogado, 2009.

CARNELUTTI, Francesco. *Lezioni di diritto processuale civile.* Padova: La Litotipo, Ed. Universitaria, 1926, vol. 2, 1ª parte.

_____. *Teoria Geral do Direito.* Trad. De A. Rodrigues Queirós e Artur Anselmo de Castro. Coimbra: Coimbra Editora, 1942.

CARREIRA ALVIM, J. E. *Comentários ao Novo Código de Processo Civil.* Curitiba: Juruá, 2015, vol. 1.

_____. Tomada de decisão apoiada. *Revista Brasileira de Direito Processual.* Belo Horizonte, n. 92, ano 23, pp. 83-96, out./dez. 2015.

CARVALHO, Erenice Natália Soares de; MACIEL, Diva Maria Moraes de Albuquerque. *Nova concepção de deficiência mental segundo a American Association on Mental Retardation – AAMR: sistema 2002.* Disponível em <http://pepsic.bvsalud.org/scielo>. Acesso em 18 de dezembro de 2017.

CARVALHO, Felipe Quintella Machado de; LARA, Mariana Alves. Notas Históricas sobre a Incapacidade do Pródigo. *In: XXIII Congresso Nacional do CONPEDI,* 2014, João Pessoa. Anais dos XXIII. Congresso Nacional do CONPEDI, 2014.

COELHO, Thais Câmara Maia Fernandes. *Autocuratela.* 2ª tiragem. Rio de Janeiro: Lumen Juris, 2016.

Comitê sobre os Direitos da Pessoa Com Deficiência. Nações Unidas. Disponível em <http://www2.camara.leg.br/>.

CONCEIÇÃO, Luiz Henrique de Paula. Pessoas com deficiência. In VALESA, Salete (org.). *Coleção Caravana de Educação em Direitos Humanos*. Disponível em <http://flacso.org.br>. Acesso em 20 de julho de 2018.

Convenção Internacional sobre os Direitos das Pessoas com Deficiência. Decreto nº 6.949 de 25 de agosto de 2009. Disponível em <http://www.planalto.gov.br>. Acesso em 24 de julho de 2018.

CORREIA, Átala. Estatuto da pessoa com deficiência traz inovações e dúvidas. *Revista Síntese direito previdenciário*. São Paulo, nº 78, ano XVI, pp. 22-26, maio/jun. 2017.

CORREIA, Lorena Dias Rodrigues; LARA, Mariana Alves. O Estatuto da Pessoa com Deficiência e seus reflexos na teoria das incapacidades. *In* COSTA, Beatriz Souza et al (coords.). *Seminário Nacional de formação de pesquisadores e iniciação científica em direito da FEPODI*. pp. 1087-1093. Belo Horizonte: ESDH, 2017.

D'ALBUQUERQUE, Teila Rocha Lins. *O Estatuto da Pessoa com Deficiência e as novas perspectivas em torno da mudança da capacidade civil*. 117f. Dissertação de Mestrado. Universidade Federal da Bahia. Salvador, 2017, p. 27.

DALL'AGNOL JR., Antonio Janyr. *Invalidades processuais*. Porto Alegre: LeJur, 1989.

DALGALARRONDO, Paulo. *Psicopatologia e semiologia dos transtornos mentais*. 2. ed. Porto Alegre: Artmed, 2008.

DANELUZZI, Maria Helena Marques Braceiro. MATHIAS, Maria Ligia Coelho. Repercussão do Estatuto da Pessoa com Deficiência (Lei 13.146/2015), nas legislações civil e processual civil. *Revista de Direito Privado*. São Paulo, vol. 66. pp. 57-82, abril/jun. 2016.

DANTAS, Francisco Wildo Lacerda. *Teoria Geral do Processo. Jurisdição, ação (defesa), processo*. 2. ed. São Paulo: Método, 2007.

DANTAS, Marcelo Navarro Ribeiro. *Mandado de segurança coletivo: legitimação ativa*. São Paulo: Saraiva, 2000.

DIAS, Maria Berenice. *Manual de Direito das Famílias*. São Paulo: Revista dos Tribunais, 2015.

DIDIER JR. Fredie, BRAGA, Paulo Sarno, ALEXANDRIA, Rafael. *Curso de direito processual civil*. 11. ed. v. 2. Salvador: Juspodivm, 2016.

DIDIER JR., Fredie. *Curso de direito processual civil*. v. 1. 17. ed. Salvador: Juspodivm, 2015

_____. Da interdição. *In* WAMBIER, Teresa Arruda Alvim; DIDIER JR. Fredie; TALAMINI, Eduardo; DANTAS, Bruno. (coords.). *Breves Comentários ao Novo Código de Processo Civil*. 3. ed. São Paulo: Revista dos Tribunais, 2016.

_____. *Estatuto da Pessoa com Deficiência, Código de Processo Civil de 2015 e Código Civil: uma primeira reflexão*. Disponível em <http://www.frediedidier.com.br/>. Acesso em 27 de novembro de 2017.

_____. *Pressupostos processuais e condições da ação*. O juízo de admissibilidade do processo. São Paulo: Saraiva, 2005.

DIDIER JR., Fredie; GODINHO, Robson Renault. Questões atuais sobre as posições do Ministério Público no processo civil. *Revista de Processo*. São Paulo, nº 237, pp. 45-87, 2014.

DINAMARCO, Cândido Rangel. *Instituições de direito processual civil*. 7. ed. v. II. São Paulo: Malheiros, 2017.

DINIZ, Debora; BARBOSA, Lívia; SANTOS, Wederson Rufino dos. Deficiência, direitos humanos e justiça. *Revista Internacional de Direitos Humanos*. São Paulo, vol. 6, nº 11, pp. 65-77. dez. 2009. Disponível em <http://repositorio.unb.br/>. Acesso em 19 de outubro de 2017.

DINIZ, Maria Helena. *Curso de direito civil brasileiro*. 29. ed. São Paulo: Saraiva, 2012.

DOTTI, Rogéria Fagundes. Da capacidade Processual. *In* WAMBIER, Teresa Arruda Alvim; DIDIER JR. Fredie; TALAMINI, Eduardo; DANTAS, Bruno. (coords.). *Breves Comentários ao Novo Código de Processo Civil*. 3. ed. São Paulo: Revista dos Tribunais, 2016.

ESTEVES, Diogo; CRUZ, Elisa Costa; SILVA, Franklyn Roger Alves. As consequências materiais e processuais da lei brasileira de inclusão da pessoa com deficiência e o papel da defensoria pública na assistência jurídicas das pessoas com deficiência. *Revista de Processo*. São Paulo, vol. 258, ano 41, pp. 281-314, 2016.

ESTEVES, Diogo; SILVA, Franklyn Roger Alves. A curadoria especial no novo Código de Processo Civil. *In* SOUSA, José Augusto Garcia. (coord.). *Repercussões do novo CPC – Defensoria Pública*. Salvador: Juspodivm, 2015, pp. 129-165.

FALZEA, Angelo. *Capacità*. In Enciclopedia del diritto. VI. Vasere: Guiffrè Editore, 1960.

FARIAS, Cristiano Chaves de; CUNHA, Rogério Sanches; PINTO, Ronaldo Batista. *Estatuto da Pessoa com Deficiência comentado artigo por artigo*. 2. ed. Salvador: Juspodivm, 2016.

FARIAS, Cristiano Chaves de; ROSENVALD, Nelson. *Curso de direito civil: parte geral e LINDB*. 14. ed. Salvador: Juspodivm, 2016.

Federação Brasileira das Associações de Síndrome de Down – FBASD. *Proposta de substitutivo ao PL nº 757/2015*. Disponível em <https://www25.senado.leg.br>. Acesso em 23 de julho de 2018.

FELÍCIO, Jônia Lacerda e PESSINI, Leo. *Bioética da proteção: vulnerabilidade e autonomia dos pacientes com transtornos mentais*. Disponível em <http://revistabioetica.cfm.org.br>. Acesso em 03 de novembro de 2017.

FERRI, Luigi. *La autonomia privada*. Tradução e notas de direito espanhol de Luiz Sancho Mendizábal. Granada: Editora Comares. 2001.

FRANÇA. Tiago Henrique. Modelo Social de Deficiência: uma ferramenta sociológica para a emancipação social. *Revista Lutas Sociais*. São Paulo, vol. 17, ano 31, jul./dez. 2013. Disponível em <revistas.pucsp.br>. Acesso em 26 de outubro de 2017.

FREEMAN, Melvyn; PATHARE, Soumitra (principais redatores). *Livro de recursos da OMS sobre saúde mental, direitos humanos e legislação*. OMS, 2005. Disponível em <http://www.who.int>. Acesso em 11 de dezembro de 2017.

FREITAS, José Lebre de. *Código de Processo Civil anotado*. Coimbra: Coimbra Editora, 1999.

FREITAS, Teixeira de. *Código Civil. Esboço*. Ministério da Justiça e negócios interiores, 1952.

_____. *Consolidação das leis civis*. Rio de Janeiro: Typographia Universal de Laemmert, 1857.

GAGLIANO, Pablo Stolze; PAMPLONA FILHO, Rodolfo. *Novo curso de direito civil*. Parte Geral. 14. ed. E-book. São Paulo: Saraiva, 2012. v. 1.

GARGOLLO, Javier Arce e outros. *Disposiciones y estipulaciones para la propia incapacidad*. Revista de Derecho Notarial Mexicano. México, nº 111, 1998. Disponível em <www.juridicas.unam.mx> Acesso em 18 de julho de 2018.

GODINHO, Robson Renault. *Comentários ao Código de Processo Civil - Dos procedimentos de Jurisdição voluntária*. GOUVEA, José Roberto e outros (coord.). São Paulo: Saraiva Educação, 2018.

_____. Da capacidade processual. *In* CABRAL, Antonio do Passo. CRAMER, Ronaldo. (coords.). *Comentários ao Novo Código de Processo Civil*. 2. ed. Rio de Janeiro: Forense, 2016.

GOMES, Marcelo. O que é deficiência mental e o que se pode fazer? *In Folheto da Apae-SP*, s/d. Disponível em: <www.apaesp.org.br>. Acesso em 18 de dezembro de 2017.

GOMES, Orlando. *Introdução ao direito civil*. 19. ed. Revista, Atualizada e Aumentada por Edvaldo Brito e Reginalda Paranhos Brito. Rio de Janeiro: Forense/GEN, 2009.

GONÇALVES, Aroldo Plínio. *Técnica Processual e Teoria do Processo*. 1. ed. Rio de Janeiro: Aide Editora, 1992.

GOUVEIA FILHO, Roberto Campos. *A capacidade postulatória como uma situação jurídica processual simples*: Ensaio em defesa de uma teoria das capacidades em direito. Dissertação de Mestrado. Universidade Católica de Pernambuco. Recife, 2008. Disponível em <http://bdtd.ibict.br>. Acesso em 20 de julho de 2018.

GRAU, Eros Roberto. Nota sobre a distinção entre obrigação, dever e ônus. *Revista da Faculdade de Direito da Universidade de São Paulo*. São Paulo, vol. 77. Disponível em <www.revistas.usp.br>. Acesso em 03 de janeiro de 2018.

GRECO, Leonardo. *Instituições de processo civil*. 5. ed. Rio de Janeiro: Forense, 2015, v. 1.

GUIMARÃES, Maria Carolina S.; NOVAES, Sylvia Caiuby. Autonomia reduzida e Vulnerabilidade: Liberdade de Decisão, Diferença e Desigualdade. *Revista de Bioética*, vol. 7, nº 1. Disponível em <http://revistabioetica.cfm.org.br>. Acesso em 23 de outubro de 2017.

KNOBEL, Meyer; MEDEIROS NETO, Geraldo. Moléstias associadas à carência crônica de iodo. *Arquivos Brasileiros de Endocrinologia & Metabologia*. São Paulo, vol. 48, n. 1, fev. 2004. Disponível em <www.scielo.br>. Acesso em 05 de abril de 2018.

LACERDA, Galeno. *Despacho Saneador*. 3. ed. Porto Alegre: Fabris, 1985.

LIMA, Alcides Mendonça. *Comentários ao Código de Processo Civil*. São Paulo: RT, 1982, vol. XII.

LIMA, Hermes. *Introdução à ciência do direito*. 31. ed. Rio de Janeiro: Freitas Bastos, 1996.

LIMA, Taisa Maria Macena de; VIEIRA, Marcelo de Mello; SILVA, Beatriz de Almeida Borges e. Reflexões sobre as pessoas com deficiência e sobre os impactos da Lei nº 13.146/2015 no Estudo dos planos do negócio jurídico. *Revista Brasileira de Direito Civil*. Belo Horizonte, vol. 14, nº 4, pp. 17-39, out./dez. 2017.

LOPES, Bruno Vasconcelos Carrilho. *Comentários ao Código de Processo Civil*. GOUVEA, José Roberto Ferreira; BONDIOLI, Luis Guilherme Aidar; FONSECA, João Francisco Naves da. (coords.). São Paulo: Saraiva, 2017, vol. II.

REFERÊNCIAS BIBLIOGRÁFICAS

MACHADO, Diego Carvalho. Capacidade de agir e direitos da personalidade no ordenamento jurídico brasileiro: o caso do direito à privacidade. *Revista Brasileira de Direito Civil.* Belo Horizonte, vol. 8, n. 2, pp. 47-80, abr./jun. 2016.

MADALENO, Rolf. *Curso de direito de família.* 5. ed. Rio de Janeiro: GEN/ FORENSE, 2013.

_____. *Curso de direito de família.* 8. ed. Rio de Janeiro: GEN/Forense, 2018, e-book.

MANDRIOLI, Crisanto. *Diritto Processuale Civile.* Torino: Giappichelli editore, 2002.

Manual diagnóstico e estatístico de transtornos mentais DSM-5. American Psychiatric Association. Disponível em <https://www.psychiatry.org/psychiatrists>. Acesso em 11 de dezembro de 2017.

MARCATO, Antônio Carlos. *Procedimentos Especiais.* 16. ed. São Paulo: Atlas, 2016.

MARINONI, Luiz Guilherme, ARENHART, Sérgio Cruz, MITIDIERO, Daniel. *Código de Processo Civil Comentado.* 4. ed. São Paulo: Thomson Reuters, 2018.

_____. *Novo curso de processo civil. Teoria do processo civil.* São Paulo: Revista dos Tribunais: 2015, vol. 1.

MARQUES, Cláudia Lima. MIRAGEM, Bruno. *O novo direito privado e a proteção dos vulneráveis.* São Paulo: Editora Revista dos tribunais, 2012.

MARTINS, Lilia Pinto. *A Convenção sobre os Direitos das Pessoas com Deficiência Comentada.* RESENDE, Ana Paula Crosara de; VITAL, Flávia Maria de Paiva (orgs.) Disponível em <www.governoeletronico.gov.br>. Acesso em 19 de outubro de 2017.

MARTINS, Silvia Portes Rocha. O Estatuto da Pessoa com Deficiência e as alterações jurídicas relevantes no âmbito da capacidade civil. *Revista dos Tribunais.* São Paulo, vol. 105, nº 974, pp. 225-243, dez. 2016.

MELLO, Marcos Bernardes de. Da Ação como Objeto Litigioso no Processo Civil. *In* COSTA, Eduardo Jose da Fonseca; MOURAO, Luiz Eduardo Ribeiro; NOGUEIRA, Pedro Henrique Pedrosa (coords.). *Teoria Quinária da Ação.* Salvador: JusPodivm, 2010.

_____. *Teoria do fato jurídico: plano da eficácia.* 1ª parte. 10. ed. São Paulo: Saraiva, 2015.

_____. *Teoria do fato jurídico: plano da existência.* 13. ed. São Paulo: Saraiva, 2007.

_____. *Teoria do fato jurídico: plano da validade*. 6. ed. São Paulo: Saraiva, 2004.

MENEZES CORDEIRO, António. *Tratado de direito civil português:* Parte geral. 2. ed. Coimbra: Almedina, 2000, t. I.

MENEZES, Joyceanne Bezerra de. A capacidade dos incapazes: o diálogo entre a Convenção da ONU sobre os direitos das pessoas com deficiência e o Código Civil Brasileiro. *In* RUZYK, Carlos Eduardo Pianovski e outros (orgs.). *Direito civil constitucional*. Florianópolis: Conceito, 2014.

_____; CORREIA NETO, Jader de Figueiredo. Interdição e curatela no novo CPC à luz da dignidade da pessoa humana e do direito civil constitucional. *In Relações Privadas e Democracia*. Conpedi, 2014. Disponível em <www.publicadireito.com.br>. Acesso em 27 de outubro de 2017.

_____. O direito protetivo no Brasil após a convenção sobre a proteção da pessoa com deficiência: impactos do novo CPC e do Estatuto da Pessoa com Deficiência. *Revista Eletrônica de Direito Civil*. Ano. 4, nº 1, 2015. Disponível em <http://civilistica.com>. Acesso em 15 de novembro de 2017.

_____. O risco de retrocesso: uma análise sobre a proposta de harmonização dos dispositivos do Código Civil, do CPC, do EPD e da CDPD a partir da alteração da Lei nº 13.146 de 06 de julho de 2015. *Revista Brasileira de Direito Civil*. Belo Horizonte, vol. 12, pp. 137-171, abril/jun. 2017. Disponível em <www.ibdcivil.org.br>. Acesso em 01 de agosto de 2018.

MIRANDA-SÁ JR., Luiz Salvador de. Breve histórico da psiquiatria no Brasil: do período colonial à atualidade. *Revista de psiquiatria*. no. 158, 2007. Disponível em <http://www.scielo.br>. Acesso em 11 de dezembro de 2017.

MITIDIERO, Daniel. *O problema da invalidade dos atos processuais no Direito Processual Civil brasileiro*. Disponível em <www.abdpc.org.br>. Acesso em 16 de outubro de 2018.

MONTEIRO, Washington de Barros. *Curso de direito civil*. Parte geral. 37. ed. São Paulo: Saraiva, 2000.

MORAES, Fabiano. *Nota técnica nº 01/2016*. Procuradoria Federal dos Direitos do Cidadão. Disponível em <pfdc.pgr.mpf.mp.br>. Acesso em 23 de julho de 2018.

NERY, Rosa Maria Barreto Borriello de Andrade. O Estatuto da Pessoa com Deficiência (L. 13146, de 6.7.2015 – EPD) (Notícia do Novo Sistema Jurídico Brasileiro). *Revista Jurídica Luso-Brasileira*. Ano 2, nº 1, pp. 1541-1561, 2016. Disponível em <www.cidp.pt>. Acesso em 12 de julho de 2018.

MACHADO NETO. *Compêndio de introdução à ciência do direito*. 3. ed. São Paulo: Saraiva, 1975.

NEVES, Alexandra Chícharo das. Críticas ao regime da capacidade de exercício da pessoa com deficiência mental ou intelectual – a nova concepção da pessoa com deficiência. *Revista do Ministério Público*. Coimbra, nº 140, ano 35, pp. 79-120, 2014.

NEVES, Ana Fernanda. *Os direitos das pessoas com deficiência no direito da União Europeia*. Disponível em <www.icjp.pt>. Acesso em 13 de julho de 2018.

NEVES, Daniel Amorim Assumpção. *Novo Código de Processo Civil comentado*. Salvador: Juspodivm, 2016.

NEVES, Maria do Céu Patrão. Sentidos da vulnerabilidade: característica, condição, princípio. *Revista Brasileira de Bioética*, vol. 2, 2006. Disponível em <https://bioetica.catedraunesco.unb.br>. Acesso em 26 de outubro de 2017.

NOGUEIRA, Pedro Henrique. A legitimidade processual no novo Código de Processo Civil. *In* DIDIER JR., Fredie (coord.-geral). *Coleção Novo CPC – Doutrina selecionada - Parte Geral*. 2. ed. Salvador: Juspodivm, 2016, vol. 1, pp. 279-291.

_____. *In* WAMBIER, Teresa Arruda Alvim; DIDIER JR. Fredie; TALAMINI, Eduardo; DANTAS, Bruno. (coords.). *Breves Comentários ao Novo Código de Processo Civil*. 3. ed. São Paulo: Revista dos Tribunais, 2016.

OLIVEIRA, Leonardo Alves de. O Estatuto da Pessoa com Deficiência (Lei n. 13.146/2015), seus direitos e o novo paradigma da capacidade civil. *Revista Síntese direito previdenciário*. São Paulo, nº 78, ano XVI, pp. 50-61, maio/jun. 2017.

PAIS DE VASCONCELOS, Pedro. *Direito de personalidade*. Coimbra: Almedina, 2017.

PASSOS, Calmon de. *Esboço de uma teoria das nulidades aplicadas às nulidades processuais*. Rio de Janeiro: Gen/Forense, 2009.

PASSOS, Edilenice; LIMA, João Alberto de Oliveira. *Memória Legislativa do Código Civil*. Senado Federal, 2012, vol. 1. Disponível em <bd.camara.gov.br>.

PEIXOTO, Ravi. Da capacidade processual. *In* STRECK, Lenio Luiz; NUNES, Dierle; CUNHA, Leonardo Carneiro da. (orgs.). *Comentários ao Código de Processo Civil*. 2. ed. São Paulo: Saraiva, 2017.

PEREIRA, Caio Mário da Silva. *Instituições de direito civil*. 26. ed. Revista e atualizada por Maria Celina Bodin de Moraes. Rio de Janeiro: Forense/GEN, 2003, vol. 1.

PERLINGIERI, Pietro. *La personalità umana nell'ordinamento giuridico*. Nápoles: ESI, 1972.

PERRA, Lívio. *L'amministrazione di sostegno, l'interdizione e l'inabilitazione: criteri di scelta tra i tre strumenti*. Disponível em <https://www.filodiritto.com>. Acesso em 15 de novembro de 2017.

PINHEIRO, Jorge Duarte. As pessoas com deficiência como sujeitos de direitos e deveres. Incapacidades e suprimento – A visão do jurista. *Separata da Revista O Direito*. Coimbra, ano 142, no III, 2010.

PIOVESAN, Flávia. Convenção da ONU sobre os direitos das pessoas com deficiência: inovações, alcance e impacto. *In* FERRAZ, Carolina Valença et al (coords.). *Manual dos direitos da pessoa com deficiência*. São Paulo: Saraiva, 2012 (e-book).

PONTES DE MIRANDA, Francisco Cavalcanti. *Comentários ao Código de Processo Civil*. 2. ed. Rio de Janeiro: Forense, 1979, t. I.

_____. *Tratado de direito privado*. Rio de Janeiro: Borsoi, 1954, t. I.

_____. *Tratado de direito privado*, atualizado por J. Martins-Costa, J. Cesar Ferreira da Silva e G. Haical. São Paulo, Revista dos Tribunais, 2012, t. I.

_____. *Tratado de direito privado*. Parte especial. Direito de Família. Atualizado por Rosa Maria de Andrade Nery. São Paulo: Revista dos Tribunais, 2012, t. IX.

PRATA, Ana. *A tutela constitucional da autonomia privada*. Lisboa: Almedina, 1982.

RAMOS, Antônio Gomes da Silva. *Breve estudo sobre surdos-mudos*. Porto: Imp. C. Vasconcelos, 1906.

REALE, Miguel. *Lições preliminares de direito*. 27. ed. São Paulo: Saraiva, 2004.

REQUIÃO, Maurício. As mudanças na capacidade e a inclusão da tomada de decisão apoiada a partir do Estatuto da Pessoa com Deficiência. *Revista de Direito Contemporâneo*. São Paulo, vol. 6, ano 3, pp. 37-54, jan./mar. 2016. Disponível em <http://www.egov.ufsc.br>. Acesso em 15 de novembro de 2017.

_____. Autonomia e suas limitações. *Revista de direito privado*. São Paulo, vol. 60, ano 15, pp. 85-97, out./dez. 2014.

_____. *Estatuto da Pessoa com Deficiência, Incapacidade e Interdição*. Salvador: Juspodivm, 2016.

RESCIGNO, Pietro. *Capacità giuridica*. In Digesto delle discipline privatistiche. Torino: UTET, 1988, t. II.

RIBEIRO, Geraldo Rocha. *A protecção do incapaz adulto no direito português*. Coimbra: Coimbra Editora, 2010.

_____. Notas sobre as incapacidades jurídicas previstas no Código Civil à luz do art. 12º da Convenção das Nações Unidas sobre os direitos das pessoas com deficiência. *In Coleção Formação contínua. Direitos das Pessoas com deficiência do Centro de Estudos Judiciários.* Disponível em <http://www.cej.mj.pt>. Acesso em 02 de agosto de 2018.

RIBEIRO, Moacyr Petrocelli de Ávila. *Estatuto da Pessoa com Deficiência: a revisão da teoria das incapacidades e os reflexos jurídicos na ótica do notário e do registrador.* Disponível em <www.notariado.org.br>. Acesso em 17 de maio de 2018.

RIBEIRO. Lauro Luiz Gomes. Direitos Humanos e a Dignidade da Pessoa com Deficiência. *Revista de Direito Social.* Porto Alegre, nº 21, Ano VI, pp. 89-97, jan./mar. 2006.

RIZZARDO, Arnaldo. *Os deficientes e a tomada de decisão apoiada.* Disponível em <http://genjuridico.com.br/>. Acesso em 15 de novembro de 2017.

RODRIGUES, Rafael Garcia. A pessoa e o ser humano no novo Código Civil. *In* TEPEDINO, Gustavo (org). *A Parte Geral do Novo Código Civil:* estudos na perspectiva civil-constitucional. Rio de Janeiro: Renovar, 2002.

RODRIGUES, Silvio. *Direito civil:* parte geral. 34. ed. São Paulo: Saraiva, 2002, vol. 1.

ROTTA, Newra Tellechea; PEDROSO, Fleming Salvador. Transtorno da linguagem escrita – dislexia. *In* ROTTA, Newra Tellechea et al (orgs). *Transtorno da aprendizagem.* 2. ed. Porto Alegre: Artmed, 2016.

SALLES, Carlos Alberto. Da capacidade processual. *In* BUENO, Cassio Scarpinella (coord.). *Comentários ao Código de Processo Civil.* São Paulo: Saraiva, 2017, vol. 1.

SANTORO-PASSARELLI, Francesco. *Dottrine generalli del diritto civile.* 9. ed. Napoli: Casa Editrice Dott. Eugenio Jovene, 2012.

SANTOS, Ivana Assis Cruz dos. O Estatuto da Pessoa com Deficiência e as Alterações no Código Civil de 2002. *In Revista Síntese Direito Previdenciário.* São Paulo, nº 78, ano XVI, pp. 27-36, maio/jun. 2017.

SANTOS, J. M. de Carvalho. *Código civil brasileiro interpretado.* 9. ed. v. 1. Rio de Janeiro: Freitas Bastos S.A., 1961.

SARMENTO, Daniel. *Direitos fundamentais e relações privadas.* Rio de Janeiro: Lumen Juris, 2004.

SARMENTO, Natanael. *Notas sobre a incapacidade civil dos excepcionais e dos pródigos.* Disponível em <http://dodireitocivil.blogspot.pt>. Acesso em 12 de abril de 2018.

SASSAKI, Romeu Kazumi. Deficiência mental ou intelectual? Doença ou transtorno mental? *Reação - Revista Nacional de Reabilitação.* São Paulo, nº 43, ano IX. Disponível em <www.planetaeducacao.com.br>. Acesso em 26 de dezembro de 2017.

_____. *Terminologia sobre deficiência na era da inclusão.* Disponível em <https://acessibilidade.ufg.br>. Acesso em 26 de outubro de 2017.

SCHENK, Leonardo Faria. Notas sobre a interdição no Código de Processo Civil de 2015. *Revista Eletrônica de Direito Processual* – REDP. v. 15. jan./jun. Rio de Janeiro, 2015. Disponível em <www.e-publicacoes.uerj.br>. Acesso em 29 de novembro de 2017.

SILVA, Nilson Tadeu R. C. O direito e a saúde mental: aspectos históricos da tutela no Brasil e em Portugal. *Revista da Faculdade de Direito da Universidade de Lisboa.* ns. 1-2. pp. 215-241. Coimbra, 2014.

SOUSA, Miguel Teixeira de. *Estudos sobre o novo processo civil.* 2. ed. Lisboa: Lex, 1997.

_____. *Introdução ao processo civil.* Lisboa: Lex Edições Jurídicas, 1993.

SPADINI, Luciene Simões; MELLO E SOUZA, Maria Conceição Bernardo de. A doença mental sob o olhar de pacientes e familiares. *Revista da Escola de enfermagem da USP.* v. 40. a. 1. mar. São Paulo, 2006. Disponível em <http://www.scielo.br/scielo>. Acesso em 11 de dezembro de 2017.

STEFANI, Marcos. Do Ministério Público. *In* WAMBIER, Teresa Arruda Alvim; DIDIER JR. Fredie; TALAMINI, Eduardo; DANTAS, Bruno. (coords.). *Breves Comentários ao Novo Código de Processo Civil.* 3. ed. São Paulo: Revista dos Tribunais, 2016.

STOLZE, Pablo. É o fim da interdição? Disponível em <jus.com.br>. Acesso em 31 de maio de 2018.

_____. O Estatuto da Pessoa com Deficiência e o Sistema Jurídico Brasileiro de Incapacidade Civil. *Revista Síntese Direito Previdenciário.* n. 78. a. XVI. mai./jun. pp. 17-21. São Paulo, 2017.

SZANIAWSKI. Elimar. *Direitos de personalidade e sua tutela.* 2. ed. São Paulo: Revista dos Tribunais. 2005.

TALCIANI, Hermán Corral. Interdicción de personas que sufren trastorno de dependencia a la cocaína. *Revista de Derecho Valdivia.* v. XXIV. n. 2. dez. 2011. pp. 31-64. Disponível em <scielo.conicyt.cl>. Acesso em 16 de maio de 2018.

TARTUCE, Flávio. *Direito Civil:* Lei de Introdução e Parte Geral. 13. ed. v. 1. Rio de Janeiro: Forense, 2017.

_____. *Parecer do projeto de lei do Senado Federal nº 757/2015.* Disponível em <https://legis.senado.leg.br>. Acesso em 19 de julho de 2018.

TEIXEIRA, Ana Carolina Brochado. Deficiência psíquica e curatela: reflexões sob o viés da autonomia privada. *Revista Brasileira de Direito das famílias e sucessões.* n. 7. a. X. dez./jan. pp. 64-79. Belo Horizonte, 2009.

TEPEDINO, Gustavo. O Novo Código Civil: duro golpe na recente experiência constitucional brasileira. *In Temas de Direito Civil*. t. II. Rio de Janeiro: Renovar, 2006.

TESHEINER, José Maria Rosa. *Elementos para uma teoria geral do processo*. São Paulo: Saraiva, 1993.

_____. THAMAY, Rennan Faria Krüger. *Pressupostos processuais e nulidades no novo Código de Processo Civil*. Rio de Janeiro: GEN/Forense, 2015.

The World Health Report. 2001. Disponível em <http://www.who.int/whr/2001/en/whr01_en.pdf>. Acesso em 31 de agosto de 2018.

THEODORO JR., Humberto. *Curso de Direito Processual Civil*. 58. ed. v. 1. Rio de Janeiro: Forense, 2017.

VALLADÃO, Haroldo. Da personalidade e capacidade no direito internacional privado. *Revista dos Tribunais*. n. 592. São Paulo, 1985.

VALLE, Jaime. A proteção internacional universal dos direitos das pessoas com deficiência. *O Direito*. a. 148. pp. 585-602. Coimbra, 2016.

VARELA, Antunes; BEZERRA, J. Miguel e SAMPAIO E NORA. *Manual de processo civil*. 2. ed. Coimbra: Coimbra editora, 1985.

VECHI, Luís Gustavo. Latrogenia e exclusão social: a loucura como objeto do discurso científico no Brasil. *Estudos de psicologia*. v. 9. n. 3. set./dez. Natal, 2004. Disponível em <http://www.scielo.br>. Acesso em 11 de dezembro de 2017.

VIANA, Salomão. Da Competência. *In* WAMBIER, Teresa Arruda Alvim; DIDIER JR. Fredie; TALAMINI, Eduardo; DANTAS, Bruno. (coords.). *Breves Comentários ao Novo Código de Processo Civil*. 3. ed. São Paulo: Revista dos Tribunais, 2016.

VIEGAS, Cláudia Mara de Almeida Rabelo. As alterações da teoria das incapacidades à luz do Estatuto da Pessoa com Deficiência. *Revista Síntese Direito Previdenciário*. n. 78. a. XVI. mai/jun. pp. 9-16. São Paulo, 2017.

VIETTA, Edna Paciência; KODATO, Sérgio; FURLAN, Reinaldo. Reflexões sobre a transição paradigmática em saúde mental. *Revista latino-americana de enfermagem*. mar. 2001. Disponível em <http.//www.ccrp.usp.br>. Acesso em 11 de dezembro de 2107.

VILANOVA, Lourival. *Causalidade e relação no direito*. 4. ed. São Paulo: Revista dos Tribunais, 2000.

VITAL, Flávia Maria de Paiva. *A Convenção sobre os Direitos das Pessoas com Deficiência Comentada*. RESENDE, Ana Paula Crosara de; VITAL, Flávia Maria de Paiva (orgs.). Disponível em <https://www.governoeletronico.gov.br>. Acesso em 19 de outubro de 2017.

WALD, Arnoldo. *Direito civil. Introdução e parte geral.* 10ª ed. São Paulo: Saraiva, 2003.

WELZEL, Hans. *Derecho Penal. Parte General.* Trad. Carlos Fontán Balestra. Buenos Aires: Roque Depalma, 1956.

YARSHELL, Flávio Luiz. Convenção das partes em matéria processual: rumo a uma nova era? *In* CABRAL, Antonio do Passo. NOGUEIRA, Pedro Henrique. *Negócios Processuais.* Coleção grandes temas do Novo CPC. v. 1. pp. 63-81. Salvador: Juspodivm, 2015.